毛泽东诗词品鉴

Mao Zedong Shici Pinjian

聆听一代伟人的诗意吟咏，感受他的豪情、壮志

与深情……

Mao Zedong
Shici Pinjian

写给每一位热爱诗词
向往伟人精神的少年

倾听伟人的诗意人生

毛泽东诗词

悟 读 伟人诗词
少年志向

品鉴

良石
王会军
武焕平 ◎ 编著

让孩子从诗词中品读伟人的
智慧和思想

台海出版社

图书在版编目（CIP）数据

毛泽东诗词 / 良石, 王会军, 武焕平编著. — 北京: 台海出版社, 2012.5（2025.8重印）

ISBN 978-7-80141-983-5

Ⅰ.①毛… Ⅱ.①良… ②王… ③武… Ⅲ.①毛主席诗词 Ⅳ.①A44

中国版本图书馆CIP数据核字（2012）第072377号

毛泽东诗词

编 著：良 石 王会军 武焕平

责任编辑：王 萍

出版发行：台海出版社

地 址：北京市景山东街20号 邮政编码：100009

电 话：010-64041652（发行、邮购）

传 真：010-84045799（总编室）

网 址：www.taimeng.org.cn/thcbs/defauit.htm

E-mail：thcbs@126.com

经 销：全国各地新华书店

印 刷：三河市祥达印刷包装有限公司

本书如有破损、缺页、装订错误，请与本社联系调换

开 本：710毫米×1000毫米 1/16

字 数：358千字 印 张：21.5

版 次：2012年9月第1版 印 次：2025年8月第7次印刷

书 号：ISBN 978-7-80141-983-5

定 价：69.80元

序 言

毛泽东是一位伟大的无产阶级革命家，也是一位杰出的诗人。

作为杰出的诗人，毛泽东为我们留下了一份极为宝贵的文化遗产——毛泽东诗词。

贺敬之评述毛泽东诗词时曾这样说："毛泽东诗词以其前无古人的崇高优美的革命感情、遒劲伟美的创造力量、超越奇美的艺术思想、豪华精美的韵调辞采，形成了中国悠久的诗史上风格绝殊的新形态的诗美，这种瑰奇的诗美熔铸了毛泽东的思想和实践、人格和个性。"

从思想内容上来划分的话，毛泽东的诗词作品可分为三种类型，励志抒情篇、怀古追远篇和赠友言情篇。

励志抒情类诗借景抒情，作者把自己特定历史年代的情怀寄寓在诗中，通过描写自然景物的雄奇壮美，热情地讴歌大自然富有生命活力的运动状态，抒发诗人伟大的抱负及胸怀。如《沁园春·长沙》、《沁园春·雪》、《菩萨蛮·黄鹤楼》、《菩萨蛮·大柏地》、《念奴娇·昆仑》、《浪淘沙·北戴河》、《七绝·题庐山仙人洞》、《卜算子·咏梅》等。一般看来，《沁园春·长沙》和《沁园春·雪》是毛泽东此类诗词中气韵兼胜的代表之作，这两首词写景色彩明丽，形象生动，气势磅礴，文辞华美。前者凝结着作者关乎时代、社会前途的深沉思考，烙印着他对民族、对祖国的命运的灼热关注和苦心求索；后者则反映了中年毛泽东将个人和民族命运结合在一起并握于股掌之中，雄视天下。

怀古追远类诗侧重于社会历史，注重描写人民军队的作战运动以及整个社会的历史变迁，如《西江月·井冈山》、《清平乐·蒋桂战争》、《如梦令·元旦》、《渔家傲·反第一次大"围剿"》、《渔家傲·反第二次大"围剿"》、《七律·长征》、《清平乐·六盘山》、《七律·人民解放军占领南京》、《七律·到韶山》、《七律·和郭沫若同志》、《满江红·和郭沫若同志》、《念奴娇·鸟儿问答》、《贺新郎·读史》等。这类诗中特别应当咀嚼的是《贺新郎·读史》。作者仅以115字的乐章，概括了一部人类社会发展史，眼界开阔，气象恢宏，笔墨纵横，实属空前，且于国内外各种反动势力反华大合唱甚嚣尘上之际，纵情歌唱了革命，坚定了胜利的信心。这在当时以至今天都是具有深远和重大意义的。

赠友言情篇则展现出了这位伟人的另一个情感世界窗口，平和而亲切。如《七古·送纵宇一郎东行》、《采桑子·重阳》、《七律·和柳亚子先生》、《水调歌头·游泳》、《蝶恋花·答李淑一》、《七律·吊罗荣桓同志》等。从《七律·和柳亚子先生》、《七律·和周世钊同志》中，可以看出毛泽东对故友之情、同窗之谊的重视。《贺新郎·别友》则展示出词人丰富的内心世界和情感内涵。此诗写早年与杨开慧的儿女情长、凄清离别，大得宋词风味，缠绵悱恻，曲折回肠，勾描凄然情态，楚楚动人。

这些作品，无论是"在马背上哼成的"，还是"闲庭信步"时得来的，都能融思想性与艺术性于一炉，其内容上所表现出来的崇高的思想，宽宏的怀抱，高尚的情操，自然的意趣，意蕴极其丰富，是"革命的政治内容与尽可能完美的艺术形式的统一"。它写出了中国革命和建设的历史面貌，反映了时代精神，也体现了我国优秀文化传统中的民族精神，具有一种引人入胜的永久的艺术魅力。

我们编写《毛泽东诗词品鉴》一书，体例上分为写作背景和诗词品鉴两部分。写作背景的介绍，让读者感受毛泽东诗词中所呈现的风

Mao Zedong Shici Pinjian

雷激荡的中国革命历程和毛泽东波澜壮阔的革命生涯。诗词品鉴部分冀望让每一位爱诗、学诗、写诗的读者，感受毛主席诗词的精华，分享毛主席作为一位诗人留下的这一份珍贵的精神财富，提高读者的欣赏和阅读情趣。

2012年8月于北京

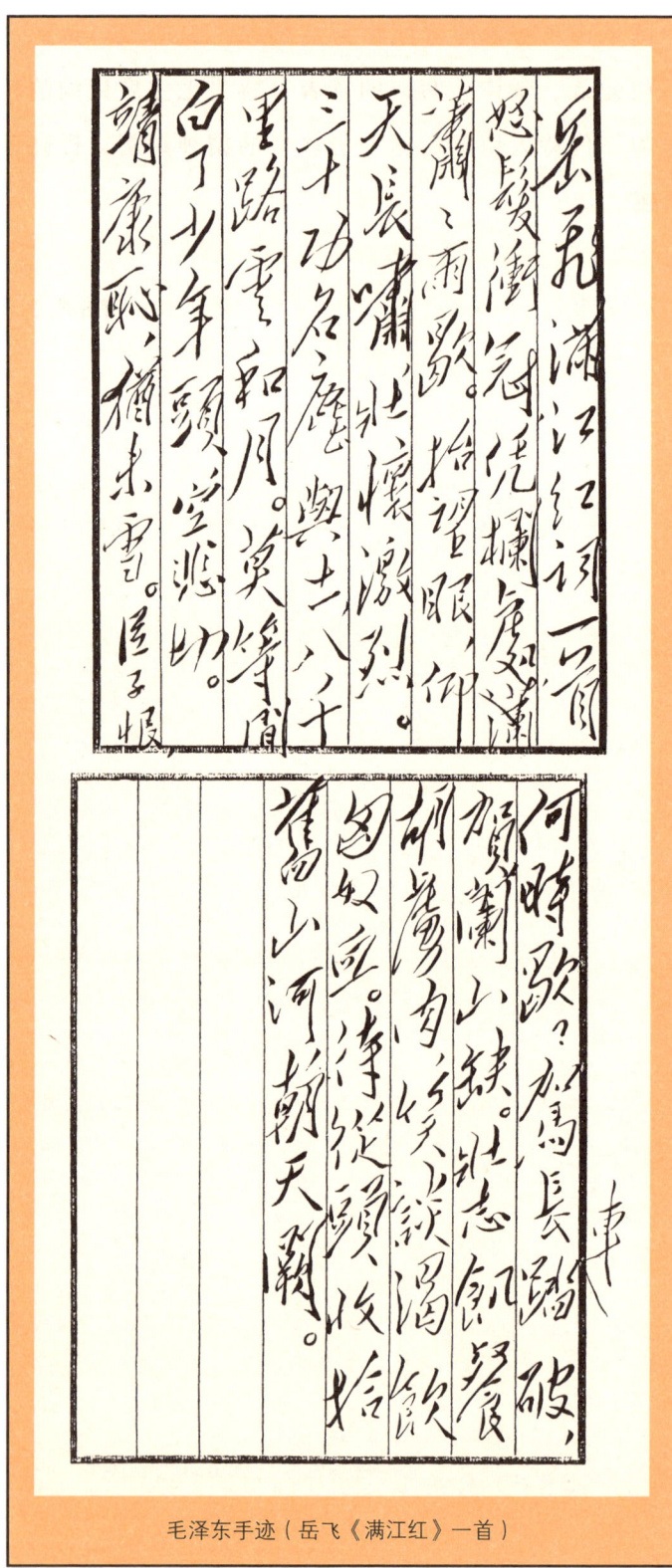

4

Mao Zedong Shici Pinjian

毛泽东手迹（岳飞《满江红》一首）

目　录

毛泽东诗词赏析

Mao Zedong Shici Pinjian

倾听一代伟人的诗意吟咏，感受他的豪情、壮志与深情⋯⋯

毛泽东谈古诗词

Mao Zedong Shici Pinjian

倾听一代伟人的诗意吟咏，感受他的豪情、壮志与深情。

毛泽东谈现代诗词

毛泽东手迹（唐杜牧《山行》一首）

Mao Zedong Shici Pinjian

倾听一代伟人的诗意吟咏，感受他的豪情、壮志与深情……

陶冶你丰富的性情之美，您置身于诗词感悟的精髓，学习行文美辞表达方式之道，品出真实隽永的感悟创作之理，让我们更亲近伟大领袖深邃的中华文化魅力!

毛泽东诗词品鉴

6

爱诗、学诗、作诗，
百家争鸣品毛诗

Mao Zedong Shici Pinjian

倾听一代伟人的诗意吟咏，感受他的豪情、
壮志与深情……

探究毛泽东诗词的创作之源，欣赏诗词的深情内涵，学习抒发情怀的巧妙之技，通过熟悉毛主席诗词的创作之
路，让我们更多的人继承和发扬来自中华传统文化的魅力！

（一）毛泽东谈自己的诗词

从"诗赋无用"到"文学为百学之原"

说来或许令人难以置信，毛泽东早年并不喜欢诗词，甚至偏激地认为诗赋无用。这是有史为证的。1915年，毛泽东写信给同学湘生，谈到先前认为诗赋无用的事："梁（启超）固早慧，观其自述，亦是先业词章，后治各科，盖文学为百学之原。吾前言诗赋无用，实失言也。"从"诗赋无用"到"文学为百学之原"，这是毛泽东对"诗"认识上的一大转变。

当毛泽东认识到诗赋的作用之后，他的学习、创作欲望就蓬勃而出了。"百丈之台，其始则一石耳……学问亦然，今日记一事，明日悟一理，积久而成学。"这是他1917年写给一位同学的治学体会，从中也反映了他学习、创作诗词的体会。

毛泽东的诗词创作开始于湖南第一师范学校读书时期，很可能是1915年他认识到"诗赋无用"为"失言"之后。但目前也有文章提到毛泽东最早的一首诗，作于1906年他在读私塾时。那次先生毛宇居因故罚他作诗一首，诗名为《五古·赞天井》（其真伪存疑）：

> 天井四四方，周围是高墙。
>
> 清清见卵石，小鱼圈中央。
>
> 只喝井里水，永远养不长。

在湖南一师期间，他对中国古典诗词怀有浓厚的兴趣。他熟读了《韩昌黎文集》、《昭明文选》、《离骚》、《九歌》和唐诗、宋词等。同学们都记

Mao Zedong Shici Pinjian

得，无论春夏秋冬，毛泽东总比别人睡得晚，起得早，他常常迎着晨曦高声朗读、背诵古文和诗词。

同时，他也开始写作诗词。他的同学反映，在一师读书时，毛泽东好写诗词，虽不常作，"偶一下笔，却不同凡响：雄壮、豪放、气象万千，朋友们争相传诵"。罗章龙回忆说，1917年毛泽东游览了南岳衡山，曾给他写过一封文风如《海赋》的信，信中谈到古今名士笔下的南岳，特别提到韩愈宿南岳庙的诗，还附有自己的一首游南岳的诗。罗章龙一直保存着这封信和这首诗，可惜在抗战时期遗失了。臧克家曾说："毛泽东在1925年就写出《沁园春·长沙》这样非凡的词章来，可见在这之前他就和诗词结缘了，否则像《沁园春·长沙》这样成熟的作品，不会是一蹴而就的。"

稍懂一点长短句

毛泽东在诗词创作中，既写过律诗、绝句，也运用《沁园春》、《满江红》、《西江月》等词牌填过词。相比之下，毛泽东对自己写的诗不甚满意，而对词，即长短句稍觉满意些。1965年7月21日他在给陈毅的信中说："如同你会写自由诗一样，我则对于长短句的词学稍懂一点。"他对臧克家说："词中小令，这种形式，像工具，运用惯了，所以写一些。"事实也是如此，在目前发表的毛泽东67首诗词中，诗与词各占一半，分别是33首对34首，毛泽东生前同意发表的绝大部分是词，近年来发表的一些诗多是他当年不愿发表的。

毛泽东早在青年时期就热爱诗词，特别是中国的古典诗词。他广泛地阅读了中国最早的诗歌总集《诗经》，战国时期爱国诗人屈原的《离骚》和以他的创作为主的《楚辞》，汉魏乐府以及历朝名家的诗、词、曲、赋，直到鲁迅的诗作。他还对音韵和词律有着很深的研究。他在读诗词时非常注意音韵，对《随园诗话》等有关音韵方面的段落，他都非常认真地阅读，许多地方还加以圈点。除研究音韵外，他还钻研词律，如他有《新校正词律全书》两部：一为清版木刻，一为石印本，两部书都有他不少圈记。这部《词律全书》备列各词各体，考证了流传中的各种谬误，收集的资料比较齐全。仅词牌名就有660多种，各种词牌还有不同的体。毛泽东对其中70多种词牌，80多首词加了圈点，像李白的《忆秦娥·箫声咽》、石孝友的《卜算子》等。由此可见他在诗词创作上的修养和功力是很深的。

毛泽东在诗词创作中，比较喜欢和擅长的还是"填词"。相比之下，他对长短句的词牌、词律更为精通些。从目前公开发表的诗词来看，1934年以前没有律诗和绝句，第一首律诗是1935年10月创作的《七律·长征》。新中国成立前创作的律诗只有《七律·长征》和《七律·人民解放军占领南京》等6首，而词和古诗则占了绝大多数。从目前看到的他早年创作的诗看，主要也是古诗，而非格律诗。

在词创作中，毛泽东既喜欢用《沁园春》、《念奴娇》、《满江红》、《水调歌头》、《贺新郎》等长调，又喜欢用《十六字令》、《如梦令》等短调。词是毛泽东抒发情怀的最为挥洒自如的工具。

不满意写过的几首七律

1965年7月21日，陈毅请毛泽东为他改诗，毛泽东致信陈毅说：

你叫我改诗，我不能改。因我对五言诗，从来没有学习过，也没有发表过一首五言律。你的大作，大气磅礴。只是在字面上（形式上）感觉于律诗稍有未合。因律诗要讲平仄，不讲平仄，即非律诗。我看你于此道，同我一样，还未入门。我偶尔写过几首七律，没有一首是我自己满意的。如同你会写自由诗一样，我则对于长短句的词学稍懂一点。剑英善七律，董老善五律，你要学律诗，可向他们请教。

西 行

万里西行急，乘风御太空。

不因鹏翼展，哪得鸟途通。

海酿千钟酒，山栽万仞葱。

风雷驱大地，是处有亲朋。

只给你改了一首，还很不满意，其余不能改了。

Mao Zedong Shici Pinjian

倾听一代伟人的诗意吟咏，感受他的豪情、壮志与深情……

写诗要用形象思维，不能如散文那样直说，所以比、兴两法是不能不用的。赋也可以用，如杜甫之《北征》，可谓"敷陈其事而直言之也"，然其中亦有比、兴。"比者，以彼物比此物也"，"兴者，先言他物以引起所咏之词也"。韩愈以文为诗；有些人说他完全不知诗，则未免太过，如《山石》、《衡岳》、《八月十五酬张功曹》之类，还是可以的。据此可以知为诗之不易。宋人多数不懂诗是要用形象思维的，一反唐人规律，所以味同嚼蜡。以上随便谈来，都是一些古典。要作今诗，则要用形象思维方法，反映阶级斗争与生产斗争，古典绝不能要。但用白话写诗，几十年来，迄无成功。民歌中倒是有一些好的。将来趋势，很可能从民歌中吸引养料和形式，发展成为一套吸引广大读者的新体诗歌。又李白只有很少几首律诗，李贺除有很少几首五言律外，七言律他一首也不写。李贺诗很值得一读，不知你有兴趣否？

祝好！

毛泽东

一九六五年七月二十一日

毛泽东对自己写的律诗表示不满意不止此一处。1961年1月4日，毛泽东在与文学研究所所长何其芳谈话时也说到自己的律诗作得不好。谈话中毛泽东谈到写了两首近体诗并说："现在不能发表，将来是要发表的。"他还说："我60多岁才学作近体诗，所以作得不好。古体诗我过去倒学过。"

近体诗即格律诗。毛泽东说的两首近体诗，据何其芳说是两首七律，当时没有发表，后来读到了。那是两首批判现代修正主义的诗。从时间看，这两首诗似指写于1959年6月的《到韶山》和7月的《登庐山》，皆为七律。如是，则非如何其芳所说都是"批判现代修正主义的诗"。当然，这些是题外的话。

毛泽东曾在1959年9月7日致胡乔木的信中写道："诗两首，请你送给郭沫若同志一阅，看有什么毛病没有？加以笔削，是为至要。主题虽好，诗意无多，只有几句较好一些的，例如'云横九派浮黄鹤'之类。诗难，不易写，经历者如鱼饮水，冷暖自知，不足为外人道也。"由此可见写诗之难，亦可见毛泽东对写诗要求之严。所以当1961年年底臧克家写信要求毛泽东谈诗的创作问题时，他复信道："我对于诗的问题，需要加以研究，才有发言权。因此请你等候一些时间吧。"新中国成立后，毛泽东对律诗作了一些研究，创作了一些律诗。前面已经说过，新中国成立前，毛泽东写的律诗目前看到的只有6首，除《七律·长征》和《七律·人民解放军占领南京》两首外，其他几首不怎么为人所知。我们现在看到毛泽东写的律诗大多是在新中国成立后作的，共有13首。在律诗创作上，毛泽东是谦虚的，也是刻苦的。

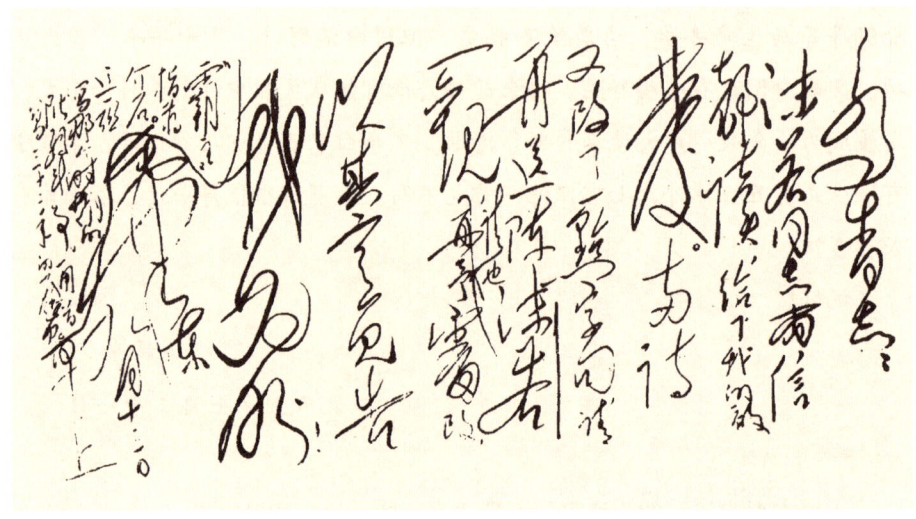

毛泽东致胡乔木书信

马背上的诗作

毛泽东的诗词，或作于战火纷飞、戎马倥偬的战争年代，或写于轰轰烈烈、热火朝天的社会主义建设岁月，总是与火热的生活融会交融，与波澜壮阔的历史紧密相连。毛泽东称自己的一些词是"在马背上哼成的"，形象地点出了他的诗是在作战行军途中吟成的，是直接或间接描写革命战争实践的。

正由于与人民的革命和建设事业紧密相连，所以毛泽东的许多诗词都具有革命史诗的性质。在革命战争环境中创作的如《清平乐·蒋桂战争》、《渔家傲·反第一次大"围剿"》、《渔家傲·反第二次大"围剿"》、《蝶恋花·从汀州向长沙》、《减字木兰花·广昌路上》、《采桑子·重阳》、《忆秦娥·娄山关》、《七律·长征》、《七律·人民解放军占领南京》等；社会

Mao Zedong Shici Pinjian

主义建设时期创作的如《七律·送瘟神》、《七律·到韶山》、《七律·登庐山》等；这些吟诵于马背之上或构思于战斗间隙、工作之余的诗篇，大气磅礴，豪迈奔放，具有高度的思想性和艺术性。

"在马背上哼成的"，也反映了毛泽东的许多诗词创作于紧张和险恶的环境之中。越是处于艰难困苦的环境，他的诗词创作欲望就愈强。他的诗词创作曾出现两次高峰：一次是长征前后，一次是20世纪60年代初期，无一不是在党的危险或困难时期。这时，他的诗词就愈能体现一种博大恢弘的气势，给人以激荡人心的壮美感受。

毛泽东深深眷恋着马背上的生活。马背上的颠簸生活往往使他诗兴大发。直到晚年，他谈起马背上的生活，仍然怀着抑制不住的激动。1955年毛泽东在会见法国前总理富尔时曾与他谈起自己的诗。毛泽东说："这是以前的事了。我的确曾经写诗，那时我过着戎马生活，骑在马背上，有了时间，就可以思索，推敲诗的押韵。马背上的生活，真有意思。有时我回想起来，还觉得留恋。"

听了这番话，这位法国政治家后来评论道："诗歌不仅仅是毛泽东生平中的一件轶事，我的确相信它是了解毛泽东的性格的关键之一。毛泽东和许多马克思主义者不一样，他不是一本书读到老的人。他在这些简短诗歌里表达的思想，不受教条词藻的束缚。他用简单的形式，表现深刻而生动的革命题材，是国内所有人都能够理解的，也是世世代代都能够理解的。这位革命者带着人道主义的气息。单是这点，就足以说明中国共产主义的某些创新。"

"我的几首歪诗"

1958年9月，文物出版社刻印出版了线装本《毛主席诗词十九首》，毛泽东在该书第1页《沁园春·长沙》一词的天头、地脚和标题下的空隙写下了一段二百五十多字的注释说明。说明开头便说：

我的几首歪词，发表以后，注家蜂起，全是好心。一部分说对了，一部分说得不对，我有说明的责任。一九五八年十二月，在广州，见文物出版社一九五八年九月刊本，天头甚宽，因而写了下面的一些字，谢注家，兼谢读者。鲁迅一九二七年在广州，修改他的《古小说钩沉》，然后说道：于时云海沉沉，星月澄碧，饕蚊遥叹，予在广州。（编者按：这是毛泽东凭记忆写的。鲁迅一九二七年在广州编校《唐宋传奇集》，作《序例》，文末题记说："时大夜弥天，璧月澄照，饕蚊遥叹，予在广州。"《唐宋传奇集》上册一九二七年十二月由北新书局出版，次年二月续出下册。）从那时到今天，三十一年了，大陆上的饕蚊灭得差不多了，当然，革命尚未全成，同志仍须努力。港台一带，饕蚊尚多，西方世界，饕蚊成阵。安得唤起全世界各民族千百万愚公，用他们自己的移山办法，把蚊阵一扫而空，岂不伟哉！试仿陆放翁曰：人类今娴上太空，但悲不见五洲同。愚公尽扫饕蚊日，公祭无忘告马翁。

毛泽东

一九五八年十二月二十一日上午十时

Mao Zedong Shici Pinjian

毛泽东将自己的诗词称之为"歪诗"，实属自谦之词。毛泽东提到自己的诗词时，经常用这种自谦之辞。他还称自己的诗词为"蹩脚诗词"。1964年9月，郭沫若的夫人、书法家于立群给毛泽东写了一封信并送上她精心写成的毛泽东诗词150幅。毛泽东收到后于翌年7月复信于立群，诙谐地说："一九六四年九月十六日你给我的信，以及你用很大精力写了一份用丈二宣纸一百五十余张关于我的那些蹩脚诗词，都已看过，十分高兴。可是我这个官僚主义却在一年之后才写回信，实在不成样子，尚乞原谅。"

毛泽东总认为自己的诗词是在战斗间隙、工作之余创作的，是"在马背上哼成的"，诗词创作并不在行。一次，毛泽东看到《解放日报》上发表了周谷城（复旦大学教授）的词《献衷曲·五一节晋见毛主席》，便打电话约周谈话。毛泽东一见面便问："词一首，看到了，怕不止一首吧！"周说："只有一首。"并说："主席是内行，要求不能不高。"毛泽东笑着说："主席也只有那么内行。"意为对诗词也不那么在行。

1959年新中国成立后毛泽东第一次回韶山时，曾写下《七律·到韶山》。事隔七年，他第二次回韶山，在"滴水洞"居住时，韶山的同志因未找到那首七律诗的墨宝，便想请他再写一幅。毛泽东拒绝了，说："这首诗还写得不理想，这次算了。"韶山的同志只得作罢。

直到晚年，他仍对自己的诗词持这种看法。他甚至认为自己写诗的本领不如指挥作战的本领。1975年10月，毛泽东在北京会见联邦德国总理施密特。当施密特在会见开始时谈到他的随行人员玛丽·施莱特别喜欢毛泽东诗词时，毛泽东摇摇头回答说："成就很小，我也根本不会写诗。不过我懂得怎样打仗，打胜仗。"

这年12月31日，毛泽东在中南海他的书房里接见美国总统尼克松的女儿朱莉和她的丈夫。谈话中，他们谈到将在第二天发表的毛泽东的两首词中的一首《水调歌头·重上井冈山》时，毛泽东不以为然地回答说："那算不得什么，那是我在1965年写成的。"

显然，在毛泽东的事业中，吟诗填词只是他的"副业"，是他的业余爱好，但他似乎对这项业余爱好的成就始终不满意。

历来不愿发表的东西

毛泽东对发表自己的诗词一贯取慎重态度，1957年1月中国作家协会准备出版《诗刊》，并决定在创刊号上刊登毛泽东诗词。为此，毛泽东专门在1月12日写信给中国作家协会书记处书记臧克家，勉强同意了他们刊登他的诗词的要求：

惠书早已收到，迟复为歉！遵嘱将记得起来的旧体诗词，连同你们寄来的八首，一共十八首，抄寄如另纸，请加审处。

这些东西，我历来不愿意正式发表，因为是旧体，怕谬种流传，贻误青年；再则诗味不多，没有什么特色。既然你们以为可以刊载，又可为已经传抄的几首改正错字，那么，就照你们的意见办吧。

《诗刊》出版，很好，祝它成长发展。诗当然应以新诗为主体，旧诗可以写一些，但是不宜在青年中提倡，因为这种体裁束缚思想，又不易学。这些话仅供你们参考。

同志的敬礼！

毛泽东

一九五七年一月十二日

Mao Zedong Shici Pinjian

倾听一代伟人的诗意吟咏，感受他的豪情、壮志
与深情……
聆听毛泽东诗词的同时之余，欣赏交谈亲切细腻的笔墨，
凝结着作者之情，让我们重读毛泽东的人格魅力和卓尔不群中华民族文化的精华！

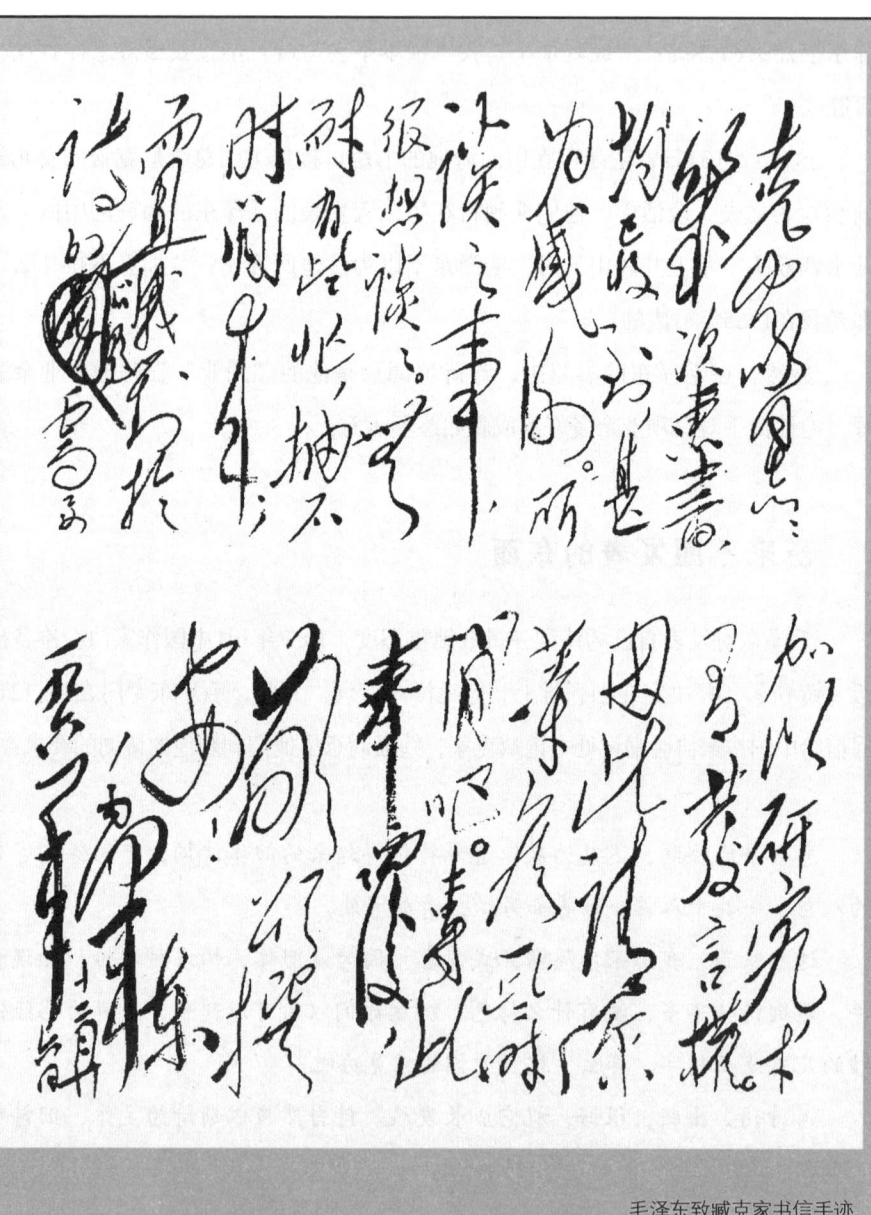

毛泽东致臧克家书信手迹

从毛泽东的来信看，他不愿意发表自己的诗词。主要有以下几方面的考虑：第一个考虑，"因为是旧体，怕谬种流传，贻误青年"。毛泽东一贯提倡写新诗，在同一封信中，毛泽东就指出："诗当然应以新诗为主体，旧诗可以写一些，但是不宜在青年中提倡，因为这种体裁束缚思想，又不易学。"毛泽东从历史角度考虑，主张发展新诗，以新诗为主体。在给友人蒋竹如的信中也说过："律诗是一种少数人吟赏的艺术，难于普及，不宜提倡。唯用民间言词七字成句，有韵的非律的诗，即兄所指民间歌谣体裁，尚是很有用的。"20世纪60年代，他在给陈毅的信中，进一步阐明了自己的观点："要作今诗，则要用形象思维……古典绝不能要。……民歌中倒是有一些好的。将来趋势，很可能从民歌中吸引养料和形式，发展成为一套吸引广大读者的新体诗歌。"他认为：中国诗的出路，第一是民歌，第二是古典，在这个基础上产生出新诗来。形式是民歌的，内容是浪漫主义和现实主义的对立统一。他对民歌很有好感。他说："中国的诗歌，从《诗经》的四言，后来发展到五言、七言，到现在民歌，大都是七个字，四拍子，这是时代的需要。新诗的发展要顺应时代的要求。一方面要继承优良诗歌传统，包括古典诗歌和五四以来革命诗歌的传统；另一方面要重视民歌。新诗的形式应该是比较精炼，句子大体整齐，押大致相同的韵。也就是说，具有民歌的风格。"

　　毛泽东第二个考虑是认为自己的诗词"诗味不多，没有什么特色"。毛泽东认为这些诗词产生于战斗间隙、工作之余，是有感而发，形象地说，是"在马背上哼成的"，所以他总觉得"诗味不足"，没什么意思。所以，他不同意对他的诗词大加颂扬。1960年7月，毛泽东在审阅周扬在第三次全国文代会上的报告稿时，读到其中有关他的诗词的一段话，即建议删掉。周扬的报告是这样说的："作为革命现实主义和革命浪漫主义相结合的典范，毛泽东同志的诗词，在文学艺术创作上开辟了前人所没有达到的新境界。毛泽东同志是中国人民最伟大的领袖，同时又是最伟大的诗人。他的诗篇深刻地刻画了中国人民战胜艰难险阻的惊心动魄的革命历程。他的诗词是革命史诗和革命抒情诗的完美结合。磅礴的诗才和雄伟的革命气魄，浑然一体。中国人民的英雄气概和乐观精神在他的诗中达到了登峰造极的地步，结晶为最新最美的艺术形象。诗与人合而为一，毛泽东同志的诗词，是他的伟大人格的体现。"在这一段话的旁边,毛泽东写了句批语:"对我的诗词那一段颂扬,不适当,请删掉。"

从诗歌发展角度,毛泽东主张发展新诗,但这并不妨碍他从个人爱好角度对中国古典诗词的偏爱。他在成都会议上说:"现在的新诗不能成形,我反正不看新诗。"当然他并不是绝不读新诗,而是他个人不喜欢新诗,并认为新诗几十年来成功的太少。比如,他曾读过诗人郭小川的一些新诗,这些新诗在青年学生中曾传诵一时。但毛泽东读后对人说:"这些诗并不能打动我,但能打动青年。"在毛泽东提倡"诗当然应当以新诗为主体"之后,陈毅尝试写了一些新诗。后来毛泽东对陈毅说:"你还可以写新诗,你的胆子大,我不敢写。"

自1937年7月美国记者埃德加·斯诺在其秘密访问陕北苏区后编写的《红星照耀中国》(即《西行漫记》)中首次披露毛泽东的《长征》诗之后,许多人才知道中共领袖毛泽东不仅是一个揭竿而起的"山大王",而且还是一位善于赋诗填词的诗人。斯诺在书中第五编"长征"以毛泽东的《长征》诗作结束语,意图在于说明:他是一个既能领导长征又能写诗的"叛逆"。

1945年8月,毛泽东从延安飞抵国民党抗战时的首都重庆,同蒋介石进行谈判。这期间,柳亚子作了一首七律送给毛泽东,并向他"索句",毛泽东便将9年前创作的词《沁园春·雪》录赠给柳亚子。这首咏雪词,被辗转传抄,不胫而走。同年11月14日,《新民报》晚刊首先登载这首词的传抄稿,一时间,轰动山城,波及全国。和词、论文乃至其他样式的文章纷至沓来。毛泽东能诗善词的才能遂为国统区人民所了解。许多知识分子正是由此感受到毛泽东乃至共产党的魅力。

1957年1月出版的《诗刊》创刊号上,发表了毛泽东亲自审订的18首诗词,1963年人民文学出版社出版了《毛主席诗词》(37首)。"文化大革命"后,人民文学出版社又于1986年出版了胡乔木主持编辑的《毛泽东诗词选》,共收入诗词50首。在此基础上,中央文献出版社于1996年出版了《毛泽东诗词集》,共收入诗词67首,基本上囊括了毛泽东生前校订稿和正式发表过的,以及不准备发表或不愿发表的诗词,为目前最具权威性的本子。

Mao Zedong Shici Pinjian

毛泽东的诗词，就其数量而言，并不太多，但毛泽东诗词充满了革命豪情，艺术性很高。他的诗词，想象丰富，气魄宏大，寓意深刻，意境高远，平易朴实，雄伟瑰丽。他的诗词是他作为政治家、理论家、革命家、军事家、艺术家自身的真实写照，也是他在各个历史阶段思想抱负的不朽丰碑，是他几十年革命实践的产物。他的诗词誉满海内外，家传而户诵，影响之深，无与伦比。柳亚子先生对此有很中肯的评价："毛主席日理万机，不可能多所吟咏，因此他的诗词质胜于量，而我的诗词则量胜于质。"一名外国人曾赞誉毛泽东是"一个诗人赢得了新中国"。

爱诗、学诗、作诗，百家争鸣品毛诗

（二）毛泽东谈诗词创作

诗言志

1945年9月，毛泽东赴重庆进行国共谈判期间，诗人柳亚子向毛泽东索要诗词墨迹，毛泽东将自己以前创作的《沁园春·雪》写了一幅送给了柳亚子，不想在重庆流传开后引起了巨大的轰动。

诗人徐迟想得到毛泽东的墨迹，便拿出自己珍藏的一本精美诗词册页。他找到乔冠华说："麻烦替我请求毛主席在这册页上面为中国诗人，或为大后方诗人题几个字，好吗？"乔冠华说可以试一试，问他希望题什么字？徐迟说："我希望毛主席能给予诗人以指示，我们这时代的诗人应该怎样来创作？"

毛泽东欣然为徐迟题了词。当时，旁边有人小声说，诗应当为人民服务。毛泽东没有做声，随即聚墨挥毫，在徐迟的空白册页上写下三个大字相赠："诗言志。"

新中国成立后，《诗刊》创刊时请毛泽东题词，他又一次题了"诗言志"三个字。

1957年7月4日，毛泽东在庐山住处同王任重、刘建勋、梅白三人谈话时，又一次谈到"诗言志"问题。他谈起明代杨继盛（号椒山）的两句诗："遇事虚怀观一是，与人和气察群言。"然后接着说道：这是椒山先生的名句，我从年轻时候就喜欢这两句，并照此去做。这几十年的体会是：前一句难就难在"遇事"这两个字上，即有时能虚怀，有时并不怎么虚怀。第二句难在"察"字上面。察，不是一般的察言观色，而是虚心体察，这样才能从群言中吸取智慧力量。诗言志，椒山先生有此志，乃有此诗。这一点并无惊天动地之处，但

Mao Zedong Shici Pinjian

倾听一代伟人的诗意吟咏，感受他的豪情、壮志与深情……

从平易见精深。这样的诗，才是中国格律诗中的精品。唐人诗曰"邑有流亡愧俸钱"，这寥寥七字，写出古代清官的胸怀，也写出了中国古代知识分子的高尚情操。写诗，就要写出自己的胸怀和情操，这样才能引起读者的共鸣，才能使人感奋。

在这里，毛泽东再次强调"诗言志"，认为"有此志，乃有此诗"。"写诗，就要写出自己的胸怀和情操。"毛泽东的这句话，对"诗言志"的含义作出了准确而通俗的解释。

"诗言志"是我国古籍《尚书·尧典》中的诗论名言，指出诗歌是用来表达襟怀抱负的。毛泽东借此名言来表达自己的诗论，不仅继承了中国"诗言志"的传统，而且对其赋予了时代的、阶级的新的含义和新的内容。具体说，就是诗要言人民大众之志，抒人民大众之情。

毛泽东自少怀有鸿鹄之志，他改造世界、建设新天地的远大理想，他的救国救民的爱国主义高尚情操，他在长期革命斗争中表现出的坚韧不拔的革命乐观主义精神，他的彻底革命和不屈于外来压力的英雄气概，他的对待爱情、亲情和友情的革命情怀……无不在其光辉诗篇中得到生动的体现。毛泽东把诗作为一种特殊的言志方式。诗人的作品，就是其诗论的确证，写出了无产阶级革命领袖的胸怀和情操，言了人民之志，故能引起亿万读者的强烈共鸣，使人感奋，产生教育、鼓舞人民群众的巨大力量。

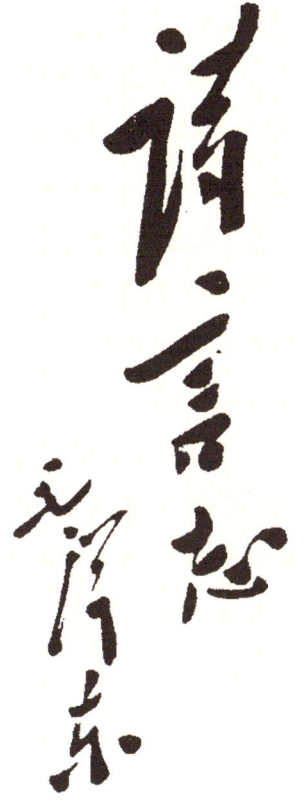

毛泽东手迹"诗言志"

要有诗味

1957年1月，《诗刊》创刊。毛泽东应邀同意在《诗刊》发表了他的18首诗词，并在随诗给臧克家等的一封信中说：

> 这些东西，我历来不愿意正式发表，因为是旧体，怕谬种流传，贻误青年；再则诗味不多，没有什么特色。

毛泽东认为，诗要有"诗味"。他把"诗味"作为欣赏和评价诗歌好坏的美学标准。在这方面，他对自己的诗词要求很严。

"味"是我国古代美学中的重要概念。"味"本来是人们对于食物的感觉。以味品诗，滥觞于先秦时期人们用食物的美味来比喻音乐给人的美的享受，如《礼记·乐记》的"大羹遗味"说等。晋代诗人陆机第一个把"味"这一概念引进诗文理论，认为诗文作品应该具有一种"遗味"，能给人以美的享受。所谓"诗味"，就是说一首诗，不仅有鲜明生动的形象，而且具有美感，能引起人们的想象和联想，在有限的词句中蕴含着无穷的韵味，给人以咀嚼不尽的美感享受。

毛泽东称自己的作品"诗味不多，没有什么特色"，实是自谦之辞。他的每一首诗词，都是努力遵循形象思维的创作规律，即使是一些容易流于抽象议论的政治诗，也多是写得想象丰富、形象鲜明、情感充沛，同样诗味浓厚，脍炙人口。这恰是其"诗味"说的最好佐证。

写诗要有诗兴

延安时期，毛泽东的儿子毛岸英从苏联来信，要他写诗。毛泽东在给岸英、岸青的信中写道：

> 岸英要我写诗，我一点诗兴也没有，因此写不出。

毛泽东的创作态度十分严谨，绝无旧时不少文人那种逢场作戏，或逞才使气的习气，每一首作品都是有感而发，即便是亲友索诗，也不率尔为之。毛泽东认为，文艺作品是社会生活在人类头脑中的反映的产物，有"诗兴"才能写诗，要有感而发，不能无病呻吟。

Mao Zedong Shici Pinjian

1950年10月3日晚上，毛泽东参加国庆盛典晚会。他看到各族人民大团结的盛况，心情很激动，一时诗兴勃发，对坐在前排一起观剧的诗人柳亚子说："这样的盛况，亚子先生为什么不填词以志盛？我来和。"柳亚子即席赋《浣溪沙》，毛泽东在和作中写道：

一唱雄鸡天下白，万方乐奏有于阗，诗人兴会更无前。

这里的"诗人"既是说诗人柳亚子，当然也是说和诗者自己。是新中国成立一周年国庆盛典晚会的盛况，触发了诗人的浓厚诗兴，使他产生了强烈的创作冲动，故能即成佳篇。

在《七律二首·送瘟神》的小序中，毛泽东用诗一般精彩的语言，描绘了他作此诗时诗兴来潮的心理状态：

读六月三十日《人民日报》，余江县消灭了血吸虫。浮想联翩，夜不能寐。微风拂煦，旭日临窗。遥望南天，欣然命笔。

《古代汉语》把"兴会"解释为"情兴所会"。"诗人兴会更无前"反映出诗人进入创作时情感兴致会聚高涨的心理状态。情感蓄聚一旦触发而为诗，则情感真挚而强烈，这是优秀诗歌产生的心理基础。"情兴所会"正是作诗的最佳心理状态。毛泽东《七律二首·送瘟神》的小序所描写的"浮想联翩，夜不能寐"，就是这种"情兴所会"的最佳创作心理状态。

在文学艺术创作和科学技术活动中，由于艰苦学习、长期实践，不断积累经验和知识，受某一客观事物或情景的触发而突然产生富有创造性的思路，获得异乎寻常的独创能力，一般称之为"灵感"。有人曾将一些诗人、学者对"灵感"和"兴会"两种心理状态的描述进行比较研究，发现二者虽所用概念不同，内涵却是一致的。因此，可以说，兴会就是灵感。我国传统文论习惯于用"兴会"这一用语，来指称获得灵感的心理状态。

毛泽东的瑰丽诗篇，来源于伟大革命实践。是名山大川的游历，戎马倥偬的征战，改天换地的筹划，狂风恶浪的考验，以及人民群众可歌可泣的英雄壮举，激发了毛泽东的浓厚诗兴。

他的许多诗篇，都是在革命战争的炮火硝烟中，在南北巡视的不眠之夜，情不能已，即兴成篇的。他到延安后的几年中，生活相对安定，却很少写诗，因为"一点诗兴也没有"。而一当胡宗南进攻延安，毛泽东在艰难的转战陕北途中，却接连写出了《张冠道中》、《喜闻捷报》两首五律，成为解放战争的史诗。

写诗要有诗兴，诗兴源于生活，这是毛泽东诗歌理论和创作实践的重要之点，体现了唯物论的反映论。

诗贵含蓄和留有余地

1958年春成都会议后，毛泽东乘"江峡"轮视察三峡时，为梅白修改诗稿《夜登重庆枇杷山》。他将"夜色辉煌一望中"一句的"辉煌"二字改为"苍茫"，并说，这样就能"写得'辉煌'而不那么露。诗贵有含蓄和留有余地"。

1957年1月14日，毛泽东在同袁水拍、臧克家谈话时说过："诗必须有诗意，要含蓄。"他把"含蓄"和"诗意"联系起来，认为二者是相关的、一致的，诗要含蓄才有诗意。

毛泽东认为，能给读者留下想象余地，才是有诗意的好诗。那么，诗怎样才能"留有余地"呢？毛泽东说："作诗要有重点，留有余地。不要一下子什么都说完，要让群众去想想。"给读者留下想象和再创造的余地，使"玩之者无穷，味之者无厌"。毛泽东的这些论述，是传统诗学理论的推陈出新，也是其诗词创作的经验之谈。

诗怎样才能做到含蓄呢？古人对此曾提出许多技法。诸如："略小存大，举重明轻"（刘知几）；"或句上有句，或句下有句，或句中有句，或句外有句，说出者少，不说出者多"（刘大櫆）；"寄深于浅，寄厚于轻，寄劲于婉，寄直于曲，寄实于虚，寄正于余"（刘熙载）；等等。宋代魏庆之说得更深刻："用意十分，下语三分，可几风雅；下语六分，可追李杜；下语十分，晚唐之作也。"

诗，是精炼的艺术。在各文学门类中，诗以精炼见长，较之其他艺术更简洁、凝缩、含蕴、富于概括力，因而也就更能留下启迪读者腾飞想象的余地。

Mao Zedong Shici Pinjian

而含蓄即是使诗达到简洁、精炼，避免琐细平泛的有效途径。

尤贵意境之动态

1958年春毛泽东为梅白修改《夜登重庆枇杷山》一诗，边改边谈，其中着重谈到诗"尤贵意境之动态"。他说：

诗贵意境高尚，尤贵意境之动态，有变化，才能见诗之波澜。这正是唐诗以来格律诗之优越性。

"意境"是诗学的重要美学范畴。意境又称"境界"。诗的意境，就是诗人强烈的思想感情（意）和所描绘的客观图景（境）相契合，在艺术表现中所

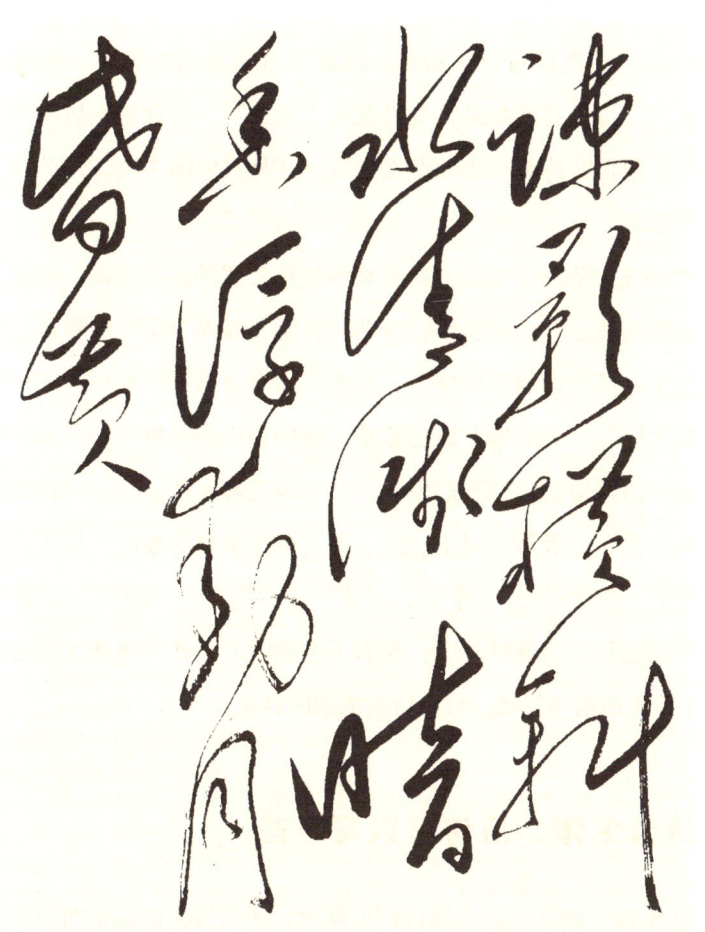

毛泽东（林逋《山园小梅》）

创造的情景交融、神形兼备的艺术境界。诗以有无意境及意境的高下作为品评鉴赏的重要标准，诗人以创造意境为追求的目标。诗中好的意境可以使读者通过想象和联想，如身入其境，在思想感情上受到感染。因此，毛泽东说："诗贵意境高尚。"

古代诗人很注重创造"动态"之意境。王国维曾说："'红杏枝头春意闹'，着一'闹'字而境界全出。'云破月来花弄影'，着一'弄'字而境界全出矣。"这里的"闹"和"弄"，是诗人选择景物的动态来写，不描摹静态而创造动态，把春意和夜花写得好像有知觉有情感似的，使意境更为上乘。还有"化静为动"的写法，使笔下的静物"动"起来，写得活动跳脱，富有生机。宋代诗人林逋《山园小梅》诗名句："疏影横斜水清浅，暗香浮动月黄昏。"之所以被人称道，历来传诵，诗评家认为，这两句诗写梅花的体态风神，不仅在于"水清浅"、"月黄昏"的背景，衬托了梅花清秀高洁的资质，而且在于把这种体态风神写得活动跳脱。写梅枝"横斜"，包含着形式的流动感；"暗香浮动"则直接写出了动感，因此写得活动而有精神，很富有感染力。毛泽东说，"诗贵意境高尚，尤贵意境之动态"，"这正是唐诗以来格律诗之优越性"。他强调诗要写出动态之意境，这是对中国古典诗词的特点和创作规律的深刻总结。

"尤贵意境之动态"，也是毛泽东诗词创作实践的经验之谈。毛泽东精研古典诗词和诗话词话，对以动造境、以动写静而"境界全出"的奥妙，谙熟于心。其诗尤善于化静为动的景物描写，创造出高尚而幽深的意境。如"烟雨莽苍苍，龟蛇锁大江"、"赤橙黄绿青蓝紫，谁持彩练当空舞"、"山，倒海翻江卷巨澜"、"山舞银蛇，原驰蜡象"、"一山飞峙大江边"、"待到山花烂漫时，她在丛中笑"，等等，对山、虹、雪、梅等景物的描绘，用了"锁"、"舞"、"倒"、"翻"、"卷"、"驰"、"飞"、"峙"、"笑"等动词，使不动的景物显示出各种动态，充满了生机活力，并且渗透了诗人的思想感情，表现了诗人的精神气魄，成为诗意浓郁的名句。

以新诗为主体，旧诗可以写一些

毛泽东在阅读、欣赏中国古典诗词的同时，还以极大的热情时刻关心着如

Mao Zedong Shici Pinjian
倾听一代伟人的诗意吟咏，感受他的豪情、壮志与深情……

何继承和发展中国古典诗词这一民族文化遗产，孜孜以求地思考并探索着中国诗歌发展的方向。

五四以来，新诗兴起，在中国诗歌发展方向问题上，毛泽东首先注意到如何正确处理新诗与旧体诗词的关系问题。

1957年1月，《诗刊》创刊。毛泽东应邀同意在《诗刊》发表了他的18首诗词，并给臧克家等写信，祝贺《诗刊》成长发展。此信在《诗刊》创刊号上同时发表。信中特意谈到新诗与旧诗问题说：

诗当然应以新诗为主体，旧诗可以写一些，但是不宜在青年中提倡，因为这种体裁束缚思想，又不易学。

这里的"新诗"，是指五四以来用白话写的自由诗；"旧诗"是指传统的旧体诗词。"诗当然应以新诗为主体，旧诗可以写一些"，表达了毛泽东对新中国诗歌发展格局的战略设想，即新诗和旧诗都要发展，但应以新诗为主。毛泽东喜欢旧诗，不喜欢看新诗，也从来没写过新诗，但他不从个人爱好出发，而是从历史角度考虑，主张现在写诗应以新诗为主体。这种态度，是客观的、公允的。

自五四运动打倒旧诗以后，中国诗坛长期成为新诗的一统天下。但对新诗与旧诗的关系问题的争论，从来没有停止过。毛泽东旧体诗词的发表和他有关诗歌发展问题的论述的公布，对中国诗坛产生了深远的影响。

要发展，要改革，打不倒

20世纪50年代末，毛泽东在与梅白谈诗的时候，就如何对待传统诗词，如何正确对待优秀文化遗产的重要问题，曾意味深长地说过：

旧体诗词源远流长，不仅像我这样的老年人喜欢，而且像你这样的中年人也喜欢。我冒叫一声，旧体诗词要发展，要改革，一万年也打不倒。因为这种东西，最能反映中国人民的特性和风尚，可以兴观群怨嘛，怨而不伤，温柔敦厚嘛……

毛泽东对待文化遗产的基本态度是，"要发展，要改革，一万年也打不倒"，换句话说，毛泽东对待传统诗词，一要继承，二要发展，采取"古为今用，推陈出新"的方针。对于旧体诗词，他尽管说过"怕谬种流传，贻误青年"、"不宜在青年中提倡"的话，但他仍然坚信其超越时代的价值，有着永久不衰的生命力。他主张对旧体诗词加以改革，使它继续不断地向前发展。说是"冒叫一声"，因为这是与流行的"打倒旧体诗"的理论不相合的一种大胆的、独特的预见。但是，这种见解是很深刻的，它来源于对中华民族和中国传统文化特性的正确认识，也完全符合文学艺术发展的客观规律。

毛泽东认为旧体诗词应该继承并加以发展，认为它"一万年也打不倒"，有两方面的理由。

首先，旧体诗词的艺术形式"最能反映中国人民的特性和风尚"，符合中国人民数千年来形成的文学欣赏习惯和爱好，因而有牢固的文化土壤和深厚的群众基础。旧体诗词源远流长，不但老年人、中年人喜欢，其实许多有一定文化知识修养的青年人同样也很喜欢。在五四以来一片"打倒"声中，旧体诗词不但数十年打而不倒，而且今天却反而出现空前兴旺的局面，即是其根基深厚的证明。

另一方面，旧体诗词中凝聚了中华民族的精神个性，发挥着重要的社会作用。我国自古有"诗教"的传统，认为"诗，可以兴，可以观，可以群，可以怨"，诗歌可以用来"感发志意"，"观风俗之盛衰"，"群居相切磋"，"怨刺上政"，并且有着"乐而不淫，哀而不伤"，"温柔敦厚"

毛泽东手迹"风景"

毛泽东
诗词品鉴

Mao Zedong Shici Pinjian
倾听一代伟人的诗意吟咏，感受他的爱情、壮志与深情……
欣赏毛泽东诗词的艺术之美，受用于毛泽东诗词中的艺术之美，感悟毛泽东诗词中的中华民族文化的精华！

的诗教原则和美学原则。

在现代和未来，旧体诗词必将继续为中国人民所珍爱、继承和发展，在社会主义物质文明和精神文明建设中发挥特有的作用。

在民歌和古典诗歌基础上发展新诗

1957年1月，毛泽东在和诗人臧克家、袁水拍等探讨新诗的谈话中说道：

新诗应该精炼、大体整齐、押大致相同的韵。也就是说，应该在古典诗歌、民歌的基础上发展新诗。一方面，要继承优良诗歌的传统，包括古典诗歌和五四以来革命诗歌的传统；另一方面，要顺应时代的要求，以求得新诗的发展。

在这次谈话中，毛泽东又说：

关于诗，要从民间的歌谣发展。过去每一时代的诗歌形式，都是从民间吸收来的。要调查研究，要造成一种形式。过去北京大学搜集过民谣，现在有没有人做？

1958年3月成都会议上，毛泽东在讲话中谈到搜集民歌的问题时，又讲了对于新诗的发展问题的意见。他认为：

中国诗的出路，第一是民歌，第二是古典，在这个基础上产生出新诗来。形式是民歌的……

在1965年7月21日致陈毅的信中，毛泽东又谈到新诗的发展趋势和前途，指出：

但用白话写诗，几十年来，迄无成功。民歌中倒是有一些好的。将来趋势，很可能从民歌中吸引养料和形式，发展成为一套吸引广大读者的新体诗歌。

爱诗、学诗、作诗，百家争鸣品毛诗

毛泽东提出的"在民歌和古典诗歌基础上发展新诗"的主张，是符合诗歌发展规律、符合新诗发展实际的，是正确的。它指明了发展新诗的方向，因此得到多数诗人的响应，30多年来，对新诗的改革和发展起到了重要的指导和推动作用。

"精炼、大体整齐、押大致相同的韵"，是毛泽东对新诗民族形式提出的三条基本要求。这三条都是对中国民歌和古典诗歌传统形式特征的继承和发展。"精炼"是民歌和古典诗歌的优良传统。古代诗歌十分讲究"炼篇、炼章、炼句、炼字"。"精炼"是多与少的问题，要以少显多。诗不论长短，"精炼"是关键。在理论上，大概不会有谁否认诗要"精炼"。但在实际上，新诗常见的散文化现象，动辄百句千行，拖泥带水，不事锤词炼句，不"精炼"即是主要的缺点。毛泽东强调首先要"精炼"，就是针对新诗"太散漫"的不足提出来的。而从实践到理论都存在根本分歧的，是"整齐"、"押韵"两条。有人认为新诗的"新"就新在打破旧诗的整齐和押韵的传统，完全摆脱格律的"束缚"，实现了自由化。这里的分歧，实质上是要不要继承和发展诗歌形式的民族传统，应不应该尊重中国人民的诗歌欣赏习惯，让新诗为广大群众喜闻乐见的问题。这里讲的整齐、押韵并非要回到古典诗歌的格律声韵，而是"大体整齐"即"一定的整齐，但不是绝对的整齐"，"押大致相同的韵"是用现代诗韵，不论声调平仄，押大致相同或相近的韵。这就是对民歌和古典诗歌以五言、七言为主和旧体诗词格律的形式特点的继承和发展。对新诗形式的这种宽泛的要求，应该是可行的。这样便可使新诗克服"太散漫"的毛病，而做到像鲁迅所要求新诗的"顺口、有韵、易记、能唱、动听"，实现新诗的民族化、大众化。

"从民歌中吸引养料和形式，发展成为一套吸引广大读者的新体诗歌"，这是毛泽东对新诗发展趋势的预想。这种预想，是符合中国诗歌发展规律的。毛泽东认为新诗的发展，必然要"从民歌中吸引养料和形式"，因为人民是一切物质财富和精神文化创造的主体，而文学发展史也证明，"每一时代的诗歌形式都是从民间吸收来的"。中国诗史上的各种体裁，多发源于民歌，而经文人倡导和实践乃始定型。

应该指出的是，毛泽东提出"在民歌和古典诗歌基础上发展新诗"，民歌和古典，只是形成新诗的基础，而不是模式和套子，也不是二者的拼合。有了基础，还必须发展。

Mao Zedong Shici Pinjian

倾听一代伟人的诗意吟咏，感受他的豪情、壮志与深情……

（三）名家品毛诗

毛具有多方面的卓越才能，他是幻想家、政治家、天才的政治军事战略家、哲学家和诗人。

毛对诗歌的热爱，使他在东山高级小学堂的那段青少年时期的生活格外有光彩，而且这种爱好继续伴随他度过了以后所有动乱不安的岁月，这一爱好，也成为一种崇高的副旋律，调节了战争的野蛮，并使他从革命斗争的枯燥乏味的逻辑中走出来。

毛的诗就像他的书法作品一样，抓住了那个时代痛苦的、无法平息的精神。

——菲力普·肖特

《毛泽东传》，中国青年出版社2004年版

毛的诗词不像希特勒的画那样糟，也不像丘吉尔的画那样好。

——亚瑟·瓦利

内容重要、思想深邃、文字上乘、艺术性高，既有高屋建瓴、势如破竹的气势，又有行云流水、议论风生的韵致，还有嬉笑怒骂皆成文章的幽默、讽刺，刚柔相济，情文并茂，充分表现了毛特有的文风。

——《毛泽东选集》编辑委员会

逄先知\金冲及主编《毛泽东传（1949—1976）》，

中央文献出版社2003年版

爱诗、学诗、作诗，百家争鸣品毛诗

经纶外，诗词余事，泰山北斗。

——王廷芳：《半个世纪的友谊——毛泽东与郭沫若》，

冯彩章主编《毛泽东与他的友人》，

中国青年出版社1996年第1版

每当我和郭老一起展示毛主席诗词手迹的时候，郭老总是十分称赞。他不止一次地对我们说：毛主席的诗词是空前的，字也是空前的。毛主席不仅是一位非常伟大的政治家、思想家，而且也是一位伟大的诗人和书法家。

——于立群：《毛主席鼓励我学书法》，

1968年12月19日《北京日报》

转引自谢德萍：《大笔一挥天地惊——论毛泽东

书法艺术》，陕西人民出版社1992年第1版

毛泽东同志所以成为誉满世界的诗人，主要原因是他具有极为丰富的革命经历，过人的天才，也由于他博览群书，所以才能够下笔如有神。

——臧克家为毕桂发主编的《毛泽东评阅的古典诗词鉴赏辞典》的

题词，该书1995年由海燕出版社出版

这些作品，无论是在"马背上哼成的"，还是"闲庭信步"得来的，都能熔思想性与艺术性于一炉，字字珠玑，篇篇锦绣，写出了历史面貌，反映了时代精神，成为革命现实主义和革命浪漫主义相结合的典范，登上我国古典诗词发展的新高峰。从此，揭开了我国诗史的新篇章。

——张璋：《序》，《毛泽东评阅的古典诗词鉴赏辞典》，

海燕出版社1995年版，第3页

掌上千秋史，胸中百万兵。眼底六洲风雨，笔下有雷声。唤醒蛰龙飞起，扫灭魔炎魅火，挥剑斩长鲸。春满人间世，日照大旗红。抒慷慨，写鏖战，记长征。天章云锦，织出革命之豪情。细检诗坛李杜，词苑苏辛佳什，未有此奇

雄。携卷登高唱，流韵壮东风。

——高亨：《水调歌头》，《文史哲》1964年第1期

田家英非常钦佩、爱戴毛主席，他说当代人中间，学识称得上博大精深的首推两个人，一是毛主席，一是鲁迅。他说毛主席不但通读了《资治通鉴》，还在通读《二十四史》；各种注释本的《老子》和各家编选的《唐诗》也收藏不少，能一字不差地默写出白居易的《琵琶行》；至于书法，他确实欣赏唐朝长沙僧人怀素的草书。

——史莽：《苟利国家生死以，敢因祸福避趋之》
董边、镡德山、曾自编：《毛泽东和他的秘书田家英》
中央文献出版社1989年第1版

关于毛泽东的诗词，我认同郭沫若先生的评价，即所谓'经纶外，诗词余事，泰山北斗'。什么意思呢？就是说毛泽东治理军国大事之外，业余爱好写点诗词，但也足已称得上是泰山北斗。这个话我认同。以郭沫若词坛盟主之尊尚如此推崇毛诗，其他人自然信服。其实毛泽东不光是诗坛泰斗，在世人眼中，他首先是一个具有超凡魅力的领袖。治大国如烹小鲜，谈笑间导引世界风云。

第一，毛泽东是一流诗人。即便把毛泽东诗词放在中国两千年的诗歌长河中比较，也有大约五分之一的作品不会输给诗词大家。第二，毛泽东古为今用。毛泽东完成了古典诗歌的现代转型。第三，毛泽东诗史合一。毛泽东用诗写史，也是以史写诗，正事写史，余事写诗，诗史合一，视为史诗。这才是一等一的大诗人，大手笔，也是千古一人。

——朱向前《毛泽东诗词的另一种解读》
人民出版社2008年1月第1版

毛泽东手迹（唐王之涣《凉州词》一首）

Mao Zedong Shici Pinjian

倾听一代伟人的诗意吟咏，感受他的豪情、壮志

与深情……

探究毛泽东诗词的精神之源，欣赏毛泽东诗词的书法之美，学习毛泽东诗词的写作之妙，
品味毛泽东诗词的意象之趣，让我们与诗人的心灵共鸣，领会诗人心中的文化情怀吧！

毛泽东诗词赏析

Mao Zedong Shici Pinjian

倾听一代伟人的诗意吟咏，感受他的豪情、
壮志与深情……

探究毛泽东诗词的创作之源，欣赏诗词的深情内涵，学习抒发情怀的巧妙之技，通过熟悉毛主席诗词的创作之
路，让我们更多的人继承和发扬来自中华传统文化的魅力！

挽易昌陶

一九一五年五月

去去思君深，思君君不来。
愁杀芳年友，悲叹有馀哀。
衡阳雁声彻，湘滨春溜回。
感物念所欢，踯躅南城隈。
城隈草萋萋，涔泪侵双题。
采采馀孤景，日落衡云西。
方期沉灉游，零落匪所思。
永诀从今始，午夜惊鸣鸡。
鸣鸡一声唱，汗漫东皋上。
冉冉望君来，握手珠眶涨。
关山蹇骥足，飞飙拂灵帐。
我怀郁如焚，放歌倚列嶂。
列嶂青且茜，愿言试长剑。
东海有岛夷，北山尽仇怨。
荡涤谁氏子，安得辞浮贱。
子期竟早亡，牙琴从此绝。
琴绝最伤情，朱华春不荣。
后来有千日，谁与共平生？
望灵荐杯酒，惨淡看铭旌。
惆怅中何寄，江天水一泓。

——选自《毛泽东早期文稿》，湖南出版社一九九〇年七月版

Mao Zedong Shici Pinjian

【创作背景】

毛泽东在青年的时候，中国正处于一片水深火热之中，战争频仍，人民生灵涂炭，面对中国的这些现状，毛泽东很早就表现出拯救中国于水火之中的志向，在他给好友的悼亡诗中，对好友不能成就伟业，英年早逝的痛惜之情，淋漓尽致地表现出来，在诗的字里行间，我们能感到青年时期的毛泽东意气风发的精神，以及雄心勃勃的抱负。

1911年春天，18岁的毛泽东第一次来到长沙，就读于湘乡驻省中学。当时辛亥革命爆发前夜，毛泽东在学习之余非常关注时政，成为激进的知识分子。

辛亥革命爆发后，毛泽东投笔从戎，接受军事训练，被编入湖南新军，很快，毛泽东厌烦了无聊的军营生活。1913年春，毛泽东考进湖南省立第四师范学校，后转入湖南省立第一师范学校，在这里学习的他，不仅品学兼优，而且非常喜欢讨论军事问题，喜欢抄录军事论语。

1915年，袁世凯签订了丧权辱国的《二十一条》，震惊了中国，引起公愤。

1915年3月，毛泽东的同班同学兼挚友易昌陶在湖南横山家中病逝，5月23日，学校为易昌陶举行了追悼会，毛泽东在沉痛中作了这首诗。6月25日，毛泽东在给友人湘生的信中，抄录了这首挽诗。信中说："读君诗，

《五古·挽易昌陶》手迹

毛泽东手迹"大江"

调高意厚，非我所能。同学易昌陶病死，君工书善文，与弟甚厚，死殊可惜。校中追悼，吾挽以诗，乞为斧正。"

【诗词赏析】

此诗是毛泽东诗词中至今唯一能见到的一首五言古风长诗，全篇章法严谨，节奏鲜明，每8句一换韵，转韵处在诗意上构成段落，顶真手法的使用，使得转折自然，形式和内容有机结合，表达了诗人绵远、悠长、不绝如缕的深情。

这是一首长达40句的悼亡诗，诗人以秋雁春水回顾往日与亡友肝胆相照的友谊，直抒对亡友的思念之情。

"去去"，既表示空间相距之远，因为当时易昌陶的家在衡山，与长沙相距几百里地，又表示时间相距之长，自从易昌陶患病之后，离校已经有很长时间，"思君君不来"，一再地思念你，但是始终不见你的回还，这句话将诗人诚挚的思念之情淋漓尽致地表达了出来。转眼间深秋去了，春天来了，城南的芳草萋萋，只剩下诗人独自在城下徘徊。思念之切，让诗人在午夜鸡鸣时，与好友再次相见。当时的日本帝国主义和沙俄帝国主义，正在不断地蚕食中国，袁世凯卖国求荣的行为引起了中国人民的激愤，正是青年一代拯救中国、献身革命的时候，而好友的早亡，让诗人感到祖国失去了一个人才。相见时感情的迸发，动人肺腑。诗人将失去好友的伤痛与俞伯牙失去钟子期的伤痛相比，可见二人之间的感情深厚。

这首悼亡故友的五言诗，诗情沉痛悲哀，但并不让人觉得悲痛欲绝，而是整首诗自始至终充斥着一股阳刚之气，报国的豪情，浓烈而激昂。诗人在写这首诗的时候，只有22岁，但从诗中可见其古诗技法的纯熟。作为当时先进青年的代表，诗人充满着奋起图强的精神力量，此诗将悼念故友和誓雪国耻统一起来，格调虽然沉郁，但却始终饱含着昂扬奔放的精神气概，使得这首诗具有了更高的审美品位。

李锐曾经说："从诗的艺术性来说，这首五言古风长诗，是可以同汉魏乐府古风比美的。"这个评价是很中肯的。

送纵宇一郎东行

一九一八年四月

云开衡岳积阴止，天马凤凰春树里。
年少峥嵘屈贾才，山川奇气曾钟此。
君行吾为发浩歌，鲲鹏击浪从兹始。
洞庭湘水涨连天，艨艟巨舰直东指。
无端散出一天愁，幸被东风吹万里。
丈夫何事足萦怀，要将宇宙看稊米。
沧海横流安足虑，世事纷纭从君理。
管却自家身与心，胸中日月常新美。
名世于今五百年，诸公碌碌皆馀子。
平浪宫前友谊多，崇明对马衣带水。
东瀛濯剑有书还，我返自崖君去矣。

——选自《回忆新民学会（由湖南到北京）》，
《党史研究资料》一九七九年第十期

【创作背景】

年轻时期的毛泽东，就非常关心时政，他积极地关注着中国的命运，并希望和有志之士能一起拯救中国，在这首送别诗中，我们可以看到他对友人的殷切期望，希望有人能学成归国、报效祖国，同时这何尝不是他对自己的期望，字里行间，我们同样能感受到他对于自己以后志向的定位。

1915年是中国的政治混乱时期，当时的袁世凯摇身一变，成了"皇帝"，但是他的"皇帝梦"仅做了83天，就在人民的唾弃中离开了人世。

1915年，长沙的数所学校门前出现了一则"二十八画生"的征友启事：

今日国家正处于危急存亡之秋。政府当局无一人可以信赖。吾人拟寻求志同道合之人，组织团体，其宗旨主要为砥砺品行，研究学术及改造国家。凡对此有兴趣之同学，皆请惠赐大函，俾能约期私下聚谈。嘤其鸣矣，求其友声。

"二十八画生"乃是毛泽东的化名，"毛泽东"3个字的繁体笔画，正好是28画。这时的毛泽东正诚挚地寻求志同道合的朋友，不久他就收到了数封回信，其中最吸引他注意力的是一封署名"纵宇一郎"的信，文辞非常有风度。毛泽东看完这封信后非常欣喜，于是立即复书约晤。这位自称"纵宇一郎"的就是当时颇有名气的罗章龙。两人第一次见面，就有相见恨晚的知音感，于是在分手的时候，毛泽东甚至希望能和对方"愿结管鲍之谊"。

很快，毛泽东、蔡和森、罗章龙身边就聚集起了很多的热血青年，他们谈古论今，探讨时事，交流个人的思想。1918年4月中旬，毛泽东等人一起创办了新民学会。为寻求富民强国之路，学习各国先进的科技，新民学会决定派罗章龙等人去日本寻求救国救民之道，因为日本曾是辛亥革命的发源地，又是东西方文化的桥梁，而且当时赴日留学之风颇盛。罗章龙起程那天，毛泽东和新民学会的其他成员，在长沙北门外的平浪宫聚餐，为即将赴日本留学的罗章龙饯行。毛泽东用"二十八画生"的署名写了一首《七古·送纵宇一郎东行》送给罗章龙。

1930年中共六届四中全会上，共产国际代表米夫确立了王明的中共中央领导地位。为反对危害中国革命的米夫、王明篡权，三十余名中共中央委员发起成立了"中共中央非常委员会"，罗章龙被

毛泽东手迹"艰难"

Mao Zedong Shici Pinjian

毛泽东诗词品鉴

倾听一代伟人的诗意吟咏，感受他的豪情、壮志与深情……

选为书记。"非委"发表了拒绝承认六届四中全会合法性的声明、"告全党同志书"和"致共产国际信"。罗章龙等因此被开除出中共。中共党史书籍上，罗章龙和陈独秀、张国焘并列为分裂党、叛党的人物。1945年《关于若干历史问题的决议》是这样说的："企图分裂党和实行叛党的托洛茨基、陈独秀派和罗章龙、张国焘等的反革命行为。"

在毛泽东晚年的时候，被崇拜为神，罗章龙不愿意戴罪之身，给"太阳"抹黑，始终将这一段"管鲍"之情，放在心底，从不与人提起，很多人甚至不知道罗仲言教授就是当年风云一时的罗章龙。

罗章龙晚年为中国的教育事业、社会建设等方面作出了杰出的贡献。

【诗词赏析】

赠别诗一直是中国古典诗的重要题材，古代的赠别诗通常是表现诗人自己的离愁别绪，充满了凄凉之感，但是毛泽东这首赠别诗却一改古代赠别诗的风貌，整首诗洋溢着慷慨之情，意境宏大，充满阳刚之气。这正与当时毛泽东的性格特点相符，当时的毛泽东正处于意气风发、踌躇满志的青年时代。

这是毛泽东仅存的一首七古，全诗一气呵成、铿锵有力，富有音乐美，而当时的毛泽东才20多岁，能写出这样的经典诗作，的确让人钦佩。

这首诗从内容上可以分为五层：

第一层："云开衡岳积阴止，天马凤凰春树里。年少峥嵘屈贾才，山川奇气曾钟此。"白云亮了，南岳衡山积压的阴雨消散了，天马山凤凰山都沉浸在春天的树木里，这两句点明了送别的时间、地点。"春树里"让人感到一片生机勃勃的景象。"年少峥嵘屈贾才，山川奇气曾钟此。"少年英雄，峥嵘奋发，心怀屈原、贾谊般的才华。屈原、贾谊都是出生在这个地方的，同样，远行的朋友同出此地，衬托出罗章龙是一个有才能的人。

第二层："君行吾为发浩歌，鲲鹏击浪从兹始。洞庭湘水涨连天，艟艨巨舰直东指。"在这一层中，诗人转入送友的主题，你要远走了，我要为你高歌一曲，鲲鹏展翅激浪的生活就要开始了。你这一次的远行，洞庭湖、湘江里面的水都跟着高涨起来了，水连着天，天接着水，大型的巨舰就要扬帆向东远航。在这里，诗人为我们描绘了一幅远行的送别图。

第三层："无端散出一天愁，幸被东风吹万里。丈夫何事足萦怀，要将宇宙看稊米。"在出发之前，漫天的愁绪散出，但是幸好让风吹得无影无踪，大丈夫不要为区区小事萦怀于心，而好似应该将偌大的宇宙看成是小米那么大。在这里诗人对朋友的殷殷之情，缓缓道出，诗人劝朋友不要被离别所牵绊，应该有大丈夫的宽阔胸怀。后面的两句话反映出了毛泽东年少时的宽阔胸怀。

第四层："沧海横流安足虑，世事纷纭从君理。管却自家身与心，胸中日月常新美。名世于今五百年，诸公碌碌皆馀子。"在这里，诗人进一步劝说友人，不要被世事的纷繁复杂而牵绊，很多事情都是需要我们来处理的。当时罗章龙赴日本时，因为家庭经济困难，在得到了新民学会会员的资助后，才得以远行，他心里始终过意不去，诗人劝他不要为这些小事左顾右盼，而是劝他"从君理"。这几句，诗人直抒胸臆，阐明世事和个人之间的关系，只有先提高了个人修养，才能"治国平天下"。为了论证自己的观点，毛泽东引经据典，《孟子·公孙丑下》中，孟子云："五百年必有王者兴，其间必有名世者。"现在就是机会，现在社会的掌权者都是些碌碌无能之辈，历史的重任已经落到了我们的肩上，我们应该莫辜负时代给我们的重任，拼搏向前。

第五层："平浪宫前友谊多，崇明对马衣带水。东瀛濯剑有书还，我返自崖君去矣。"诗人再次点明主题，回应开头。诗人和友人道别，有着说不完的话，叙不完的情，长江口的崇明岛和日本的对马岛隔着"一衣带"宽的水面，只能隔海相望。送君千里终须一别，饯行后我要回去，而你却已经远行了。表达了诗人和友人的依依惜别之情。最后一句，诗人化用了《庄子·山木》中的"送君者皆自崖而反，吾自此远矣"，反通返。

这首诗将叙事、写景、议论、抒情糅合在一起，通过对纵宇一郎饯行的心境描写，抒发了自己的豪情壮志，劝勉友人应该为国、为民、为实现时代赋予的历史使命而不断努力奋斗。依依惜别中包含着诗人的豪情壮志。

Mao Zedong Shici Pinjian
倾听一代伟人的诗意吟咏，感受他的爱情、壮志与深情……

◎ 虞美人

枕 上

一九二一年

堆来枕上愁何状，江海翻波浪。夜长天色总难明，寂寞披衣起坐数寒星。

晓来百念都灰尽，剩有离人影。一钩残月向西流，对此不抛眼泪也无由。

——选自《人民日报》一九九四年十二月二十六日

【创作背景】

世人眼中的毛泽东通常都是大丈夫、充满斗志的硬汉形象，但是真实的毛泽东同样有儿女情长，同样有缠绵悱恻的情感，这在他给妻子杨开慧的诗中明显体现。

毛泽东在湖南第一师范读书时，对伦理学教师杨昌济先生的学问和品德十分敬仰，于是经常去他的寓所探讨各种问题，杨昌济对毛泽东也十分的器重。1918年，杨昌济被聘到北京大学任文科教授，而毛泽东当时组织勤工赴法的活动和驱逐军阀张敬尧的活动，因此经常住在杨昌济的家里，在杨家，他与杨昌济的女儿杨开慧逐渐由互相了解、倾慕到最终产生了爱情。

1920年年初，毛泽东第二次来到北京，虽然"驱张运动"没有取得令人满意的结果，但是他却收获了甜美的爱情，这就是他和杨开慧的爱情终于有了结果。

杨开慧比毛泽东小8岁。毛泽东早在两年前来北京时，就对她萌发了爱情，两年后的再次相聚，让彼此之间的感情更加浓烈。于是他们经常相约见面，两人之间的爱情终于结成了正果。

就在两人相爱一个月后，杨开慧的父亲杨昌济病逝，毛泽东默默地帮助杨家办完了丧事，陪着杨开慧度过了最痛苦的一段时间，不久，杨家举家迁回长沙。

1920年冬，这对忠实情侣和战友在亲朋好友的祝福中结成了革命夫妻，没

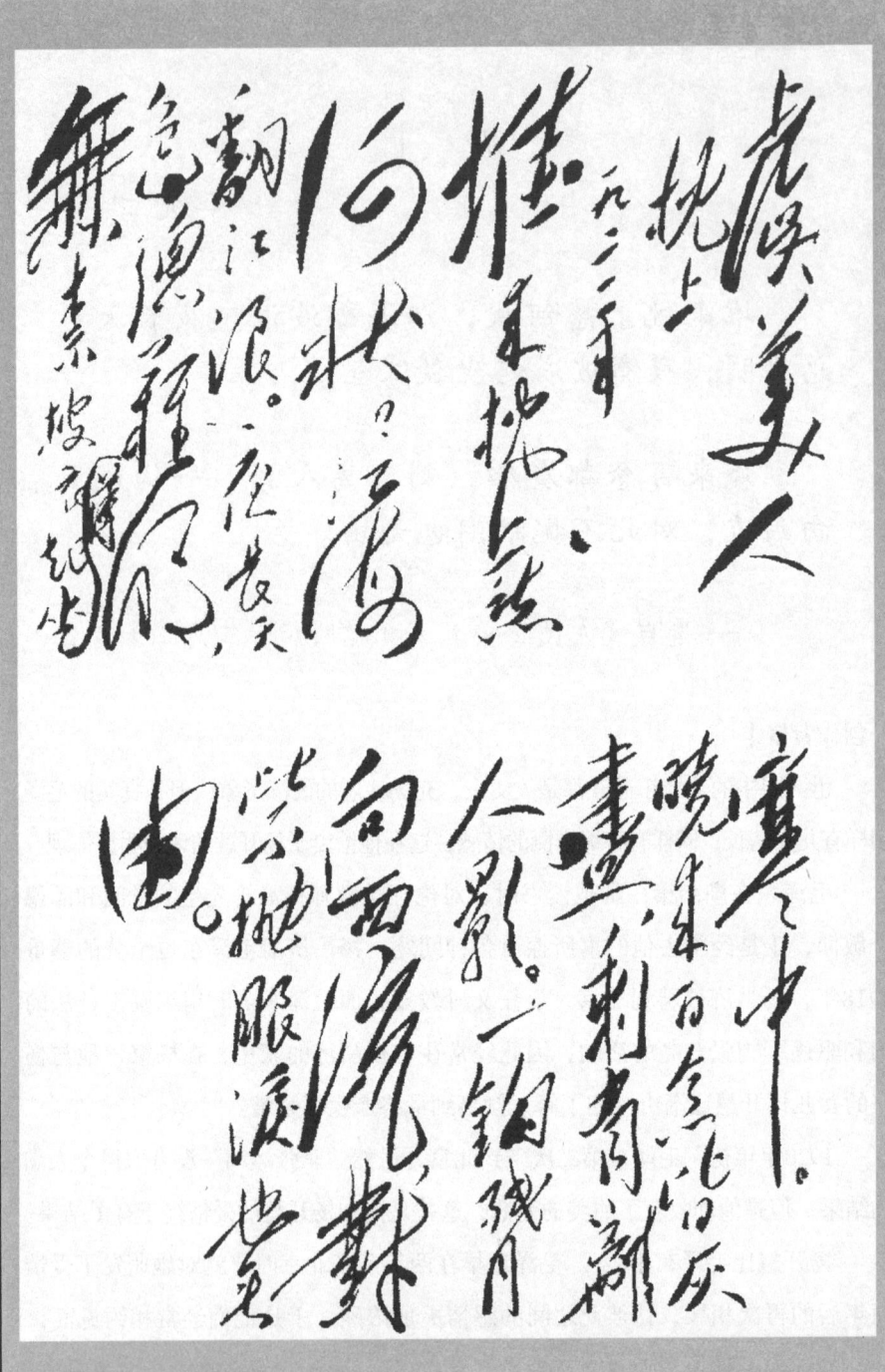

Mao Zedong Shici Pinjian

聆听一代伟人的诗意吟咏，感受他的爱情、壮志
与深情……

《虞美人·枕上》手迹

办嫁妆，没办酒席。婚后，毛泽东看见杨开慧在两人热恋时记下的日记："听到他许多的事，看见了他许多的文章和日记，我就爱了他。"甚至是"假如他被人捉了去杀，我一定要同去共这一个命运"，亲爱的娇妻竟然能有这等革命气节，让毛泽东非常感动，觉得自己是享了大福。

从此，杨开慧追随毛泽东踏上了艰苦的革命道路，她不怕牺牲，不怕浴血奋斗，她忠于爱情，更忠于信仰。对此同辈人曾给过她这样的评价："堪称社会上少有的奇女子。"

1921年春夏期间，毛泽东沿洞庭湖的岳阳、华容、南县、常德、湘阴等地进行社会调查。在旅途中，毛泽东深深思念妻子，一天晚上，万种情仇如波涛翻滚，涌上心头，整晚辗转难眠，好不容易熬到天明，却感到自己百念俱灰，只有离别的妻子在眼前。遥望挂在天边的一弯残月，不由落下相思的泪水。此时的毛泽东情意缠绵，不能自已，于是随手写下了这首《虞美人·枕上》。

【诗词赏析】

这是一首纯粹的爱情诗词，是毛泽东写给妻子杨开慧的一首离别之作。全词充满了婉约的词风，全篇尽显婉约阴柔之美的审美特色，但是并不显得柔弱，而是呈现出一股刚劲雄健之气，这是对婉约词风的一种突破。虽然毛泽东的很多著作是呈豪放风格，但是这篇婉约的诗词，同样优美，不失为一部佳作。

上阕着重写离别之愁。诗人一改古人写愁绪的风格，推陈出新的用"江海翻波浪"来比喻自己的愁绪，形象的比喻，强烈的夸张，将无形的东西变为有形的东西，更具体。诗人因为离愁而难眠，备感长夜的漫漫，于是只能披衣坐起，坐数寒星。景与情的融合，备显诗人的寂寞情怀。

下阕主要写离别之苦。一个"晓"字，点出诗人彻夜未眠，一个"影"字，写出若即若离的别样之苦。辗转反侧，挨到黎明，百念俱灰，满眼皆是离人的影像，这是多么让人伤痛和无奈啊！诗人对着残月，心境可想而知，以至于无法抑制住自己的汹涌的感情，两行清酸泪倾泻而出。

书写离别，歌咏爱情，在毛泽东的诗词中显得非常珍贵。和毛泽东其他的诗词相比，这首词更为我们揭示了一代伟人的内心世界。感慨之言，发自肺腑，情真意切，纯真质朴的情感，读后令人为之一动，为之难忘。让我们认识了不一样的伟人情怀。

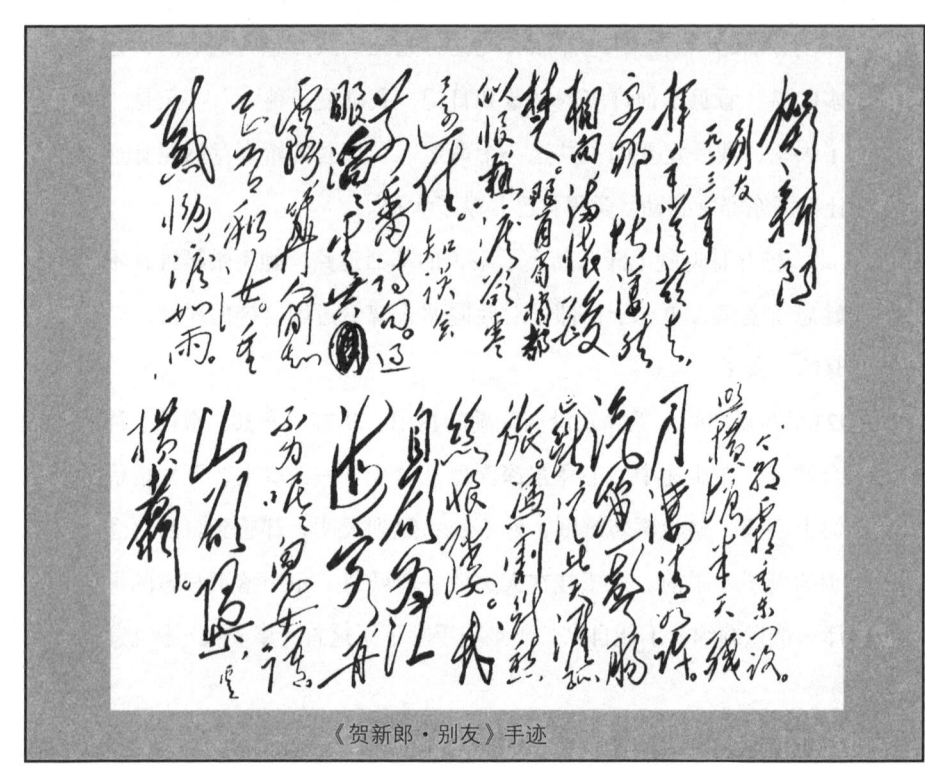

《贺新郎·别友》手迹

Mao Zedong Shici Pinjian

倾听一代伟人的诗意吟咏，感受他的豪情、壮志
与深情……

聆听毛泽东与其时代的诗情交融，您这体别的情感碰撞，
感悟创作之路，让我们步别这人感系和观赏每位中华民族文化的魅力

◎ 贺新郎

别　友

一九二三年

　　挥手从兹去。更那堪凄然相向，苦情重诉。眼角眉梢都似恨，热泪欲零还住。知误会前番书语，过眼滔滔云共雾，算人间知己吾和汝。人有病，天知否？

　　今朝霜重东门路，照横塘半天残月，凄清如许。汽笛一声肠已断，从此天涯孤旅。凭割断愁丝恨缕。要似昆仑崩绝壁，又恰像台风扫寰宇。重比翼，和云翥。

——选自《人民日报》一九七八年九月九日

【创作背景】

这是毛泽东在1923年赴广州之前给妻子杨开慧的咏别之作。根据最新发现的毛泽东手迹,作者这首词的标题为《别友》。

1920年,毛泽东与杨开慧在长达七年的交往中产生了爱情。同年冬,在长沙省立第一师范教员宿舍结婚。

两人婚后第二年,1921年7月,中国共产党成立。会后,毛泽东回湖南,任中共湘区党委书记,负责创建湖南地方党组织和创办"自修大学",训练革命青年,并集中力量领导湖南的工人运动。毛泽东将妻子兼革命同志杨开慧介绍入党,从此,这对革命夫妻一直为革命事业昼夜奔波。杨开慧身兼秘书、机要、通讯数职,还经常协助毛泽东领导群众斗争和工人运动。

她把自己的生命完全融入到了毛泽东的生命之中,可见这对革命恋人的爱情并非普通人的卿卿我我可比。不久,毛泽东在湖南发动的农民运动,使当地军阀倍感惊慌,于是下令逮捕他。自此,毛泽东和杨开慧聚少离多,这对革命伴侣为了执着的信念经常天南海北,劳燕分飞。

1922年,随着第一个儿子毛岸英的出生,杨开慧面临着更多的家庭负担,作为一位年轻的母亲,希望丈夫给自己和孩子稍多一点亲近与抚慰的感情不免有所流露。同时,杨开慧生性要强,仍希望追随丈夫参加革命工作,但家中有幼儿,况且已经第二次怀孕,无奈只能扮演一个家庭妇女的角色。

然而,杨开慧的这些心思对于一个豪气冲天的男人来说,并不能都被觉察意会。此时,毛泽东完全沉浸在一片革命的海洋中,由于忙于事业,家庭所面临的现实困境被胸中的战斗热情冲击得无影无踪。从这个事情上我们可以看出,革命者的激情与诗人的气质已经让毛泽东完全超越了"小家"的樊篱。古来诗人皆如此,何况是天生一腔豪情的毛泽东?

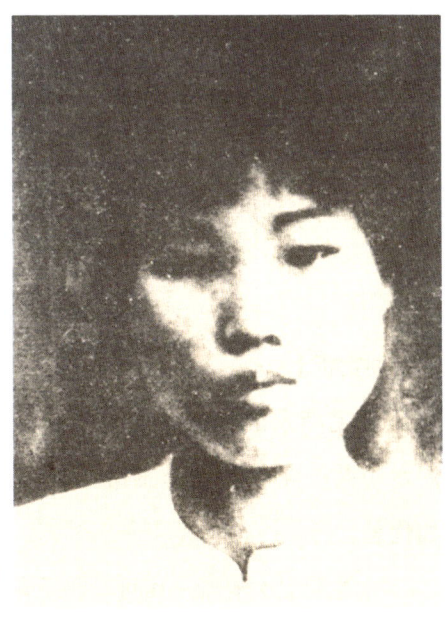

杨开慧像

为劝导开慧多一点英雄气，作好独自为人民革命而斗争的准备。他抄写了一首唐朝诗人元稹的《菟丝》诗相赠：

> 人生莫依倚，依倚事不成。
> 君看菟丝蔓，依倚榛与荆。
> 下有狐兔穴，奔走亦纵横。
> 稚童砍将去，柔蔓与之并。

不料杨开慧看了很生气，认为损害了她的自尊与人格，以至任毛泽东在信中怎么解释，她仍是不理不睬。

毛泽东在建党初期，就积极发动和组织工人运动，于1923年4月，被湖南省长赵恒惕通缉。得到消息之后，毛泽东在组织的帮助下，离开长沙，先去武汉，再转上海，然后又去广州，把已经怀孕的妻子杨开慧独自一人留在家中。1923年6月，毛泽东在中共三大的会议上，被选入中央局。9月毛泽东回到湖南。可是不久，毛泽东又奉中央指示从长沙经上海去广州，帮助孙中山做召开国民党"一大"的筹备工作。

离开长沙前，他进一步向开慧作解释，开慧此时气早已消了。阵雨过后，天晴日丽，误会尽释，爱意更浓。

这条他们已经走了不知多少回的小道上，今天早晨竟是那么的凄凉。残月西斜，寒霜铺地，塘水清澈，曙色微明，东门路上，两情依依。杨开慧难舍难分，泪眼低垂；毛泽东内心痛苦，写下了这首爱情题材的千古绝唱《贺新郎·别友》。毛泽东一生为杨开慧写了三首词，这是第二首。

【诗词赏析】

在毛泽东的诗词中很少抒写离别，歌咏爱情，但这首诗却是例外，它展示了共产党人的真挚感情。革命者也有生离死别的痛苦，也有凄清感伤的忧愁。

这首词层次清晰，其间写景抒情议论相结合，既有形象描写，又有语言描写，表现了诗人的铁骨柔情和雄心壮志，感人至深。

毛泽东诗词品鉴

Mao Zedong Shici Pinjian

倾听一代伟人的诗意吟咏，感受他的豪情、壮志与深情……

词的上阕，首句"挥手从兹去"形象地描绘了离别的一刹那的情景。这句词是从李白《送友人》诗中的句子点化而成的。原句是"挥手自兹去"，毛泽东改"自"字为"从"，用于词首，来点明送别的主题。

"更那堪凄然相向，苦情重诉。"在一起相濡以沫的爱人，如今就要离别了，彼此"凄然相向"，"苦情重诉"用具体的行动描写，表现出了作者与杨开慧在离别的时候非常痛苦的心情。

"眼角眉梢都似恨，热泪欲零还住。"她"眼角眉梢"都好像充满了离恨，热泪差一点就落下来，但却还是强忍住了。作者将杨开慧的离愁别绪和坚强性格写得是何等情真意切。那时党才刚刚诞生不久，有多少工作在等着毛泽东去安排筹划啊！而杨开慧对毛泽东的革命工作和生活都给予了极大的支持和照顾。她除了夜以继日地整理材料，抄写文件，接待来访外，还要操持家务，在生活上给予了毛泽东无微不至的关心和体贴。如今毛泽东要去异地从事革命工作了，杨开慧想到自己不能随同前往，而是要带襁褓中的孩子继续留居在虎狼盘踞下的湖南，不能同毛泽东在一起了，这怎能不使她难过忧虑、柔肠寸断呢？但是杨开慧毕竟不是寻常女子，而是一位优秀的女共产党员，她那坚强的性格，经得起任何感情风暴的冲击。

"热泪欲零还住"中的一个"住"字，有力地表现了她在同亲人离别之际用最大的力量来抑制自己的感情，以免别后亲人牵挂自己。唐代陆龟蒙《别离》诗有句云："丈夫非无

毛泽东手迹"渡江"

泪，不洒离别间。"杨开慧在与亲人离别时的表现说明：坚强的共产党员以革命利益为重，其眼泪是不会在离别时流的。

"知误会前番书语。""书语"，意思是信中的话，从两人分离之际的交谈中，作者得知自己从前写给杨开慧的信中的一些话，曾经引起她的误会。当解释清楚之后，雨过天晴，阳光灿烂，误会消除，他们的情感更深了。两人在分别的时候之所以谈及这一点，正是希望对方不要再为这些不足挂齿的所谓"误会"担心，表现出彼此间相互关心体贴的深厚情谊。"过眼滔滔云共雾，算人间知己吾和汝。"虽然爱人之间曾经有过一时的小"误会"，毛泽东还是最能体慰自己亲爱的夫人心情的。

当时社会正处于大变革时代，在他们所度过的不平凡的共同战斗的岁月中，许多往事像云涛雾涌那样接连不断地从眼前飞过。数一数人间知己，只有"吾和汝"既是志同道合的革命同志又是恩爱的伴侣。

事实正是这样，自毛泽东从事革命活动的开始，杨开慧就毫不动摇地支持他所从事的伟大事业，为革命毫无保留地贡献出了她的全部智慧、才能和精力，直到献出她年轻的宝贵生命。在这句词里毛泽东认定杨开慧是自己的"人间知己"，这既是诗人对妻子在爱情上的海誓山盟，更是对杨开慧崇高的赞美与深切的安慰。

"人有病，天知否？"这个"病"，指诗人对人民疾苦的忧虑，从屈原以后的诗人往往一有"苦情"便有仰首问苍天的诗句。这一句充分表现了毛泽东和杨开慧是深深懂得当时的人民是处在

毛泽东手迹"大漠"

忧患之中的。正是为了改造这个不合理的社会，毛泽东才毅然别妻离子只身远去，出龙潭，入虎穴，以大无畏的精神进行革命斗争；杨开慧也正因此才能够以一个共产主义者的态度对待与亲人的离别。

词的下阕，写的是毛泽东在离别途中的所见所感，在要分手的那一刻彼此间深深的眷恋之情，以及对杨开慧的激励和对未来革命前途的展望。

"今朝霜重东门路，照横塘半天残月，凄清如许。"这三句是寓情于景，通过描述分离时的那天清晨的情景，烘托出一派浓郁的离别气氛。"横塘"最早见于"崔颢"的《长干曲》其一："君家在何处，妾住在横塘。"《贺新郎·别友》引用"横塘"典故，渲染出离别的哀愁，引用得很成功。

"汽笛一声肠已断，从此天涯孤旅。"这是诗人自我感情的充分表白，有声有色的语言表现出作者对杨开慧的真挚的爱情。但是作为一个无产阶级革命者，作者肩负国家兴亡、阶级浮沉的历史重担，不允许他在感情方面有过多的考虑。

于是，"凭割断愁丝恨缕"就这般割断了"愁丝恨缕"，绵绵相思的情结。在下阕，这是一个十分重要的过渡句子。今后"要似昆仑崩绝壁，又恰像台风扫寰宇"。多么生动而壮美的词句！何等鼓舞人心的革命前景！"重比翼，和云翥。"展望前途，无限光明。将来我们必定会重逢，再度比翼双飞！事实果然如此，在此后不久，毛泽东和杨开慧就又会面了，共同投入到第一次国内革命战争中去，并肩战斗在上海、广州、武汉、湖南等地。

◎ 沁园春

长 沙

一九二五年

独立寒秋，湘江北去，橘子洲头。看万山红遍，层林尽染；漫江碧透，百舸争流。鹰击长空，鱼翔浅底，万类霜天竞自由。怅寥廓，问苍茫大地，谁主沉浮？

携来百侣曾游，忆往昔峥嵘岁月稠。恰同学少年，风华正茂；书生意气，挥斥方遒。指点江山，激扬文字，粪土当年万户侯。曾记否，到中流击水，浪遏飞舟？

——选自《诗刊》一九五七年一月号

Mao Zedong Shici Pinjian
倾听一代伟人的诗意吟咏，感受他的豪情、壮志与深情……

【创作背景】

毛泽东在青年时期意气风发、踌躇满志，希望自己在未来能成就一番大事业，这在《沁园春·长沙》中，体现突出。

这首词创作于1925年深秋，当时毛泽东要离开故乡韶山，前往广州主持农民运动讲习所，途经长沙，于是重游故地橘子洲，面对美丽的橘子洲风景，诗人有感而发写了这首词。

1925年，对当时的中国而言，是不平静的一年。在中国共产党的领导下，全国工农运动形势高涨，震惊中外的"五卅运动"，轰轰烈烈的香港大罢工，运动的势头遍及中国的很多省份。

当时的中国存在两个强大的势力，一是蓬勃发展的工农革命运动，一是反动势力。为了维护反动统治的政权，反动势力对革命运动进行了疯狂的镇压，中国的未来将走向何方，中国的命运将会如何，成为世人关注的焦点问题。

面对当时的中国国情，毛泽东有自己的看法，他坚信中国共产党必能带领人民，走向新社会。之所以他会有这样的想法，是因为他已经有十几年的革命经验和经历。

毛泽东和长沙有着不解之缘，从1911至1925年，毛泽东曾多次在长沙进行学习、工作、从事革命活动。

1911年爆发的辛亥革命，1914年的第一次世界大战，1915年"二十一条"的签订，1917年的十月革命，1919年的五四运动……一系列的战争和求解放的运动对毛泽东的影响深远，虽然当时的毛泽东并未居于主角地位，但是他的内心同样被这些运动的高涨激动着、兴奋着。为了让自己也投身于革命浪潮，毛泽东在1918年，和其他的湖南领导人成立了新民学会。

1918年夏，毛泽东为组织留法勤工俭学，第一次去北京。到北京后，毛泽东没有经济来源，经杨昌济先生介绍，北大校长蔡元培写了条子，交给了图书馆，他于是得到了图书馆助理员的位置。在这儿他第一次见到了李大钊。

北京是新文化的中心，北大则是新文化的发源地，也是新旧思想、新旧文化交锋的战场，毛泽东在这儿受益匪浅，他一边贪婪地读书，一边了解、吸收新的文化思潮。李大钊非常器重毛泽东，毛泽东表现出了非凡的常识与才干，深得李大钊的赞扬。在他的引导下，毛泽东开始了解了十月革命，接触到了马克思主义，并接受马列主义的启蒙。

在京期间，毛泽东与蔡和森一起从事赴法勤工俭学的准备工作，请李石曾等介绍情况，制定计划，筹措经费。但毛泽东未赴法留学，他放弃了机会。很多人不理解他这样做的意义，1920年在他写给好友周世钊的信中，解答了这个问题，他这样写道："我觉得求学实在是没有'必要在什么地方'的理，'出洋'两字，在好些人只是一种'谜'。中国出洋的总不下几万至几十万，好的实在少。多数呢？仍旧是'糊涂'；仍旧是'莫名其妙'。"

青年时代的毛泽东

从1918年到1920年，毛泽东曾经两次在北大图书馆工作，在此期间，他阅读了很多关于马列主义的书籍，他的视野拓宽了。事实证明，著名的高等学府、伟大的马列主义传播者、怀有进步思想的革命者，以及一系列的马列主义名著，让毛泽东在此期间接受了一次洗礼，为他以后成为伟人奠定了理论基础。

1921年7月23日，中国共产党在上海成立。从此以后，在中国共产党的带领下，全国的工人阶级开始不断举行大罢工起义。

1924年1月20日至30日，在中国共产党的推动下，孙中山在广州主持召开了中国国民党第一次全国代表大会。根据中共中央通知，毛泽东出席了这次大会，并由大会主席指定，任国民党章程审查委员。紧接着，又以多数票当选为国民党第一届候补执行委员。大会闭幕的次日，毛泽东出席了由孙中山在广州主持召开的国民党一届一中全会。会后，毛泽东作为国民党候补执行中央委员，被派到上海，参加国民党上海执行部工作，协调共产党和国民党的行动，领导国民党在上海地区的改组工作。在此期间，毛泽东一方面在国民党上海执行部工作；一方面在中共中央局担任秘书和组织部长职务。

由于毛泽东在中共党内担任着十分繁重的工作任务，加上国民党上海执行部内部斗争的尖锐复杂，致使他心力交瘁，积劳成疾。当时，毛泽东身体瘦弱，经常是一个星期才大便一次，不得已，中共中央批准他请假回湖南老家养病。1924年12月底，毛泽东离开上海回到湖南老家。

1925年年初，毛泽东回韶山一面养病，一面继续组织农民运动的工作。赵恒惕觉察到毛泽东对自己的不利影响，于是下令逮捕他。为了躲避逮捕，毛泽东秘密到达长沙。

当他重游橘子洲、岳麓山时，看着美丽的景色，想起当时的革命形势，他不禁感慨而发，将眼前的美景和如火如荼的革命形势结合起来，写下了这首世人传诵不绝的《沁园春·长沙》。

【诗词赏析】

毛泽东的诗词给人的感觉和他的性格很相似，大气、雄伟、斗志昂扬。视野的开阔，气势的雄浑，理想的崇高，在毛泽东的诗词中不断出现，读他的诗

毛泽东诗词品鉴

Mao Zedong Shici Pinjian

倾听——代伟人的诗意吟哦，感受他的豪情、壮志与深情……

作，可以让我们更好地洞悉一代伟人的博大胸怀。《沁园春·长沙》是一首典型的经典之作。

词的上半阕着重写景，"独立寒秋，湘江北去，橘子洲头"。诗人一上来就将当时的时间、地点、人物交代清楚了：在深秋时节，我一个人独自登上橘子洲，湘江水不停地向北流去。寥寥数字，为人们展开了一幅诗人独立橘子洲的图画。

"看万山红遍，层林尽染；漫江碧透，百舸争流。鹰击长空，鱼翔浅底，万类霜天竞自由。"这几句话是描写诗人在橘子洲看到的美景。诗人分别从山上、江中、高空、水底不同的角度，层次分明地为我们展示了橘子洲的美景。枫叶染红了整个山峰，澄澈的湘江水面上，千帆争渡，好不热闹。万里无云的高空上，雄鹰展翅，自由翱翔。清澈见底的江水中，鱼儿摆尾，任意遨游。短短的几句话，将江南绚丽多彩，寥廓深远的美景淋漓尽致地描写了出来。

"怅寥廓，问苍茫大地，谁主沉浮？"面对一片生机勃勃的世界，激起诗人的万端思绪，试问广阔无垠的大地，谁才是主宰你命运的真正主人？

"携来百侣曾游，忆往昔峥嵘岁月稠。"看到美丽的江南风景，作者心中涌出了很多感慨，想当年，诗人曾和好友、同学一起来橘子洲游玩、畅谈国家大事，那是一段峥嵘的岁月。

"恰同学少年，风华正茂；书生意气，挥斥方遒。"在那段峥嵘的岁月里，诗人和他的同学蔡和森、何叔衡、张昆弟等立志救国的有为青年们，正值青春年少，意气风发的年龄，当时的才华横溢的"我们"，谈论国事，热情奔放。这几句话主要写当时青年们的思想已经从旧思想中解放出来，胸襟变得自由奔放。

"指点江山，激扬文字，粪土当年万户侯。"我们发表了很多激扬的文字，抨击着社会的黑暗和腐败，评点世事，无情地揭露统治中国的黑暗社会势力，我们胸怀大志，将那些封建势力的封建军阀一律视为粪土。在这一时期，毛泽东在长沙曾组织了湖南学生联合会、新民会，还开办了平民学校、湖南自修大学、参加了反对袁世凯称帝、驱逐张敬尧离开湖南的行动。毛泽东敢于和军阀作斗争的经历为他以后提出"一切反动派都是纸老虎"的思想，奠定了基础。

毛泽东诗词赏析

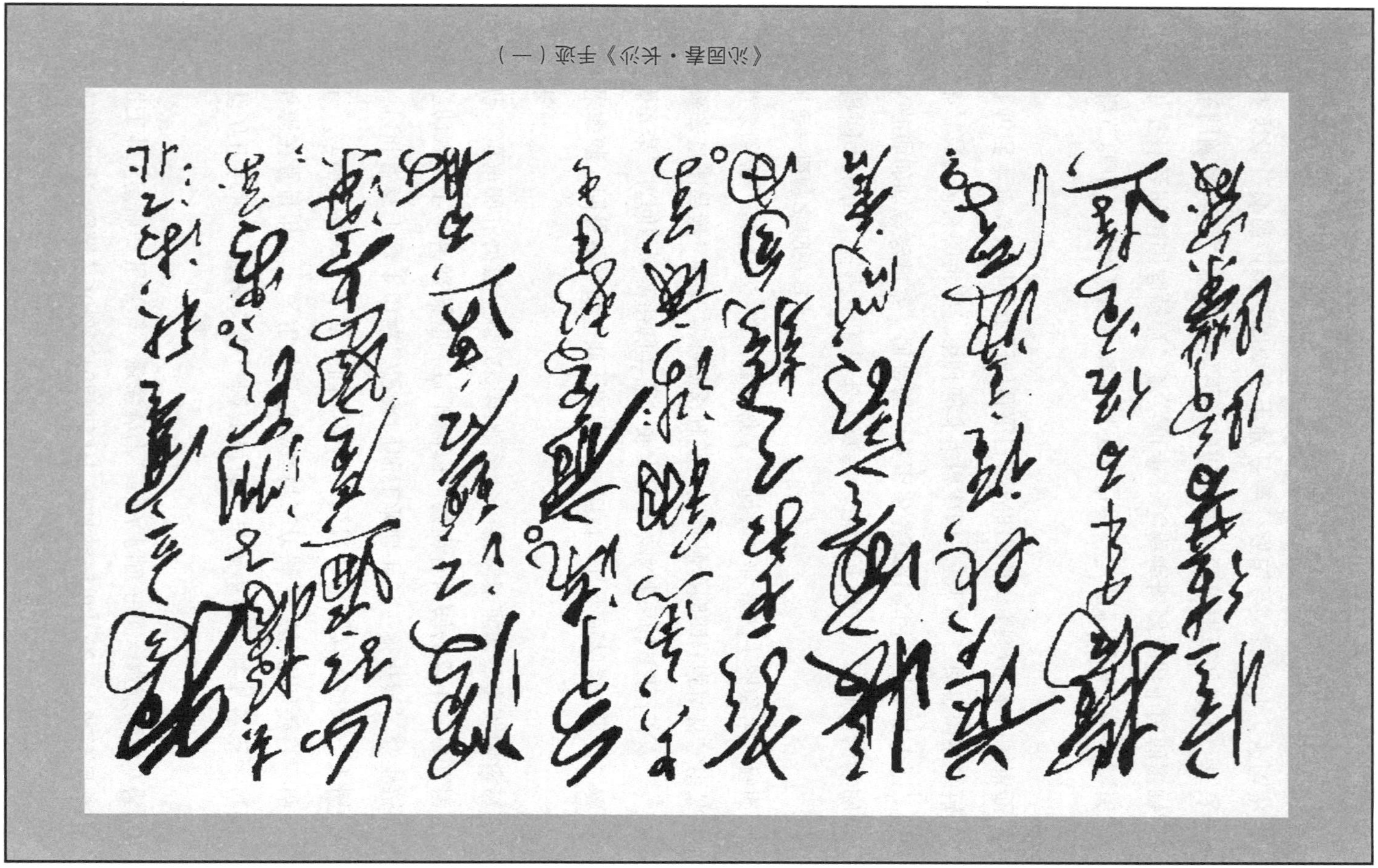

《沁园春·长沙》手迹（一）

Mao Zedong Shici Pinjian
倾听一代伟人的诗意吟咏，感受他的豪情、壮志
与深情……

《沁园春·长沙》手迹（二）

毛泽东诗词赏析

"曾记否，到中流击水，浪遏飞舟。"还记得当时我们到激流的江心游泳，激起的浪花阻断了来回行驶的船只。诗人用这一句话，将场面写得有声有色，浑然天成，既表现了诗人和同学们之间的生活情趣，也将自己的豪情壮志跃然纸上。

　　对引领下阕的"问苍茫大地，谁主沉浮？"答案不言自明。

　　诗人在写这首词的时候，注意到了情景交融，这是很多诗人经常采用的一种写作方法。词的上阕全在写景，看似纯写景的诗句，作者却将自己的感情包孕在了其中，"层林尽染"，不仅仅是些红叶，更多的是象征着遍布中国的红色革命之火，"万山红遍"更寄寓了作者希望"星火燎原"的思想。"鹰击长空，鱼翔浅底，万类霜天竞自由"是诗人对自由解放的向往和追求。"问苍茫大地，谁主沉浮"直接由描写景物的句子改为抒情，对引出下阕起到了过渡作用。

　　词的下阕虽然重在抒情，但是在抒情的过程中，同样有写景的诗句蕴涵其中，如词的最后一句"到中流击水，浪遏飞舟"，就是典型的劈波斩浪的英勇画面。将往昔的不平凡岁月比作峥嵘岁月，将其化为一座座峥嵘的山峰，给人崇高的视觉享受。

　　可以说，《沁园春·长沙》是以情为主线，以景为辅线，交织而成的一幅画，让读者在感受江南美景的同时，能够感受到诗人斗志昂扬的革命情怀，从中感受到诗人不断奋勇向前的雄心壮志和英勇无畏。

毛泽东诗词品鉴

Mao Zedong Shici Pinjian

倾听一代伟人的诗意吟咏，感受他的豪情、壮志与深情……

◎ 西江月

秋收起义

一九二七年

军叫工农革命，
旗号镰刀斧头。
匡庐一带不停留，
要向潇湘直进。

地主重重压迫，
农民个个同仇。
秋收时节暮云愁，
霹雳一声暴动。

——选自《解放军文艺》一九五七年七月号

【创作背景】

年轻的毛泽东弃笔从戎，投身革命战斗的时候，就表现出了不同于一般人的豪情壮志和雄心抱负，这也为他以后的戎马人生，拉开了序幕。

1927年的一天，毛泽东亲自率领铜鼓、修水、萍乡的三路起义部队围扑长沙。正是在这一天，毛泽东开始抓起枪，走上军事斗争的征程。1927年4月12日，蒋介石发动了"四一二"反革命政变，7月15日，汪精卫公开背叛人民，全国笼罩在白色恐怖中，很多共产党人和进步人士遭到了血腥屠杀，轰轰烈烈的大革命失败，中国共产党面临着生死存亡的考验。

1927年8月1日，以周恩来为书记，贺龙为起义总指挥，叶挺为敌前总指挥，刘伯承为参谋长，举行了南昌起义，打响了武装反对国民党统治的第一枪，这标志着中国共产党独立领导革命战争和创建革命军队的开始。

1927年8月7日，中共中央在汉口召开紧急会议，毛泽东当选为中央政治局候补委员，会议决定实行土地革命和武装反抗国民党反动派屠杀政策的总方针，并在湘、鄂、赣、粤四省发起秋收起义。会后，毛泽东赶到湖南，准备发动和领导秋收起义。

毛泽东在湘赣边界一带经过严密的组织策划后，终于在1927年的9月9日点燃了秋收起义的革命烈火。9月11日，毛泽东亲自率领工农革命军第三团1000多名战士自铜鼓出发，向浏阳、铜鼓交界的重要村镇白沙镇推进。团部领导按毛泽东的部署，分三路向白沙进军，仅用一个小时就大获全胜，毛泽东得知后非常高兴。第二天，部队继续向东门市进发，一路上，毛泽东看着自己的部队雄赳赳、气昂昂的，不禁诗兴大发，于是当即填了这首《西江月·秋收起义》。

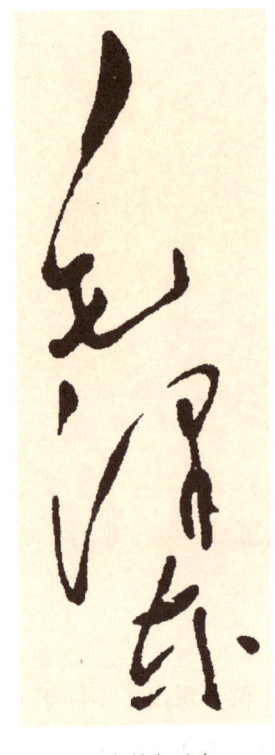

毛泽东签名手迹

Mao Zedong Shici Pinjian

倾听一代伟人的诗意吟咏，感受他的豪情、壮志

与柔情……

54

【诗词赏析】

《西江月·秋收起义》这首词运用朴实、晓畅的语言，写实的手法，记述了秋收起义的情况，言简意赅，读起来令人荡气回肠，毫无书生意气。诗人揭示了农民暴动的原因和正义性，是一首赞美革命暴动的赞美词。这首词写成后，很快在部队传播开，极大地鼓舞了战士们的战斗意志。

词的上阕记述了这次起义的经过和行军路线，开头两句："军叫工农革命，旗号镰刀斧头。"旗帜鲜明，铿锵有声，这为全诗创造了昂扬奋发的氛围，与以往的革命不同，这次起义不再使用国民革命的旗号，公开打出了工农革命和共产党的旗号，表示这是一支受共产党领导的军队，标志着一个新时代的来临。"匡庐一带不停留，要向潇湘直进。"点明了队伍行军的路线，以及战士奋勇前进的气势。

词的下阕，讲述了秋收起义的原因，以及工农群众不可阻挡的气势，因果关系，让结构显得更为完整，更有说服力。"地主重重压迫，农民个个同仇。"这两句强调了阶级矛盾和阶级压迫的尖锐，而这正是秋收起义的原因。"秋收时节暮云愁，霹雳一声暴动。"因为地主的催租索债给农民带来了无限的悲愁，于是农民起来发生暴动也是顺理成章之事，"霹雳一声暴动"形象生动，充分显示了起义的正义性和必然性，有力地鼓舞了广大的工农群众。

本词在遣词造句方面，明快有力，富有文采，用语精练。"旗号镰刀斧头"将工农革命的特点具体形象地写了出来。"匡庐"、"潇湘"是用当地的名山名水指代地方，含蓄又充满诗情画意。"霹雳一声"形象而又有气势。

秋收起义浮雕

◎ 菩萨蛮

黄鹤楼

一九二七年春

茫茫九派流中国，
沉沉一线穿南北。
烟雨莽苍苍，
龟蛇锁大江。

黄鹤知何去？
剩有游人处。
把酒酹滔滔，
心潮逐浪高！

——选自《诗刊》一九五七年一月号

【创作背景】

自古以来，很多诗人经常会将自己的怀才不遇、满腔凄苦、踌躇满志以及意气风发的感受蕴涵到自己的诗作中，在诗中一吐满腔的或悲愤，或愁苦，或怀才不遇，或盎然情志。对于一代伟人毛泽东来说，他同样会将诗词作为自己抒发心意的一种途径。

毛泽东高瞻远瞩的眼光，坚定不移的性格在他的《菩萨蛮·黄鹤楼》中就有显现。

这首词，写成于1927年，而这一年的中国正值多事之秋。整个中国面临着山雨欲来风满楼的场面，扑朔迷离的中华大地上，正在进行一场暗地里的角逐。

1925年12月，毛泽东发表了著名的《中国社会各阶级的分析》，在这之茫茫九派流中国，沉沉一线穿南北。烟雨莽苍苍，龟蛇锁大江。黄鹤知何去？剩有游人处。把酒酹滔滔，心潮逐浪高！

《菩萨蛮·黄鹤楼》手迹

毛泽东诗词赏析

前，陈独秀、瞿秋白、邓中夏等人也发表过关于中国革命及中国各革命阶级的分析文章。毛泽东集中了当时党内的正确主张，初步提出了关于中国新民主主义革命的基本思想。

1926年，毛泽东当选为中共中央农民运动委员会主任。

1926年，蒋介石在广州制造了"中山舰事件"，当时国民革命军有五个军和蒋介石存在着矛盾。而且蒋介石指挥的第一军中，骨干人员基本上都是共产党员。毛泽东分析了当时的形势，主张以叶挺独立团为主，发动工农群众，联合国民党左派以及其他一切可以联合的力量，给蒋介石以致命的一击，但是陈独秀等领导人则主张妥协退让的不抵抗政策，否决了毛泽东的正确主张。于是，共产党员被迫退出第一军。当时毛泽东、周恩来一直主张，让这些共产党员组成和叶挺独立团似的军队，也遭到了陈独秀的否决。

1926年9月，毛泽东发表了《国民革命与农民运动》一文，他指出："农民的问题乃是国民革命的中心问题。"展现了毛泽东对农民问题有了新的研究。

1927年春天，毛泽东写了《菩萨蛮·黄鹤楼》这首词，将心中难以平复的心潮写了下来，他对中国革命的未来充满信心，对中国的革命形势充

Mao Zedong Shici Pinjian

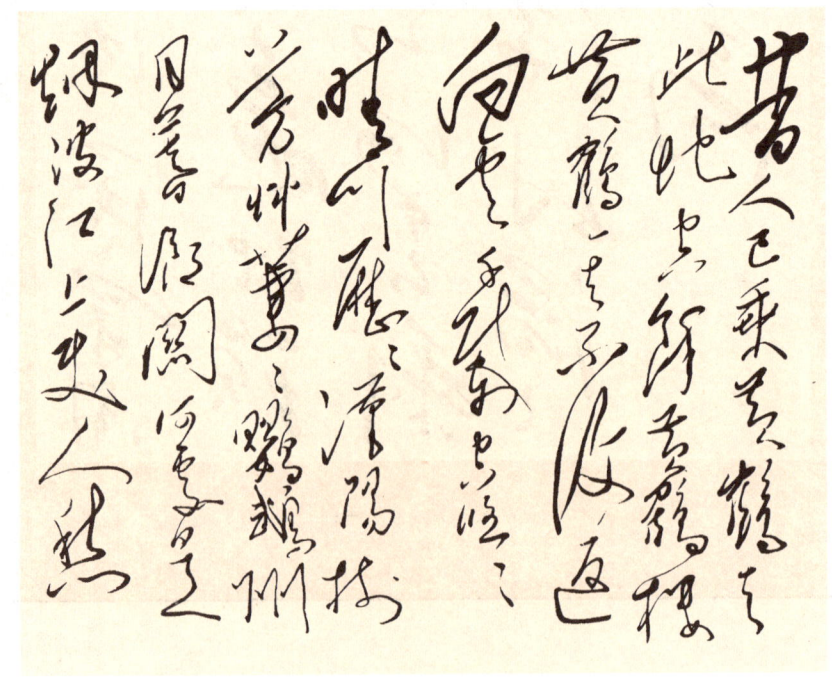

毛泽东手迹（崔颢《黄鹤楼》）

满了希望。

国民革命运动在北伐中取得的胜利，带动了全国工农运动革命热情的高涨，致使反动势力非常恐慌，为了维持自己稳定的地位，他们不断地在革命统一战线中，寻找破坏大革命的代理人。以蒋介石为首的资产阶级右派，迫不及待地投靠了帝国主义和封建买办势力，阴谋篡夺革命领导权。

1927年4月11日，国民党军队收缴了上海工人纠察队的枪。次日，中华共进会的大批流氓打手冒充军人，在闸北、江湾等地袭击工人纠察队，他们又向手无寸铁进行罢工示威的工人开枪。4月18日，蒋介石成立了代表帝国主义和地主买办资产阶级利益的南京国民政府，他发出的第一个秘密号令，就是逮捕200名共产党要人。这就是震惊中外的"四一二"反革命政变。

"四一二"政变后，中国共产党召开了第五次代表大会，毛泽东被选为中央候补执行委员，他批判了右倾机会主义的错误，但是陈独秀拒绝了他的意见，还将毛泽东排斥在大会领导人之外，不仅如此，还剥夺了他在大会上的表决权。

陈独秀始终对汪精卫心存幻想，始终不肯进行革命，这让毛泽东十分忧心，为了预防发生突变，毛泽东将自己的妻儿送回湖南。7月，汪精卫撕下了左派的假面具，公然策划反革命的阴谋，至此，国共两党彻底决裂。

【诗词赏析】

历史上以黄鹤楼为题材的诗不少，不少诗人曾在黄鹤楼上登高望远，书写出各自不同的心得体会。毛泽东在黄鹤楼上，看到了尽收眼底的美景，联想到当今中国的革命形势，心里不由得产生了很多的感慨，并以《菩萨蛮》为词牌名，写就了这首词。

"茫茫九派流中国，沉沉一线穿南北。"两句诗将波涛滚滚的长江和两条铁路线的雄浑气势书写了出来。滚滚的长江水从中国的西部流向东部，而京汉和粤汉铁路则成一线，贯通中国南北。诗人的视野穿过了祖国的大江南北，景象雄伟，气势非凡。

"烟雨莽苍苍，龟蛇锁大江。"在烟雨蒙蒙的笼罩下，龟山和蛇山似乎要将整条大江锁住。一个"锁"字，将静态的山脉写成了动态，如点睛之笔。由此也可以看出，诗人对祖国河山的分布了然于胸，所以运用起来才会得心应手。

"黄鹤知何去？剩有游人处。"每个登临黄鹤楼的人，头脑中都会想到以往也有名家登临此处，也曾在此留下过丹青墨迹，但是随着历史的变迁，早已物是人非，让人不禁万千感慨。诗人登上黄鹤楼，自然也会联想起很多关于此楼的传说和名人诗句。与以往诗人感慨物是人非或者写挽留离别的诗不同，面对着同样的风景，诗人有不同的气度和感慨。

"把酒酹滔滔，心潮逐浪高！"面对着滔滔不绝的长江水，诗人誓要与反动势力斗争到底。诗人胸中压抑的革命激情在此找到了突破口，像汹涌奔腾的潮水一样，一浪高过一浪。联系当时诗人后来的革命行动，我们也不难发现，词的最后两句，正是诗人后来从事革命行动抒发其革命感情的真实体现。在这之后，中共中央在汉口召开了紧急会议，即八七会议，会议纠正了陈独秀的右倾机会主义错误，确定了武装反抗国民党反动派的革命政策和土地革命的方针，同时会议决定，让毛泽东去湖南组织和领导秋收起义。

这首词将写景和抒情有机地融合在了一起，景中有情，情靠景来抒发。描写景物大气而不空泛，用语精练形象生动，一个"穿"字，一个"锁"字，将静止的美写活了，动态之美跃然纸上。诗人将自己的革命激情比作滚滚翻腾的长江水，形象而具体。整首词短小精悍，意蕴深远，耐人寻味。

Mao Zedong Shici Pinjian
倾听一代伟人的诗意吟咏，感受他的豪情、壮志
与深情……

◎ 西江月

井冈山

一九二八年秋

山下旌旗在望，
山头鼓角相闻。
敌军围困万千重，
我自岿然不动。

早已森严壁垒，
更加众志成城。
黄洋界上炮声隆，
报道敌军宵遁。

——选自《诗刊》一九五七年一月号

【创作背景】

　　毛泽东积极鼓舞红军斗志的乐观精神，面对战争镇定自如的性格在战时表现明显。

　　1927年，白色恐怖笼罩着中华大地，国民党疯狂地对中国共产党进行捕杀。八七会议后，受中共中央的委托，毛泽东以中央特派员的身份赶赴湖南，同湖南省委讨论进行秋收起义的计划，成立了前敌委员会，毛泽东任书记。9月初，毛泽东在江西安源张家湾召开了军事会议，对秋收起义作了具体的部署，参加起义的主力主要分两部分，一是没有参加南昌起义的原国民革命军第四军团第二方面军总指挥部警卫团，一是湖南平江和浏阳的农民军，鄂南通城和崇阳的部分农民武装，以及安源煤矿的工人武装等，总共约5000人，统一编为工农革命军第一师第一、二、三团。起义前又收编了一部分原黔军武装，为第四团。9月9日，湘赣边界的秋收起义爆发，工农革命军分别从修水、安源、铜鼓等地出发，向长沙进军，先后占领了醴陵、浏阳县城和平江的龙门厂等地。由于当时的革命形势处于低潮，群众缺乏一定的战斗经验，敌我力量的悬殊，以及第四团在战斗中临时叛变等因素，导致起义严重受挫。14日，毛泽东召开了紧急会议，决定改变攻打长沙的计划。19日晚，在文家市举行了前敌委员会会议，会议决定为保存革命力量，起义军撤离湘东地区，进入江西地区，沿罗霄山脉南移，进入井冈山。

10月，部队到达了罗霄山脉的中段即井冈山地区，在当地武装的帮助下，共产党在此成立了中国第一个农村革命根据地。

1928年4月，毛泽东领导的秋收起义的部队和朱德、陈毅领导的南昌起义保留下来的部队和湘南起义军在井冈山胜利会师，创立了工农革命军第四军（后改称红军第四军）。

以蒋介石为首的国民党命令湘赣军阀对井冈山革命根据地进行疯狂"围剿"。1928年7月，湘赣敌军向井冈山发起了第二次"会剿"。为打破敌人的"会剿"，毛泽东率领的三十一团，在敌人前锋逼近永新时，将敌军围困在永新城达25天之久。而朱德、陈毅领导的红军主力二十八、二十九团则向敌占区茶陵、酃县进攻，迫使敌人迅速回援茶陵，因此打破了敌人的"会剿"。此时，湖南省委错误地估计了战争的形势，因为放纵官兵的思想情绪，而进军湖南，致使二十八、二十九团在湘南与敌人硬拼时失利。毛泽东闻讯后，命令一部分军队从永新撤回井冈山，保住大本营，并亲自带领一部分部队支援大部队。当敌人得知红军的主力不在井冈山时，纠集部队，准备一扫井冈山，留守的部队，遵照指挥官的正确指示，在重要的防卫关口黄洋界加强了防御工事，在敌我力量悬殊的情况下，使敌人四次进攻均以失败告终。见到此景，敌人不得不连夜撤走。

战斗结束后，一部分队伍赶到遂川大汾向毛泽东报告这一喜讯，毛泽东听后，非常有感触，当即写下了这首振奋人心的《西江月·井冈山》。

关于这次保卫战的胜利，在《毛泽东选集》第一卷的《井冈山的斗争》中也有记述："八月三十日，敌湘赣两军各一部乘我军欲归未归之际，攻击井冈山，我守军不到一个营，凭险反击，击溃敌军，保存了这个

Mao Zedong Shici Pinjian

毛泽东诗词品鉴

倾听——代伟人的诗意吟咏，感受他的豪情、壮志与深情……

根据地。"

　　毛泽东作为井冈山革命根据地的创始者，目睹了广大人民的革命力量和英勇奋斗的精神，有感于井冈山保卫战的壮丽场面，将自己的喜悦之情全都蕴涵在了这首词中。

【诗词赏析】

　　这首词是毛泽东对井冈山保卫战的精彩描写，歌颂了井冈山将士英勇奋战、不畏强敌的英雄气概，赞美了井冈山将士镇定自如的气度，以不变应万变的机智，团结一致、艰苦奋斗的英勇气概。

　　整首诗采用的是情景相结合的创作方法。上阕写将士的战斗场面，下阕写战斗的经过，景象宏伟大气，栩栩如生，用语精练，实属佳作。

　　"山下旌旗在望，山头鼓角相闻。"站在井冈山上往下望，到处都飘荡着我们的战旗，军号高鸣，战鼓齐奏，说明红军已经作好了战斗的准备，严阵以待。

　　"敌军围困万千重，我自岿然不动。"敌军的数量众多，可以将我们一层一层地包围起来，但是我们并不害怕，没有一点畏惧。"岿然不动"写出了红军镇定自若的气度，巍然站立的雄姿。

　　"早已森严壁垒，更加众志成城。"这句话道出了红军能够战胜敌人的必胜原因。本来就很坚固的防守队伍，此刻在敌人面前，更加齐心协力、同舟共济，决不退缩。

　　"黄洋界上炮声隆，报道敌军宵遁。"简短

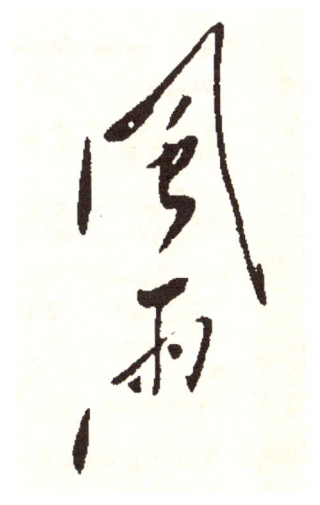

毛泽东手迹"风雨"

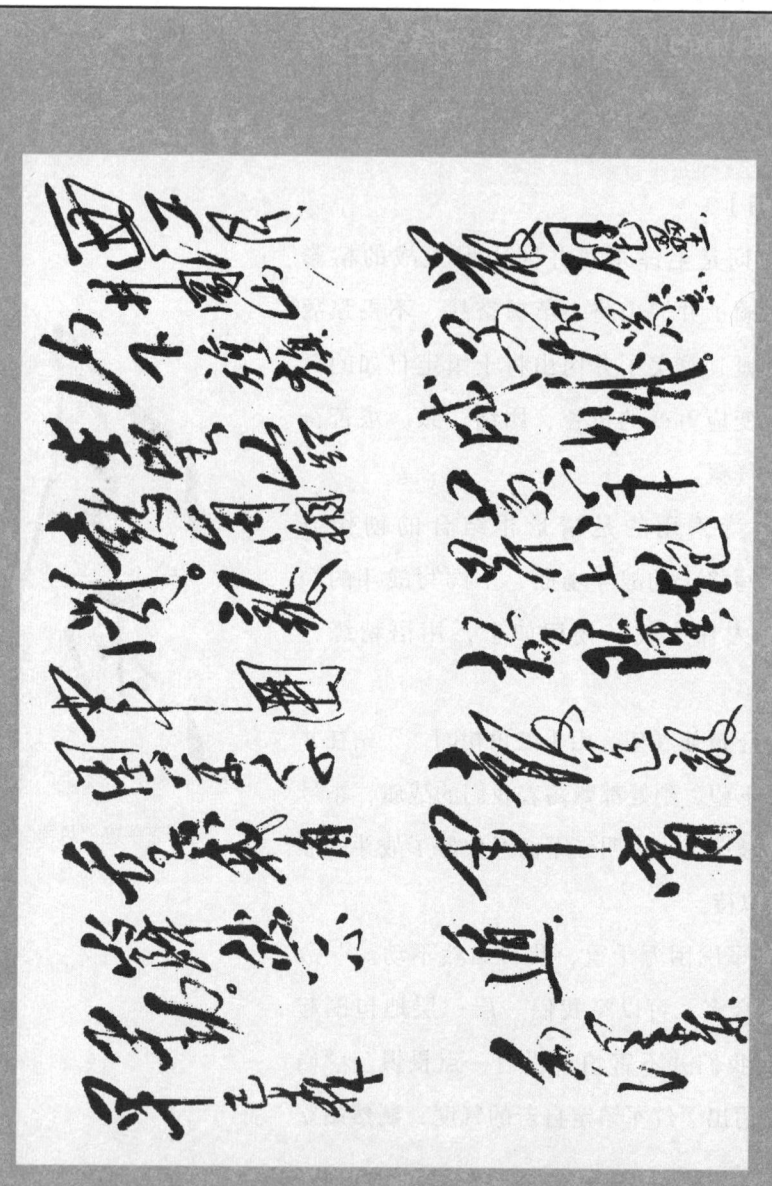

《西江月·井冈山》手迹

Mao Zedong Shici Pinjian

倾听一代伟人的诗意吟咏，感受他的豪情、壮志

与深情……

毛泽东
诗词品鉴

的两句话将惊心动魄的保卫战形象而生动地描绘出来，最后一句有力地嘲讽了敌人，更加鼓舞了红军战士。诗人将将士沉着冷静的备战、岿然不动的心态、众志成城的决心和最后的备战成功一气呵成地讲述了出来，备感流畅。

毛泽东在这首词里热烈歌颂了井冈山黄洋界的保卫战，这次战役仅是井冈山革命斗争的一个缩影，却具有重要的意义。在敌强我弱、敌众我寡的情况下，红军能够以少胜多、以弱胜强，极大地鼓舞了红军战士奋战的决心，成为红军战士以后作战和奋斗的典型榜样。

这首词的一个显著特点是采用敌我对比的方法，寥寥数笔勾勒出了敌人外强中干，内如散沙的作战模式，同时也对比出了红军镇定、踏实的作战方式。对比主要集中在两个方面：

一、敌我力量的悬殊对比。"敌军围困万千重"，敌人力量众多，相比于红军的人数稀少，他们的气焰非常嚣张。但是红军面对敌人的嚣张，没有乱了阵脚，而是"岿然不动"，严阵以待。

二、战斗前，敌人气势汹汹，大有把红军消灭的气势。黄洋界上的炮声响起来的时候，敌人外强中干的实质显露无遗，众不敌寡的作战结果让他们仓皇而逃，实属可笑。

这首词善用古语和成语，用词精练而准确，"旌旗"、"鼓角"、"相闻"、"岿然不动"、"森严壁垒"、"众志成城"、"宵遁"，大气、庄重、简练的用语用句，让这首词更加朗朗上口，鲜明的艺术特色，让词的艺术感染力更加鲜明。

◎ 清平乐

蒋桂战争

一九二九年秋

风云突变，
军阀重开战。
洒向人间都是怨，
一枕黄粱再现。

红旗跃过汀江，
直下龙岩上杭。
收拾金瓯一片，
分田分地真忙。

——选自《人民文学》一九六二年五月号

【创作背景】

毛泽东深谋远虑、随机应变的军事能力在对战争的决策上一表无遗。

1928年，南京政府虽然表面上统一了全中国，但是各军阀之间为了争夺权力仍进行着不断的战争。

北洋军阀奉、直、皖三系混战不断，旧军阀在战争中不断消亡。蒋介石自从发动了"四一二"反革命政变后，国民党政权里面出现了国民革命第一军（以蒋介石为司令）、第二军（以冯玉祥为司令）、第三军（以阎锡山为司令）、第四军（以李宗仁为司令），即形成了蒋、冯、阎、桂四派军阀，互相之间的战事不断。当时全军总人数为250万。

1928年，蒋介石以北伐战争结束、军队素质参差不齐，需要裁减军队，减轻财政支出为由，提出了编遣计划，计划裁减到80万，但是裁减和整编的多为第二、三、四军，蒋的目的昭然若揭，无非是想削弱别人，扩大自己。他的这

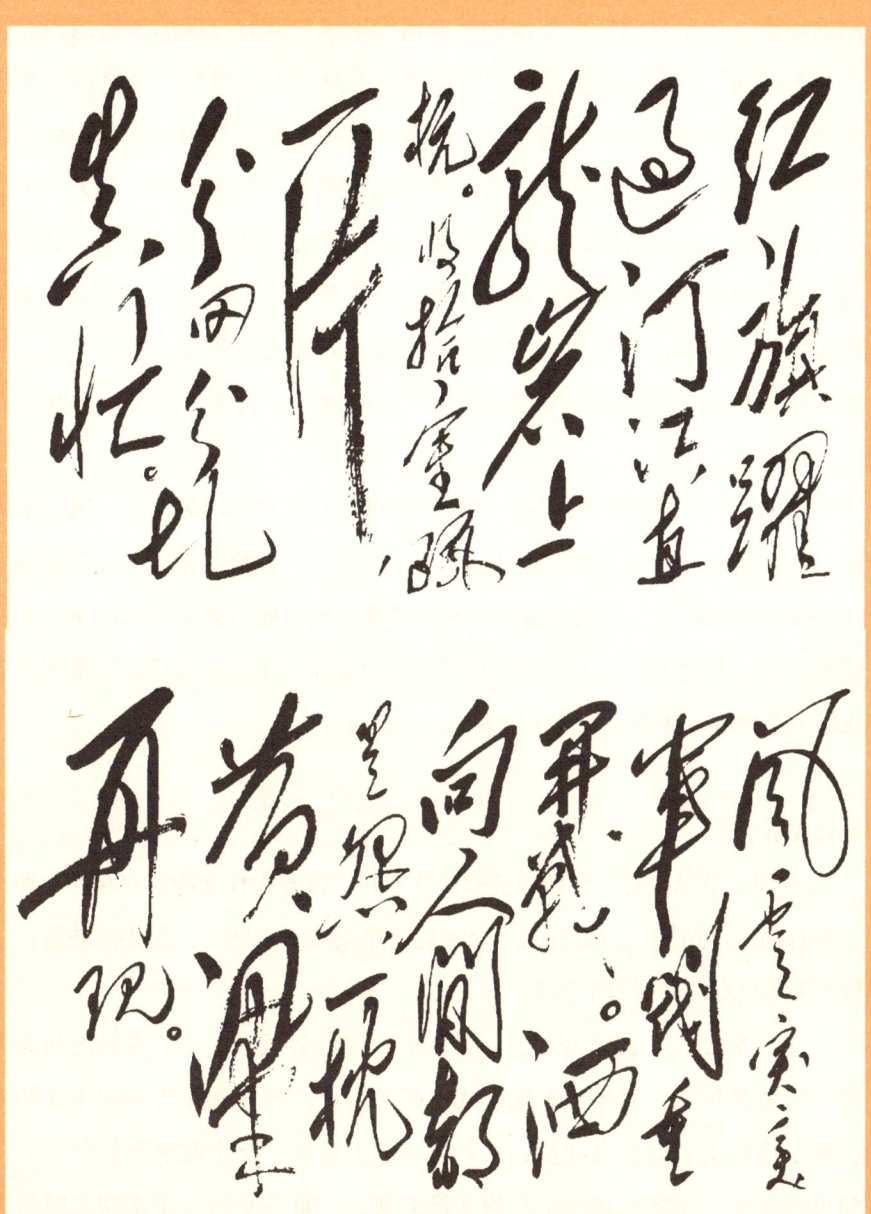

《清平乐·蒋桂战争》手迹

一提案遭到了其他军阀的反对。

为了达成自己精心设计的目的，蒋介石决定采取逐个削弱的办法，于是就从对付第四军开始，1929年年初，蒋介石在湖南培植了亲信，想夺取桂系控制的地盘。桂系发觉后，立即向湖南增援军队，双方之间的矛盾急剧尖锐化。1929年3月26日，蒋介石指责桂系威胁中央，下令讨伐，于是蒋桂战争拉开序幕。蒋亲率三个军直逼武汉，暗地却收买了桂系将领，于是桂系很快在战争中失败了。蒋介石乘胜追击，将湖北和湖南占领了下来，几天下来，桂系大败，李宗仁、白崇禧逃到了国外。9月，原来助蒋攻桂的张发奎又起兵攻蒋，李、白乘机与张联络，组成联军，向广西、广东进攻，这是第二次蒋桂战争。与此同时，身处北方的冯系也和蒋介石开战。各地党组织抓住国民党新军阀混战的有利时机，发动农民开展游击战争，为红军的发展和壮大提供了条件。

1929年3月，蒋桂战争爆发，红四军乘机攻打反动军阀郭凤鸣，迅速将他消灭。在此基础上，红四军乘胜进攻，攻下了龙岩，并将其作为闽西革命根据地。毛泽东到闽西后，又亲自进行了土地革命，他亲眼目睹了军阀战争给人民造成的不幸，看到了劳动人民身处水深火热的深渊，正是在这样的情况下，毛泽东写下了这首《清平乐·蒋桂战争》。

【诗词赏析】

这首词是毛泽东对红色政权能够长期存在，以及为什么能够存在的一种思考。整首词用语精练，短短的几十个字就将军阀战争不断、人民怨声载道，以及红军乘胜进军的场面写了出来。

"风云突变，军阀重开战。"国际的政治形势风云突变，军阀之间战事不断。短短两句话，揭露了军阀混战不断的特征。各军阀作为帝国主义的走狗，为了他们主子的各自利益，不断争夺势力范围，整个政治形势如风云，瞬间可以突变。"突"显示了政治变换之快，"重"则写出了军阀之间战事的不断。开战，道出了军阀混战的频繁。蒋桂战争爆发，前后持续半年多时间，不知道损耗多少人力物力，加上其他派系之间的战争，人民怎么能不怨声载道！

"洒向人间都是怨，一枕黄粱再现。"军阀战争带给人民的是灾难和愁怨，

Mao Zedong Shici Pinjian
倾听一代伟人的诗意吟咏，感受他的豪情、壮志与深情……

军阀们想通过战争独霸中国，这只不过是一场黄粱美梦。"洒向人间都是怨"是承接上文"风云突变"而来，一个"洒"字，形象地写出了灾难的频繁和其带来的痛苦，像雨水一样洒向人民。当时红四军司令部在1929年1月入闽时发出的布告，说明了人民怨的症状："全国各地，压迫太甚。工人农民，十分苦痛。土豪劣绅，横行乡镇；重息重租，人人怨愤。白军士兵，饥寒交并。小资产者，税捐极重。洋货越多，国货受困，帝国主义，那个不恨。国民党匪，完全反动……蒋桂冯阎，同床异梦；冲突已起，军阀倒运。"军阀混战带来的结果只能是使人民更加地怨恨他们，更加团结一致地起来革命反抗军阀，怎么可能会让他们的黄粱一梦梦想成真？诗人直接说出不管是谁在做这个春秋大梦，他们的野心都是永远实现不了的。

"红旗跃过汀江，直下龙岩上杭。"红军高举红旗越过了汀江，一鼓作气攻下了龙岩、上杭。诗人写到这里，词的意境一下子豁然开朗，前面是关于对军阀混战的痛恨，而此时则写出了红军向闽西进攻的磅礴气势和英勇战绩。"跃"字用得非常传神，表现了红军锐不可当的气势和过江时的神速。"直下"两字刻画出了红军所向披靡，不断胜利的气势，两句话突出表现了红军生龙活虎、斗志昂扬的精神状态，以及压倒一切敌人的气概和纵横驰骋的英勇形象。毛泽东通过对红军作战英勇气势的描写，有力地回击了之前很多人对"红旗到底能打多久"的谬论，红军的气势如此的勇猛，必能在不久的将来形成"星火燎原"之势。

"收拾金瓯一片，分田分地真忙。"红军解放了一部分地区，在当地建立革命政权，打土

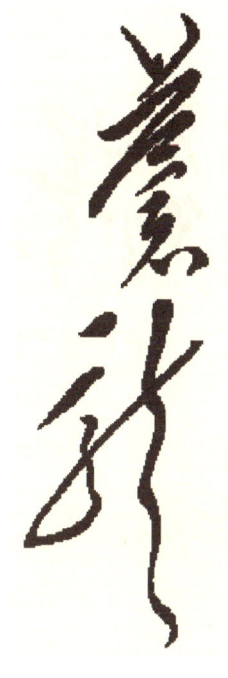

毛泽东手迹"苍龙"

豪、分土地，人民忙得热火朝天。"收拾"有整顿、收复的意思，诗人之所以用这个词，大有重整祖国河山的伟大气魄。"金瓯"一典，寄寓着作者解放整个祖国河山的迫切心情和无比信心。"一片"既是对当时红色区域连成一片的形象写照，也有诗人希望政权像波浪似的逐渐推进的意思。"分田分地真忙"，写出了红军深入解放阵地以后，人民忙碌的动人场景，农民翻身当家做主的喜悦之情跃然纸上。

红军利用军阀混战的有利时机，不断地扩大自我力量，占领更多的革命根据地，诗人热情地歌颂了"工农武装割据"的伟大斗争。

本首词主要是运用对比的写作手法，上阕主要写军阀混战给人民带来的疾苦和怨恨，下阕则写红军给人民带来的欢乐和幸福。两相对比，形象鲜明。

上下两阕分别写出了两种战争的不同性质，氛围不同，意境不同，造成的影响也不同：上阕的军阀混战，民不聊生，百姓怨声载道；下阕的红军胜利，人民喜悦，群情欢畅。在语言的色彩上，对上阕的描写，诗人愤慨，冷嘲热讽；下阕，语言生动，轻松活泼，亲切舒畅，表达了作者对红军的热情歌颂。

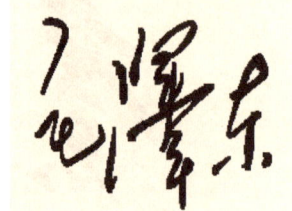

毛泽东签名手迹

Mao Zedong Shici Pinjian

倾听一代伟人的诗意吟咏，感受他的豪情、壮志与深情……

◎ 采桑子

<h1 style="text-align:center">重 阳</h1>

一九二九年十月

人生易老天难老，
岁岁重阳。
今又重阳，
战地黄花分外香。

一年一度秋风劲，
不似春光。
胜似春光，
寥廓江天万里霜。

——选自《人民文学》一九六二年五月号

【创作背景】

毛泽东失意不失志，愈挫愈勇的革命精神在他的失意时期有所体现。

1929年6月22日，毛泽东出席在龙岩召开的中共红四军第七次代表大会，会议主要针对井冈山的战争进行讨论，毛泽东提出的关于红军的任务、政治工作以及军事工作等问题的意见未被接受，而且大会重新选取领导，作为中央指定的前委书记毛泽东并未当选。会后，毛泽东离开了红四军到达闽西。当时，毛泽东身患疟疾，便到上杭等地进行养病，并指导地方工作。

1929年9月28日，中共中央发出由陈毅起草、周恩来审定的致红四军委的指示信，也就是后来人们说的"九月来信"，该信肯定了毛泽东关于"工农武装割据"的思想，并确认了中国革命是先有农村红军，才能再有城市政权；该信

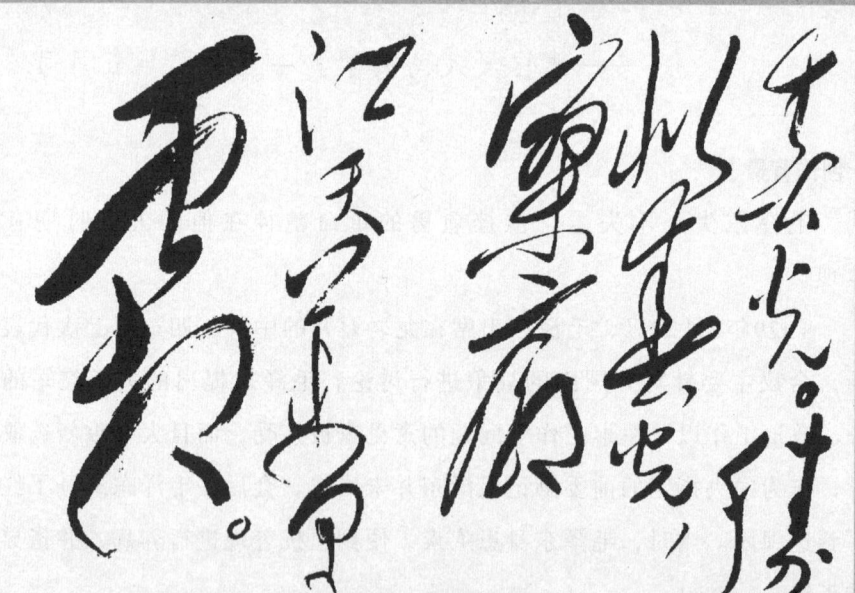

《采桑子·重阳》手迹（一）

《采桑子·重阳》手迹（二）

Mao Zedong Shici Pinjian

倾听一代伟人的诗意吟咏，感受他的豪情、壮志与深情……

毛泽东和贺子珍在一起

还明确指出，红军的基本任务是实行土地革命，开展游击斗争，明确规定红军由前委指挥，并将党代表改为政治委员，并明确其职责是，监督军队的行政事务、巩固政治领导、签署命令等。要求红四军官兵维护朱、毛的领导，并明确表示，毛泽东仍为前委书记。

毛泽东虽然在地方上养病，但是心思却未离开过红军，他时时关注着红军的动向，并将自己的想法告诉来看望他的同志。他这种关心大局，不计较个人恩怨的举动，让很多人感动。毛泽东在贺子珍的陪同下，一边在上杭、永定等农村治病，一边指挥着当地的地方工作。落难中的毛泽东看到妻子的肚子一天天鼓起来，连连叹息："我生病，你又要生产。喜事也变成了伤心的事，祸不单行。"贺子珍忙安慰毛泽东，凡事要想得开，没有过不去的坎儿。正是因为有贺子珍的陪同照顾，毛泽东在养病期间，精神尚好。

10月11日，又到了农历的重阳节，毛泽东住在上杭临江庭院，望着窗外的菊花盛开，联想到在此佳节，金风送爽、丹桂飘香，正是大丰收的好时节，同时也想到了很多文人墨客在此佳节留下了很多佳话逸事。于是，自己也触景生情，不由得填词一首，就是人们现在看到的《采桑子·重阳》。

贺子珍看到丈夫的这首词，非常高兴，一是因为丈夫的这首词的确填得好，二是为丈夫高远豁达的心胸而感动。

【诗词赏析】

中国古代的文学史上，有很多书写重阳的诗，如最为有名的莫过于王维的《九月九日忆山东兄弟》，此诗主要是书写在传统佳节里对亲人的怀念。而诗人写的此诗，一扫诗坛上的悲秋格调，热情歌颂了革命阵地上的美丽秋景。本词通过情景表达主题，寓意深刻。

"人生易老天难老，岁岁重阳。"起势突兀，前一句是写虚，后一句是写实，前句泛指人生天道，"天难老"，三字是纲，笼罩着全篇。诗人将人生易老和天难老进行对比，丝毫没有感伤的意味。古人在描写这方面的题材时，通常会因此联想到人生苦短、命运无常等一系列的悲观方面，而诗人却翻出新意，因为天难老，所以宇宙会时时进行更新，因为人生易老，所以人们更应该将自己短暂的生命不断投入无限的革命事业中去。所以，诗人书写的格调一点儿也不悲观，而且充满了斗志昂扬的积极韵味，像格言一样令人警醒，耐人寻味。

"今又重阳，战地黄花分外香。"岁岁年年，都有重阳，重阳是过不完的。很多人想到此，经常会泛起感伤的情怀，正如"年年岁岁花相似，岁岁年年人不同"一样。而毛泽东的这两句关于重阳的描述，大异其趣，今天又是重阳节，但是战地上的菊花却分外香，为什么呢？因为战地是革命烈士们用鲜血和生命争取来的，处处浇灌着他们的心血，在炮火连天中生长出来的菊花，傲然挺立，怎么能不让人感到它的美丽，又怎么不让人喜悦呢？

"一年一度秋风劲，不似春光。"这句词紧承上文描写菊花的词句，此句诗人写出了自己的真实感受，秋风凌厉自然比不上微风拂面的春光。诗人写到此，不禁让人心存疑虑。但是紧接着的下句，却让人洞悉了作者这样写的用意。

"胜似春光，寥廓江天万里霜。"春天哪里比得上秋天的风光好呢？春天哪里能有天高气爽、江面平静的辽阔景象呢？诗人由眼前的秋色想到了明媚的春光，很显然，诗人对春秋的审美标准并不是根据春与秋的自然属性进行评判的，含有很多的个人主观色彩，关键是诗人喜欢的战斗风格是劲厉，而不是妩媚。所以在这种寓情于景的写作中，词句便被诗人赋予了感情，由此，诗人得出"胜似春光"，也就合乎常理了。"江天"在此比喻的是光明的革命前途。

本词的写作特点是通过寓情于景的描写，让诗更具有了言外之意，诗人托物言志的手法技高一筹，把真正的诗意和精深的哲理统一了起来，使浓郁的诗意放射出了巨大的哲理光辉，从而更能给人以鼓舞和理性的启发。

联系诗人当时所处的境况，更能让读者体会到诗人失意而不失志、坚强而刚毅的革命精神。

毛泽东诗词赏析

◎ 如梦令

元 旦

一九三○年一月

宁化、清流、归化，
路隘林深苔滑。
今日向何方，
直指武夷山下。
山下山下，
风展红旗如画。

——选自《诗刊》一九五七年一月号

【创作背景】

毛泽东对红军所向披靡，英勇神速的描写，体现了他豪迈的气魄和对战争果断正确的决策力。

首先要明确一点，题目中的"元旦"并不是我们现在通称的公历1月1日，而是农历新年的第一天，即现在我们说的正月初一。而当时这首词的时间是公历1930年1月30日。

如前文讲述的一样，1929年，红军主力东征，建立了闽西革命根据地，9月占领了福建省的上杭县，因为当时红军内部存在分歧，部分人认为毛泽东搞"家长制"，于是毛泽东在六七月份被撤掉职务，并被分配到地方上，协助地方进行土地革命工作。

1929年11月26日，毛泽东回到部队，和朱德、陈毅会合，随即，党中央恢复了毛泽东前委书记的职务。12月底，中共红四军第九次代表大会在上杭召开。这就是有名的"古田会议"。

毛泽东亲自主持了这次会议，他起草的决议在会上得到通过，即著名的"古田会议决议"《关于纠正党内的错误思想》。会议的七项决议几乎成了建

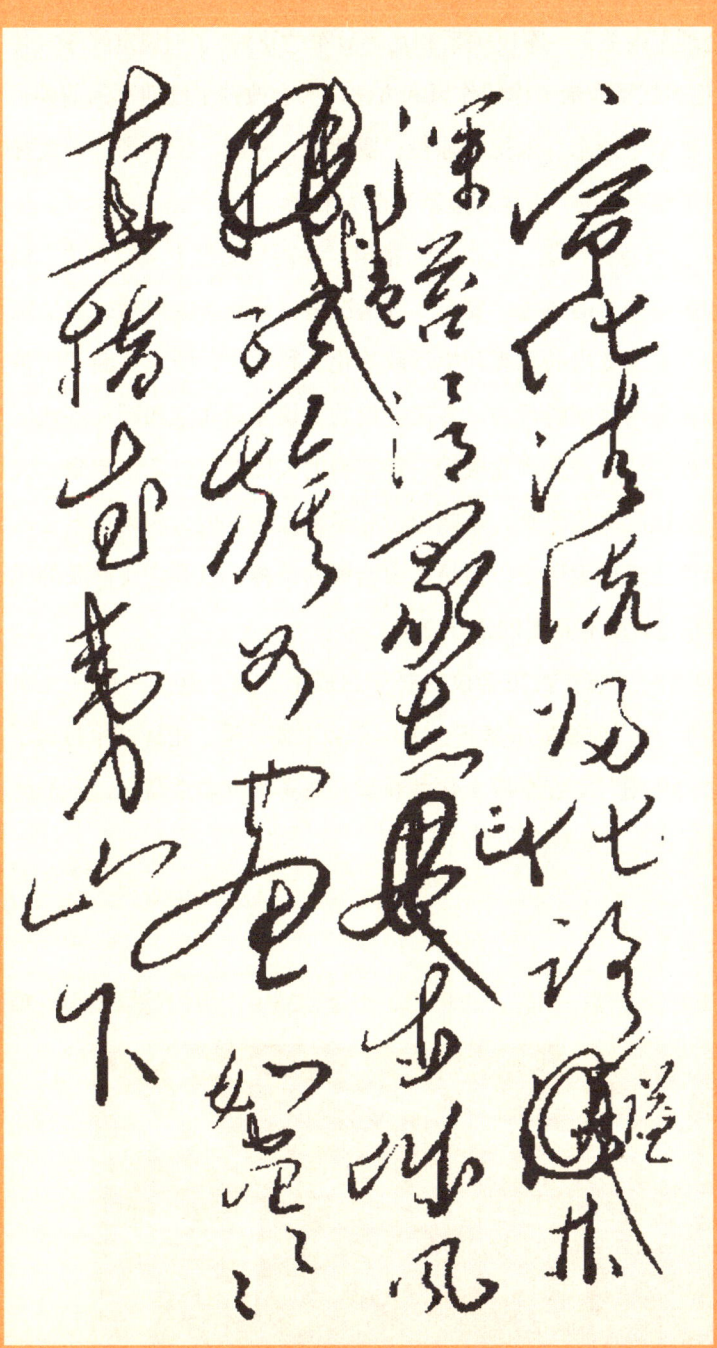

《如梦令·元旦》手迹（部分）

党和建军的纲领：1．规定红军的性质和任务；2．肯定党对红军的领导原则；3．明确军事和政治关系；4．强调进行马克思主义和党的正确路线的教育；5．确立红军处理军内关系、军民关系和瓦解敌军的原则；6．规定红军宣传工作的任务；7．论述红军政治工作的作风和方法。大会改选了红四军的前委，遵照中央的指示，推举毛泽东、朱德、陈毅、罗荣桓、林彪、伍中豪、谭震林等11人为中共红四军前委委员，毛泽东重新当选为书记。

古田会议意义深远，《决议》指出，要用马克思主义的方法去做政治形势的分析和阶级势力的估量，要对实际情况进行调查研究以后，再决定斗争的策略和方法。要求党内的思想和生活政治化、科学化，防止武断和庸俗化。严禁猜忌、破坏党内团结的行为。古田会议的决议先后在红四军和各地红军中得到了贯彻实施，使中国共产党成为一种新型的人民军队，几十年来，人民解放军遵循古田会议的决议原则，军队建设有了很大的发展，积累了丰富的经验。虽然古田会议已经成为历史，但是古田会议的精神，以及它所涉及的原则性对今天的解放军建设仍有重要的指导意义。

红四军的思想在古田会议后终于达成了一致，这是一件令人欢欣鼓舞的事。1930年1月，前线战事紧张，毛泽东和朱德一道，指挥红军打破了闽、粤、赣的两次"会剿"。红军战士欢度春节，毛泽东也非常高兴，不禁诗兴大发，于是写就了这首《如梦令·元旦》。

【诗词赏析】

《如梦令》这一词牌，属单调、小令，33字，因为篇幅短小，难以容纳较

古田会议遗址

Mao Zedong Shici Pinjian

多的内容，很不容易写成。毛泽东在这首词中，不仅创造了优美的意境，意象组合得也极为巧妙。

这首词的写作特点是白描手法，由近及远地展现出一幅十分壮丽的行军画卷。"宁化、清流、归化，路隘林深苔滑。"选择三个有代表性的地名直接向人们点明了此次红军行军的路线，简洁有力，也向人们暗示了红军行进的神速。"路隘林深苔滑"一句写出红军行进途中的困难重重，但为了能够打破敌人的"围剿"，为了取得战争的胜利，红军不得不走这样一条充满困难险阻的道路。虽然行军路上困难重重，但是这些是挡不住红军前行的脚步的，正如毛泽东后来所说的那样，红军是无坚不摧的。

"今日向何方，直指武夷山下。"是一句由近到远的过渡句，作者新颖的一问一答，明确指出了红军行进的方向。使得行军途中的艰苦在此荡然无存，依然是美丽的闽西风景，向着武夷山行进，可以享受更美的风景，就直奔武夷山吧。

"山下山下，风展红旗如画。"这是作者对未来展望的风景，当红军到达武夷山后，必然也是红旗招展，风景如画的一幅雄伟场面。这句话形象地表达了势不可当的进军趋势，具有强烈的感染力和鼓舞力。

这首词的前两句极其巧妙，得到了很多诗词大家的赞扬和认可。两字一顿，一连六顿，读来朗朗上口，此诗虽然是写于冬天的急行途中，读来却并未感到丝毫的寒意，反而让人领悟到行军途中风景如画，气候凉爽，让人备感轻松、开阔。而最后一句"风展红旗"更表现出磅礴的宏伟气势，充盈着大家的豪迈和气概，而这也正是毛泽东诗词的典型特征。

◎ 减字木兰花

广昌路上

一九三〇年二月

漫天皆白，
雪里行军情更迫。
头上高山，
风卷红旗过大关。

此行何去？
赣江风雪迷漫处。
命令昨颁，
十万工农下吉安。

——选自《人民文学》一九六二年五月号

Mao Zedong Shici Pinjian
倾听一代伟人的诗意吟咏，感受他的豪情、壮志
与深情……

【创作背景】

毛泽东乐观的性格、不畏万难的气概在红军的行军途中，展露无遗。

这首词的创作紧承前篇的《如梦令·元旦》，后来人们经常将其称为《如梦令·元旦》的姊妹篇。

1930年1月5日到16日，朱德率红四军离闽，经连城、宁化到达江西的石城，16日进入广昌。在广昌县城，进行了临时的军事会议，并作出决定到宁都东韶与毛泽东所率领的部队进行会合，然后进军吉安，与赣南、赣西特委和红五、红六军会合。

1月7日，毛泽东率领部队从古田出发，经连城、清流、归化等县。在获悉了朱德发来的消息后，毛泽东率部队顶风冒雪急速行军，经大株、横山、白水、巴九桥一线，日行八十里，于当晚到达广昌县城。

1月22日，毛泽东同志率领红军经陂头、柯树前往宁都，于24日在东韶

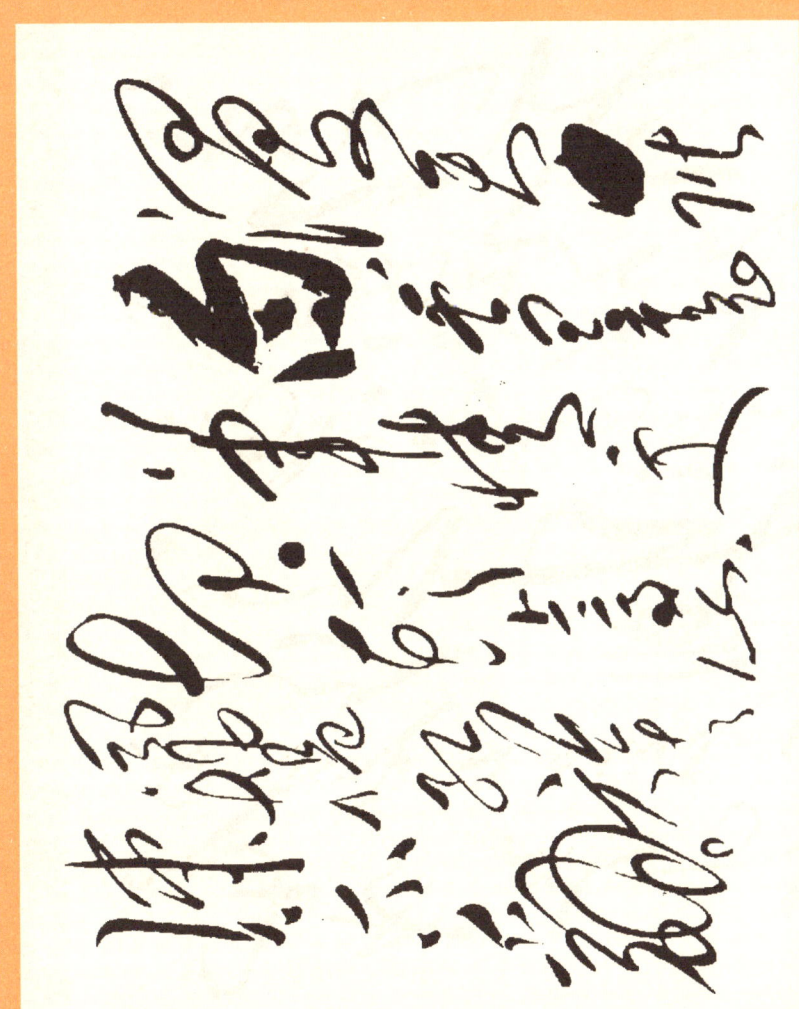

《减字木兰花·广昌路上》手迹（一）

《减字木兰花·广昌路上》手迹（二）

Mao Zedong Shici Pinjian

倾听一代伟人的诗意吟咏，感受他的豪情、壮志

与深情……

与红四军一、三、四总队会合，并就入赣后分路进军问题召开了总前委会议。2月6日到9日，毛泽东在吉安陂头组织召开了中央红军、赣西特委和红五、红六军的联合会议，这就是著名的"二七会议"。会上，毛泽东发表了《目前的政治形势及党的任务的报告》。

会议明确提出了赣西南党的主要任务是深入土地革命，建立江西苏维埃工农政权，扩大武装力量，争取江西全省；根据江西地区的敌情，决定集中兵力攻打吉安城。会后，红四军奉命由藤田地区进到施家边，然后向吉安挺进。

2月中旬，正是冬末春初的严寒季节，又遇到大雪漫天的天气，毛泽东率领大军行进在崇山峻岭中，四周群峰林立，被漫天的冰雪覆盖，路旁的树林，淹没在白茫茫的雪海中，不见往日的苍翠，红军冒着严寒冰雪向着赣江之滨的吉安城挺进。

毛泽东策马扬鞭，在行进的威武队伍中，想到吉安的战斗不久就会打响，于是心潮澎湃，诗兴大发，在马背上写就了《减字木兰花·广昌路上》。

【诗词赏析】

毛泽东创作诗词，通常会将美丽的自然景色放在词的前面，然后再将历史事件逐渐地呈现在优美的环境中。这首词在这方面就是一个很好的例子。

这首词的上阕是写红军行进的场面。"漫天皆白，雪里行军情更迫。"漫天的雪花覆盖了周围的一切，但是红军在雪地里行军却更加急迫。"漫天皆白"一句话写出了红军行军的险恶环境，"漫""皆"写出了雪之大。"雪里行军情更迫"虽然雪下得很大，但是红军行进的心情却非常急迫，不断地加快行军的步伐，表现出了红军对恶劣环境的藐视。同时这句话也为下面的描写做了伏笔——红军为什么要这么急迫地行军？

"头上高山，风卷红旗过大关。"面对的都是一座座高山，大风吹卷着红旗不断地走过一个个大关。江西省境内多山，红军这次的行军路上，走的不是平川，而是崇山峻岭。这句话写出了红军的坚定、顽强，在行军路上所向披靡，勇敢无畏地向着胜利的目的地奋进。

词的下阕则指出了红军的所向之处。"此行何去？赣江风雪迷漫处。"诗人故意发此一问，更引起了人们的疑惑。紧接着的下句用放眼望去的景象作答，引人入胜。

"命令昨颁，十万工农下吉安。"昨天刚下的命令，十万工农红军浩浩荡荡地要进军吉安。这两句话将红军领导人英明的指挥，军心的统一，行动的迅速、纪律的严明、行进方向的准确全都表达了出来。

在写吉安时，作者用"赣江风雪迷漫处"的形象写法写出，既形象生动，又引人所思，十分生动。

这首词的主要特点是用词精练，一个"卷"字，写出了风雪之大，气势之猛。一个"过"字，含义丰富，写出了红军势不可当的威武气势。一个"下"字，写出了红军的浩浩荡荡，犹如江河奔流而下。整首词虽然是在描写冬天的严寒，但是却让人感受不到气候的寒冷，能感觉到的仅仅是红军急迫的心情，不畏严寒的豪迈和气概，所以说，这是一首鼓舞人心的励志之作。

Mao Zedong Shici Pinjian

倾听一代伟人的诗意吟咏，感受他的豪情、壮志与深情……

从汀州向长沙

一九三〇年七月

六月天兵征腐恶，
万丈长缨要把鲲鹏缚。
赣水那边红一角，
偏师借重黄公略。

百万工农齐踊跃，
席卷江西直捣湘和鄂。
国际悲歌歌一曲，
狂飙为我从天落。

——选自《人民文学》一九六二年五月号

【写作背景】

毛泽东的机智灵敏以及高瞻远瞩在战略决策的制定上有突出表现。

1930年上半年，革命形势的发展处在关键时期，此时的共产党员已有10万余人，红色根据地已发展至15块，革命发展顺利。红军的战斗方针开始由游击战向运动战转变。此时的国民党新军阀蒋介石、阎锡山、冯玉祥又爆发了大混战。一段时间以内，江西、湖南一带除南昌、长沙等大城市之外，没有强敌，形势有利于革命的发展。然而，此时的红军在李立三"左"倾冒险错误主张的统治下，错误地估计了敌我之间力量的对比，并通过了《新的革命高潮与一省或几省首先胜利》决议案，不久，又制定全国总暴动和集中全国红军进攻中心城市的计划，使各地革命力量遭到不同程度损失。9月，中共六届三中全会停止了这一冒险行动。

1930年6月，毛泽东率领红四军进入闽西长汀进行休整。6月底，毛泽东率领一支红军主力，从福建汀州向江西进军，抵制了李立三的"左"倾冒险，避免了攻打南昌的错误，并在江西广大农村开展土地革命，扩大了革命的根据地，推动了全国革命形势的发展。

7月11日，毛泽东在江西兴国县城召开了万人誓师大会，摆出了向南昌进军的架势。7月24日，毛泽东、朱德率部队攻克了清江县樟树镇，歼灭守敌两个营。26日，攻克了离南昌不远的高安县。他们直接断定进攻南昌对我军不利，于是仅在南昌声势浩大地做了个样子，便作出了放弃南昌的决定，同时也没有奉上级的指示，继续北上攻打九江，而是将红军主力开到南昌西部地区安义、奉新一带进行休整。8月，两人继续率红军西向湖南进军。在浏阳永和与彭德怀所率的红三军团会师，共同组成了红一方面军，毛泽东任政治委员，朱德任总司令。8月29日，红一方面军奉中央的指示进军长沙，直到9月12日，长沙仍未攻克，伤亡甚多。毛泽东耐心说服红一方面军的其他领导，回师南下，分别进攻了茶陵、攸县、醴陵、萍乡、吉安等地。由于毛泽东的正确领导，使得红一方面军并未受到重大损失，同时还建立了湘赣、赣南、闽西、湘鄂赣、闽浙赣、鄂豫皖、洪湖、湘鄂西等大块革命根据地。

这首词是从汀洲向长沙的途中写就的，虽然诗人在后来加上了《从汀州向长沙》这个词题，但是却未提及攻打南昌、长沙等大城市，诗人仅仅是写了坚持在江西的广大农村发动千百万工农群众，扩大革命根据地，促使了革命高潮的到来的情形，词中还流露出了诗人对李立三"左"倾错误的抵制。

【诗词品鉴】

这首词描写的是红军于1930年六七月由汀州向长沙进军途中的豪迈心情，以及工农红军一起革命的大好形势。

因为毛泽东在创作本首词的时候，对中央命令的公开抵制是不被允许的。诗人在写这首词的时候，是有难言之隐的，但是为了从大局出发，鼓舞将士的志气，诗人以抒情的基调为主，多用比喻词语进行描述，气势雄浑浩大，悲壮激越。采用避实就虚、多用曲笔的描写方法。

"六月天兵征腐恶，万丈长缨要把鲲鹏缚。"诗人将红军的正义之师比喻为"天兵"，将国民党反动派比喻为"腐恶"，把红军比喻为"万丈长缨"，把反动势力比喻为"鲲鹏"，不但形象上泾渭分明，诗人的角色立场同样鲜

Mao Zedong Shici Pinjian

明。在这里诗人充分显示出了红军的勇猛和战无不胜，同时也指出了敌人的腐朽，最终难逃溃败的下场。

"赣水那边红一角，偏师借重黄公略。"黄公略同志已经在赣西北开辟了湘鄂赣革命根据地，点燃了革命的熊熊烈火，为红军这次进军江西创造了有利的条件。这句话是对上面两句话的补充，革命的胜利不能仅靠革命性，更需要正确的路线和战略。只有这样，才能对胜利有所把握。

"百万工农齐踊跃，席卷江西直捣湘和鄂。"所有的工农踊跃参与与敌人的斗争，让革命的烈火席卷到江西，直捣敌人占领的湖南、湖北。"踊跃"、"席卷"生动形象地写出了毛泽东率领红军，在从汀州向长沙的进军途中，发动广大人民进行土地革命所作出的辉煌成绩。革命的发展不仅扩大到了江西全省，还正以不可阻挡之势迅速向湖北、湖南等广大地区发展。

"国际悲歌歌一曲，狂飙为我从天落。"一曲悲伤的国际歌，好比是正在进行的革命风暴一般。"狂飙"象征了革命风暴的迅猛，气势宏伟地从天而降，掀起了滚滚的革命浪潮。这是毛泽东对当时革命形势的热情歌颂，希望广大的人民群众能够站立起来，为英勇的解放斗争不断奋斗。

本词气势宏伟、雄浑，词作中的几个词语用得非常出色。其中"要把鲲鹏缚"，既表现了工农红军的革命决心，也揭示了敌人"纸老虎"的本质。"踊跃""直捣"等词语的使用，既有气势，又形象动人。

本文的特色是，能从大处着眼，大处落笔，以虚为主，这在毛泽东战争题材的诗词中，是别具一格的。

反第一次大 "围剿"

一九三一年春

万木霜天红烂漫，天兵怒气冲霄汉。雾满龙冈千嶂暗，齐声唤，前头捉了张辉瓒。

二十万军重入赣，风烟滚滚来天半。唤起工农千百万，同心干，不周山下红旗乱。

—— 选自《人民文学》一九六二年五月号

【创作背景】

毛泽东对军事指挥的英明决断，对战事准确的预见能力在反"围剿"的战争中，不断被验证。

红军和根据地的发展，特别是李立三"左"倾冒险错误时期红军攻打中心城市的冒险行动，使国民党统治集团感到极大的震惊。1930年10月，历时近半年的中原大战和湘粤桂边战争结束后，蒋介石立即调兵，任命14个"剿匪"督办，向各革命根据地的红军发动大规模的"围剿"。1930年10月，蒋介石亲自纠集了10万兵力，由北向南"分进合击，长驱直入"，大举进犯红军的赣西革命根据地。

当时红一方面军只有4万余人，形势十分严峻。根据力量对比，针对敌人的进攻策略，提出采取"诱敌深入，聚歼敌军于根据地内"的战略方针。红一方面军主力渡过赣江，退到革命根据地内作战。将敌人主力张辉瓒、谭道源两师诱至龙岗、源头一带，集中力量加以歼灭。12月30日，活捉了敌军总指挥张辉瓒，胜利地粉碎了敌人的第一次"围剿"。

红军之所以能取得"围剿"的胜利，与国民党内部将领之间的争斗是分不开的。张辉瓒和公秉藩两人为了抢占要地东固，争得头功，互相展开了激烈的战斗，双方死伤惨重。虽然张辉瓒一再向公秉藩解释这是个误会，但是公秉藩就是不予理会，于是张、公"围剿"还未开始，两人便因为闹矛盾而分开了。这也为他们后来的"围剿"失败埋下了伏笔。

正是在此有利条件的前提下，红军取得了反"围剿"的胜利。

当晚毛泽东在指挥所的小屋里，回想起一天战斗的大捷，不禁涌上喜悦心情。于是在胜利的喜悦下，一气呵成写了这首词的上阕。

1931年2月，蒋介石再次派何应钦出马，集结了20万军队，发动第二次"围剿"，在第二次反"围剿"之前，毛泽东填完了这首词的下阕。

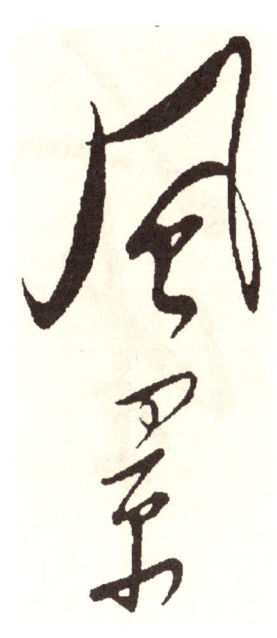

毛泽东手迹"风景"

【诗词赏析】

这首词主要写第一次反"围剿"的胜利场景。

"万木霜天红烂漫，天兵怒气冲霄汉。"万千枫林被霜打过，焕发出鲜亮的红色，红军战士的一腔怒火，直冲云天。这句话主要是写景，这首词作于1931年早春，当时正值冬春交替之际，毛泽东领导的革命根据地此时正呈现出一派春之景色。虽然寒意依然侵袭人体，但是依然能让人感受到温暖如春的暖意。虽然根据地此时已如春天般生气盎然，但是红军却面临着冬日般的一场肃杀。"围剿"的战斗即将打响。这两句词再现了当时的战斗场景和红军战士高昂的战斗激情。

"雾满龙冈千嶂暗，齐声唤，前头捉了张辉瓒。"红军战士不仅仅是一腔怒气，在保卫家园的战斗中，他们沉着应战，诗的这几句话简洁凝练地描写了当时的激战情况。"雾满龙冈千嶂暗"一句话写出了毛泽东一贯的"诱敌深入"的作战战略。紧接着是战士的欢呼声，最后是战斗之结果，活捉了张辉瓒。这与唐朝诗人王昌龄所写的《从军行》中的"前军夜战洮河北，已报生擒吐谷浑"有些相近。龙冈这一战，其实是根据毛泽东"对于强敌，或关系紧要的战场作战，应以绝对优势的兵力临之"的作战思想，是"集中四万人打张辉瓒的九千人"（《中国革命战争的战略问题》），所以，这次战役，红军才能干脆利落地打败敌人，赢得首次大捷。第一次反"围剿"共歼灭敌人一个师的大半，缴枪13000余支。

词的上阕以活捉张辉瓒为收尾，其实是概括出了红军反"围剿"的伟大胜利。

"二十万军重入赣，风烟滚滚来天半。"20万敌兵又来侵犯，狼烟四起遮掩了大半个天边。这是写的第一次"围剿"失败后，蒋介石再次纠集20万军队向红军革命根据地进行第二次"围剿"。说明了蒋介石不甘心失败，发动第二次规模更大的"围剿"。敌人嚣张的气焰，在诗中表现得非常形象。

"唤起工农千百万，同心干，不周山下红旗乱。"我将唤醒千百万工农大众，同心协力，那时不周山下将插满红旗。此时，已经有了第一次反"围剿"经验的红军，在毛泽东的英明指导下，趁着第一次反"围剿"的声威，以及第二次"围剿"开始前的间隙，迅速发动广大的人民群众，大家携手，同心协力，定能再次打破敌人的"围剿"。这两句话正是对这一形势的生动描绘。简洁的叙述，生动的描绘，既通俗易懂，又

毛泽东手迹"人生"

Mao Zedong Shici Pinjian

倾听一代伟人的诗意吟咏，感受他的豪情、壮志与柔情……

非常吸引人。

　　"不周山下红旗乱"词句活用了共工的典故。共工与天神颛顼"争为帝"，在搏斗最激烈的时候，共工愤怒地撞折了支撑天地的不周山，惹下了一场翻天覆地的"大乱"，把旧世界的统治秩序给破坏了。这一直是后来统治阶级所害怕的，于是统治者将共工的行为定义为"大逆不道"，说共工是为了争王，为了施行霸道。为了后世不再出现像共工这样乱来者，统治者就编造出共工是撞不周山而死的，以此将其塑造成一个残暴凶恶的失败者形象。但是毛泽东却不相信这个，他排除众议，将这个旧案给翻过来了，并肯定了共工的革命精神。他说："共工是胜利的英雄。你看，'怒而触不周之山，天柱折，地维绝。天倾西北，故日月星辰移焉；地不满东南，故水潦尘埃归焉'。他死了没有呢？没有说。看来是没有死，共工是确实胜利了。"毛泽东以共工撞不周山比喻红军战士终将推翻蒋家王朝，毛泽东不愧为有远见的人，他在艰苦的岁月里依然能看到胜利的曙光，并带领人民最终走出困难，走向胜利。

　　在这首词的创作中，作者将革命现实主义手法与革命浪漫主义手法结合起来使用，形象很生动、很独特。

　　毛泽东的诗词气势磅礴，雄浑奔放。他的诗词之所以具有如此大的气势，不仅是因为他使用的词大气，更重要的是毛泽东所具有的博大胸怀。

◎ 渔家傲

反第二次大"围剿"

一九三一年夏

白云山头云欲立，白云山下呼声急，枯木朽
株齐努力。枪林逼，飞将军自重霄入。

七百里驱十五日，赣水苍茫闽山碧，横扫千
军如卷席。有人泣，为营步步嗟何及！

——选自《人民文学》一九六二年五月号

【创作背景】

毛泽东作为亲临战场和身历战争的人，对于红军是最了解的，他写了很多关于红军的诗词，都是为了赞扬红军。这首词也不例外，根据红军在反"围剿"中的表现，进一步赞扬了红军英勇无畏、所向无敌的气概。

继第一次"围剿"失败后，不甘心失败的蒋介石开始发动第二次"围剿"。1931年4月，蒋介石任命国民党军政部长何应钦为南昌行营主任兼海陆空军总司令，统一指挥湘、鄂、赣、闽四省的"围剿"部队。这次敌人采取了"稳扎稳打，步步为营"的战术，企图三个月内肃清中央苏区的红军。

苏区中央局经过反复讨论，接受毛泽东的意见，决定仍采取"诱敌深入"的方针，开始和朱德共同商议部署战斗的策略，将红军分路推进到江西中部。何应钦按照蒋介石的作战方案，至4月23日，将20万军队布置在从江西吉安到福建建宁的800里弧线阵地上，并逐渐推进，压向中央苏区。

在讨论第一作战对象时，中央内部发生了争议。有人主张先打蒋光鼐、蔡廷锴第十九路军，拿这个较强的部队开刀，会给敌人杀一儆百的恐吓作用，如果胜利了，其他的敌人自然就好对付了。但是当时的红军仅剩下3万多人，如果再硬碰硬地和十九军正面作战的话，可能会失利。毛泽东认为，敌人在数量上虽然数倍于我，但是敌人内部的意见不统一，而且敌人的各个部队有强有弱，于是决定从最弱的王金珏开刀，会议采纳了毛泽东的意见。毛泽东亲自率领红军3万多人，采取诱敌深入，歼敌于根据地之内的战略方针，以少数兵力迟滞、疲惫敌军的同时，主力则集中于根据地中部一带，待机而动。5月16日，毛泽东亲自率领部队在公秉藩的必经之路上布置好了"口袋"，并在敌人进入伏击圈内之后打响战斗。红军抓住了有利的战机，居高临下，势不可当，不到半天时间，歼敌7000余人，缴枪5000余支。16日、17日，首战共歼敌第二十八师大部及第四十七师一个旅大部。19日，又歼灭第四十三师大部，以及第十七师残部。22日，歼灭了第二十七师一个旅。27日，攻克广昌，消灭敌驻军第五师一部。31日，攻克建宁，歼灭第五十六师3个团。

接着，红军向东进军，从赣江流域的富田，经水南、白沙、中村、广昌，一直打到闽北的建宁、黎川山区，历经15日，走了700里，连打了5个大胜仗，歼敌3万余，缴枪2万余支，痛快淋漓地打破了国民党军队第二次"围剿"。进一步扩大了中央根据地。

蒋介石听到消息后，气急败坏地跑到南昌召开高级军官会议，大骂其属下无能，不禁痛哭失声，实则是在痛哭他"稳扎稳打，步步为营"方针的破产。

1931年6月3日，毛泽东有感于第二次反"围

毛泽东手迹"少年"

93

毛泽东诗词赏析

剿"的胜利，兴奋不已，挥笔写成了《渔家傲·反第二次大"围剿"》。

【诗词赏析】

这首词可以说是上一篇的姐妹篇，毛泽东有感于两次反"围剿"的胜利，诗人将第二次反"围剿"胜利描写得有声有色，以气吞山河之势将白云山战斗酣畅淋漓地表现了出来，组成了一幅雄伟壮观的图画，讴歌了红军将士英勇杀敌的英雄气概。

词的上阕着重描写反"围剿"中的第一次大捷白云山战斗。"白云山头云欲立，白云山下呼声急，枯木朽株齐努力。"文中开篇三句话，气势雄伟。诗人从战斗打响的瞬间写起，描写出了山上山下呼应，军民团结一致对抗敌人的壮观景象。"云欲立"运用了寓情于景的拟人化写法，实际上诗人是在用云来表现人，在这样的烘托气氛中，将军民同仇敌忾的心情描写得形象生动。宏大的战争场景，激烈的战斗场面，都充分地表达了出来。"枯木朽株齐努力"这句话创造性地运用了典故，其含义是连根据地的老弱病残都一起出来进行奋战，可见人民群众对敌人的仇恨。

"枪林逼，飞将军自重霄入。"这两句进一步写出，白云山上的将士出其不意地从山上向下俯冲，勇猛杀敌，一个个像飞将军从天而降，将敌人打得一败涂地。"自重霄入"形象地写出了白云山的险峻、地势陡峭，将红军从山上向山下俯冲的勇猛，形象地表现了出来。因为白云山战斗是第二次反"围剿"的第一场战斗，所以，作者着力描写这次战斗，有力地显示了第二次反"围剿"的整个过

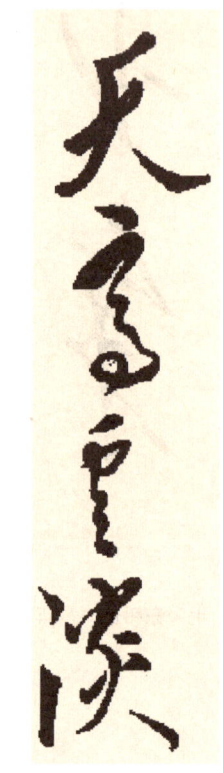

毛泽东手迹"天高云淡"

程，嘲讽了国民党反动派的惨败。

"七百里驱十五日，赣水苍茫闽山碧，横扫千军如卷席。"这三句话形象地描绘出了工农红军大败敌人的雄伟气势，所向披靡，锐不可当。"围剿"首战告捷后，红军乘胜追击，15天中，走了700里，连打了5个大胜仗，歼敌3万余，缴枪2万支，痛快淋漓地打破了国民党军队的第二次"围剿"。用一、三两句的豪言描写红军的所向披靡，越战越勇。中间一句是对景色的描写，以景抒情，让诗人的文笔显得更摇曳多姿。

"有人泣，为营步步嗟何及！"红军取得了反"围剿"的胜利，但是反动派却为此哭泣，悲伤自己精心设计的"步步为营，稳扎稳打"战略的彻底失败。诗人在这里用辛辣的笔调，嘲讽了蒋介石。

本诗运用夸张的笔法，形象生动，"苍茫""碧"写出了风景的美丽如画，意在指出红军战士在为美丽的山河进行战斗。"横扫""如席卷"，写出了红军战士英勇善战的勇猛，气势惊心动魄。

本词运用了强烈的对比手法，既赞扬了红军战士精明的作战策略，同时也给予了蒋介石反动派无情的蔑视。

毛泽东诗词赏析

◎ 菩萨蛮

大柏地

一九三三年夏

赤橙黄绿青蓝紫，
谁持彩练当空舞？
雨后复斜阳，
关山阵阵苍。

当年鏖战急，
弹洞前村壁。
装点此关山，
今朝更好看。

——选自《诗刊》一九五七年一月号

Mao Zedong Shici Pinjian

倾听一代伟人的诗意吟咏，感受他的柔情、壮志
与深情……

聆听毛泽东诗词的旷世之美，尽享其深刻的思想之光，领略其独到的艺术之思，让我们走近毛泽东品味中华民族文化瑰宝！

【创作背景】

毛泽东不怕挫折，不畏困难的顽强性格在他受排挤的时候表现充分。

1932年10月中央苏区召开了宁都会议，毛泽东被免去红军中的领导职务，改做地方政府的工作。1933年1月，王明把持了中央政府的主权，将临时政府迁入苏区，毛泽东被排除在领导核心之外，此时毛泽东的压抑是常人难以理解的。虽然，毛泽东名义上是苏维埃主席，但是却毫无发言权，他在困难面前，顶着压力，仍然满怀着信心和希望努力工作。

1933年的夏天，毛泽东和贺子珍带着儿子毛毛来到大柏地。大柏地峰峦叠嶂，山林茂密，毛泽东到达时，正赶上午后阵雨初晴，太阳从云层里出来，照耀着大地，天空出现一道彩虹，宛如彩练当中飞舞。毛泽东望着这诗情画意的美丽景色，不禁回想起四年前在这里发生的一场大激战的情景。

1929年1月，毛泽东、朱德率领红四军主力离开井冈山，向赣南、闽

《菩萨蛮·大柏地》手迹

西进军。2月9日，红军主力
来到大柏地，赣敌刘士毅追
至瑞金。毛泽东考察了大柏
地的情况，然后决定利用大
柏地的有利地形，给刘士毅
一个歼灭性的打击。2月10
日正是春节，毛泽东将部队
主力布置在大柏地的道路两
侧，布置成长形口袋阵，当
敌人进至大柏地南时，红军
将敌人诱至伏击圈内。次日
晨，红军主力向敌人发起猛
烈进攻，从山上向山下猛压
过去，尽管兵力少，弹药不
是很充足，但是红军浴血奋

毛泽东和贺子珍

战，最终取得了胜利，激战数小时，歼敌近两个团，俘获敌人800余人，缴
获枪支800余支，这是红四军离开井冈山后的第一个大胜仗，鼓舞了红军战
士的战斗激情。

时隔数年，毛泽东故地重游，望着当年留下的断壁残垣，心中不禁深有
感触，这不是普通的战争遗迹，这是一座战争的丰碑。抚今追昔，毛泽东不禁
诗情满怀，吟成了这首《菩萨蛮·大柏地》，既热情歌颂了革命及革命根据
地，同时也含蓄地批判了王明推行的"城市中心论"的"左"倾冒险错误。

1932年6月，国民党反动派派50万兵力向革命根据地发动第四次"围剿"，
1933年3月中央革命根据地军民在周恩来、朱德指挥下，灵活运用前几次反"围
剿"斗争的成功经验，取得第四次反"围剿"的胜利。1933年9月，蒋介石调集
100万兵力对革命根据地发动第五次大规模军事"围剿"，其中50万兵力用于围
攻中央革命根据地。

由于中共临时负责人博古在反"围剿"中推行单纯防御的军事路线，使红
军和革命根据地遭受重大损失。

1934年10月，国民党军队推进到中央革命根据地腹地，中央红军即红一方

面军主力开始进行战略转移即长征。红军被迫长征。10月10日，红军在周恩来、朱德的领导下，撤离瑞金，踏上了长征之路。

【诗词赏析】

这首词通过对大柏地美丽景色的描绘、对当年革命战争的回忆，揭示了革命战争的重大意义。毛泽东擅长的写作方法是将景物描写和叙事描写糅合起来进行讲述，这首词将毛泽东的写作风格表现得淋漓尽致。

词的上阕重在描绘大柏地的美丽景色。"赤橙黄绿青蓝紫，谁持彩练当空舞？"雨后的水汽在阳光的照耀下，折射为光彩夺目的彩虹，绚烂的景象，像是有人在空中挥舞着一条彩绸。诗人用七彩来描绘天上的彩虹，这是词曲中的独词句，七种颜色名并列，别开生面，而毫无堆砌之感，仿佛把鲜艳夺目的色彩一并呈现在读者的面前，给人深刻的印象。第二句中一个"舞"字，将彩虹写活了，化静为动，使静止的彩虹一下子飞动起来。作者想象力的丰富，让人惊讶！舞者是谁，诗人没有说破，给读者留下了无穷的想象空间，令人回味无穷。

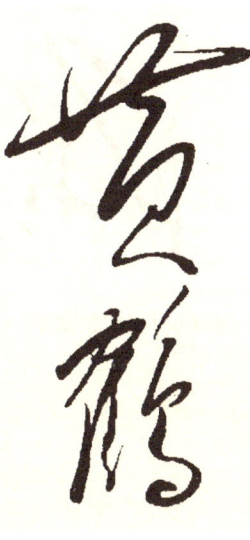

毛泽东手迹"黄鹤"

"雨后复斜阳，关山阵阵苍。"在蓝天和彩虹的背景下，展现出一幅更美丽的图画，雨过天晴，山林如沐，天边挂着一轮红日，大柏地的群山在夕阳的照耀下苍翠欲滴。这两句将从天空景象的描写，转变为对地上景象的描写。雨过天晴，关山经过新雨的洗刷，分外青翠。这美丽的风景已不是一般的画笔所能描绘，令人神往！

词的上阕中在写大柏地的美丽景色，词的下

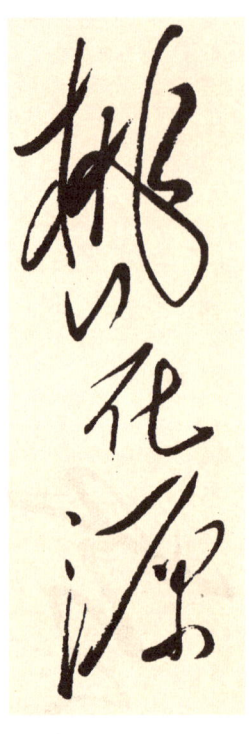

毛泽东手迹"桃花源"

Mao Zedong Shici Pinjian

聆听一代伟人的诗意吟咏，感受他的豪情、壮志

与深情……

感悟毛泽东伟大的精神之魂，欣赏毛泽东高超的艺术，学习毛泽东卓越的领导之道，吸近伟大领袖的诗词艺术之旅，让我们走向心灵深处感受民族艺术小学的精妙文化的学习力！

阕，诗人重在对大柏地战斗的回忆，生动形象地表达了毛泽东对革命战争的热情歌颂。

"当年鏖战急，弹洞前村壁。"这两句是承接上阕而来的。由写景转入记事，由现在写到过去。当年，红军曾在这里进行了艰苦而激烈的战斗，残存在墙壁上的弹洞犹在。大柏地的令人神往之处，不仅仅是它美丽的景色，还因为这是一个有着光荣革命战斗史的地方。遗存的战争痕迹，时时引起我们对战斗情景的回忆，它更是一个历史的见证，时时提醒我们这个美丽的根据地来之不易，因此，这里的景色也更加美丽可爱。

"装点此关山，今朝更好看。"这些弹洞，是人民革命的丰碑，装点着关山，所以，今天更好看。这两句又由叙事转到抒情，由过去转到现在。诗人之所以发出此感慨，是因为这些弹洞具有不同寻常的意义，它们是红军胜利的标志。一个"更"字，显示出了毛泽东对革命事业的乐观和对革命根据地的热爱。这首词洋溢着诗人愉快而又昂扬的战斗豪情，是诗人对人民革命战争的一种礼赞。

◎ 清平乐

会 昌

一九三四年夏

东方欲晓，
莫道君行早。
踏遍青山人未老，
风景这边独好。

会昌城外高峰，
颠连直接东溟。
战士指看南粤，
更加郁郁葱葱。

——选自《诗刊》一九五七年一月

毛泽东诗词赏析

【创作背景】

　　毛泽东作为一代伟人，他宽阔的胸襟，他对待挫折的淡定，他面对困难的从容，都不是一般人所能做到的。在他的诗中我们体会不到诗人的消极悲观的情绪，只有昂扬奋发和愈挫愈勇的斗志。

　　《清平乐·会昌》是毛泽东在战争前夕创作的，这是毛泽东在中央苏区创作的最后一首词，实际上，这是毛泽东在向中央苏区告别。

　　从1933年9月开始第五次反"围剿"节节失利，50万国民党军队从四面八方包围中央苏区，毛泽东提出的反"围剿"建议，被博古、李德拒绝，战局危在旦夕。

　　1934年10月，由于"左"倾机会主义的错误领导，中央红军第五次反"围剿"失败，此时的毛泽东名义上还是中央政治局委员，但是实际上已经被排斥于党和红军的领导中枢之外。此时的中央革命根据地受到很大的威胁，革命遭

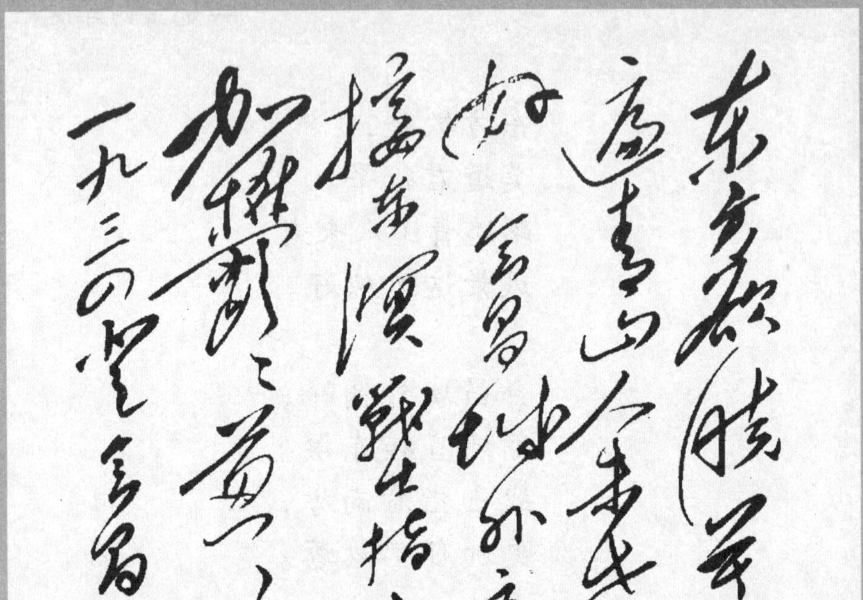

毛泽东
诗词
品鉴

Mao Zedong Shici Pinjian

聆听一代伟人的诗意吟咏，感受他的豪情、壮志
与深情……

《清平乐·会昌》手迹

到了挫折，毛泽东在这一紧急关头，一方面与"左"倾路线进行坚决的斗争，一方面指出，中央革命根据地的红军继续在内线粉碎敌人的"围剿"已不可能。他主张红军突破敌人的围攻，转入外线，变战略防御为战略进攻。尽管当时的革命失利，但毛泽东却依旧满怀信心。他相信："中国是个大国——东方不亮西方亮，黑了南方有北方，不愁没有回旋的余地。"他坚信自己的主张，认为只要能突破敌人的重围进行长征，变被动为主动，革命就能得到发展，中国的革命前途最终是光明的。

长征前夕的毛泽东

就在第五次反"围剿"艰苦进行的时候，毛泽东到达会昌城外的文武坝参加中共粤赣省委扩大会议。7月23日，毛泽东在其他人的陪同下，兴致勃勃地攀登了会昌山，并一同登上了"会昌城外高峰"——岚山岭。

站在高高的山岭上，毛泽东思绪万千，仿佛又回到了当年的峥嵘岁月，想起自己几年来经历的事情，身经百战，踏遍青山，青春不老。而今天面临着第五次反"围剿"的失败，自己正确的建议不被采纳，眼看着革命事业遭受重大的损失而自己却无能为力。此刻的毛泽东不禁感到心情郁闷，但他毕竟是伟大的革命家，不会因此而消沉。想到中国的前途，毛泽东坚信现在的困难是暂时的，黑暗终将过去，充满生机的情景必然会重新到来。毛泽东在岚山岭上抚今追昔，不由得百感交集，于是吟成《清平乐·会昌》。

毛泽东不是没有愁苦的人，在这种极艰难的情况下，他表现得仍旧很豁达，很从容，拿得起，挺得住，放得下，对发生在自己身上的事情坦然处之。在军情紧张的日子里，毛泽东不能参与筹划指挥，他每天天不亮就去爬山，明明自己心里忧焚如火，但是却还在说"战士指看南粤，更加郁郁葱葱"，诗人内心的悲苦，其实已经跃然纸上，不能仅看表面的意思，就像沈德潜所云："转作旷达，弥见沉痛矣。"

很多现代史学者研究发现，在中共历史上因犯错误或者是被排挤而沉沦、脱离党的高级领导者不乏其人，但是毛泽东是例外，他在受排挤的日子中，不是赋闲在家，而是做调查研究、读书，向中央提建议，"踏遍青山人未老"是对他最好的精神写照。

【诗词赏析】

上阕着重写景，借以表达诗人长征前夕的革命意志和对革命必胜的坚定信心。

"东方欲晓，莫道君行早。"天快亮但是还没有亮的时候，红军已经出发远行，但是这不能说太早。同时喻指红军经常晓行夜宿，披星戴月地赶路，红军已经习以为常，不足为奇。诗人在这里其实暗指长征应该尽早动身，早日踏上长征征途，革命就有希望。

"踏遍青山人未老，风景这边独好。"革命的红军永远都是年轻的，看到会昌一川烟雨，群山林立，战士们不由得大加赞赏："风景这边独好。"这句话是根据当前的危机形势果断作出的战略决策，应该尽早行动，不要再迟疑。这句话不仅表现出诗人对长征已经有足够的思想准备，而且表现在行动上把它及早付诸实践的伟大决心和旺盛斗志。

"会昌城外高峰，颠连直接东溟。"这一句是承接上面一句而来的。会昌城外的崇山峻岭，高入云霄，一峰接着一峰，如翻腾的龙蛇，蜿蜒着进入福建，直接进入东海。这句话气势磅礴，意志坚定，充满着革命英雄主义气概和乐观主义精神。这里既写登山的经过，也写出了多年的光辉战斗历程和即将进行的长征的艰苦。要进行长征，就必须披星戴月地行军打仗，必须长期地跋山涉水，踏遍万水千山，经过千难万险，转战东南西北，方能取得革命事业的胜利，所以，作为红军，我们不能退缩，必须要有坚强的意志，具有排除万险的勇气。

"战士指看南粤，更加郁郁葱葱。"此句用在会昌山看到的风景喻指经过艰苦卓绝的斗争后，革命根据地的人民翻身做主，生活得到改善，一派欣欣向荣的美好景象。说明红军进行长征所到之处播下的种子，必将开花结果。这一层表现了诗人的英雄气概和乐观主义精神，表现出了诗人对革命根据地的热爱。

本文的上阕在写登山，没有点明是在写长征，但是实际上表现了作者长征前夕的心情，具有深刻的意义，这样的写作方法称为双关。下阕着重写在登上山以后看到的美丽景色，借以展望革命胜利的光辉前景。可以分为两层，第一、二句为第一层，借地势的险要喻指当前斗争的艰苦、战争的曲折。虽然革命根据地景色美好，革命形势高涨，但这仅仅是主流，因为各种因素的存在，还有很多逆流的出现，国民党的第五次"围剿"，王明等中央领导人推行的"左"倾错误路线，都给革命带来了挫折和困难。革命者应该认清现实，分清现状，作出正确的判断。第三、四句为第二层，"指看南粤"喻指长征途中必经的广东，用"郁郁葱葱"来描述山林的青翠美景，象征着革命的无限光明。

在这首词的写作上，作者运用了大量的浪漫主义色彩，正如万文武在赏析这首词的时候，写道："这首词写得如此生气勃勃，斗志昂扬，是极具浪漫主义色彩的。它是浪漫的，但在更深层次上又是真实的。诗人妙就妙在以广大下层指战员的支持下来为自己全词的结束，给词以不尽之韵味。"

这首词历来受很多诗词大家的欣赏，不仅仅是因为这首词所传达的深意，更是因为这首词所具有的特色：

一、寓意于事，寓意于景

这首词主要写的是在会昌登山的事，在叙述中结合着写景。虽然诗人在一开始的时候写的是登山的动身时间，写的也是在登山过程中的所见，但是这些描述并不是简单的写景，而是有了更深刻的思想内容。"东方欲晓"一词，既写出了登山的时间，也象征着革命的光明前景。"踏遍青山人未老"一语双关地写出了革命战士坚强的革命意志。

二、意境开阔，含蓄自然

诗人在创作这首词的时候，从大处着手，写登上山巅远眺，一片雄伟的气象展现在眼前，表现出了诗人的伟大气魄。诗人在进行表现的时候，不是直接进行白描，而是含蓄地表现出来。

所以，在本词中体会毛泽东思想境界的时候，我们不应该仅仅将视野和思维停留在文字所表达的层面上，应该更加深入地了解当时的背景并结合起来，体会毛泽东的思想境界，以及他乐观豁达、从容不迫，失意而不失志的英雄精神。

十六字令三首

一九三四年至一九三五年

其一

山，快马加鞭未下鞍。惊回首，离天三尺三。

其二

山，倒海翻江卷巨澜。奔腾急，万马战犹酣。

其三

山，刺破青天锷未残。天欲堕，赖以拄其间。

——选自《诗刊》一九五七年一月号

【创作背景】

毛泽东坚定的信念，对革命的真知灼见，在战争中不断被验证。

1934年10月，由于"左"倾机会主义的错误领导，中央红军的第五次反"围剿"失败。红军被迫撤离中央革命根据地，实行战略转移，红军踏上了长征之旅。作为中华苏维埃共和国主席的毛泽东亦随中央军委纵队行动。

1934年10月到1935年10月，红军进行了著名的二万五千里长征，越五岭、跨乌蒙、翻雪山、过六盘，翻越崇山峻岭，历经千难万险，以无所畏惧的精神气概，不畏艰难的勇气，夺取了长征的胜利。而这次长征的胜利，首先就应该感谢以毛泽东为首的中国共产党的正确指导。

长征所到之处，到处是崇山峻岭，众多的山岭既给红军带来了困难，也给红军带来了便利。红军将士充分利用崇山峻岭的有利条件，掩护自己，消灭敌人。而毛泽东本人是非常喜欢山的，他一生爱山，喜欢登山，很多诗的创作都离不开山，现在在长征途中，需要翻越许多山，穿行在崇山峻岭中间，毛泽东诗兴大发，写下了咏山之作《十六字令三首》，用来歌颂党和红军。

【诗词赏析】

　　刘业超在对《十六字令三首》赏析的时候，说道："诗与史的结合，是毛泽东诗词基本的艺术特色。这一特色在《十六字令三首》中体现得特别明显，特别完整。这一整体的美学魅力具有远远超出形象内涵的启示力。无疑，这首词来自历史，也必然走向历史。千秋万代的人，都会从中获得无穷无尽的美学熏陶与理性教益。"

　　第一首写的是山之高峻，以此来描写红军奋进的雄姿。"山"字开头，干净利落，让人一下子就联想到"高山入云霄"等形容高山的字眼，让人有气势不凡的印象。"快马加鞭未下鞍"疾驰在快马上的人，却不断地在频频挥鞭，督促马儿前行。这句话让人感到气概的豪迈。在高山上急行本来就是一件很困

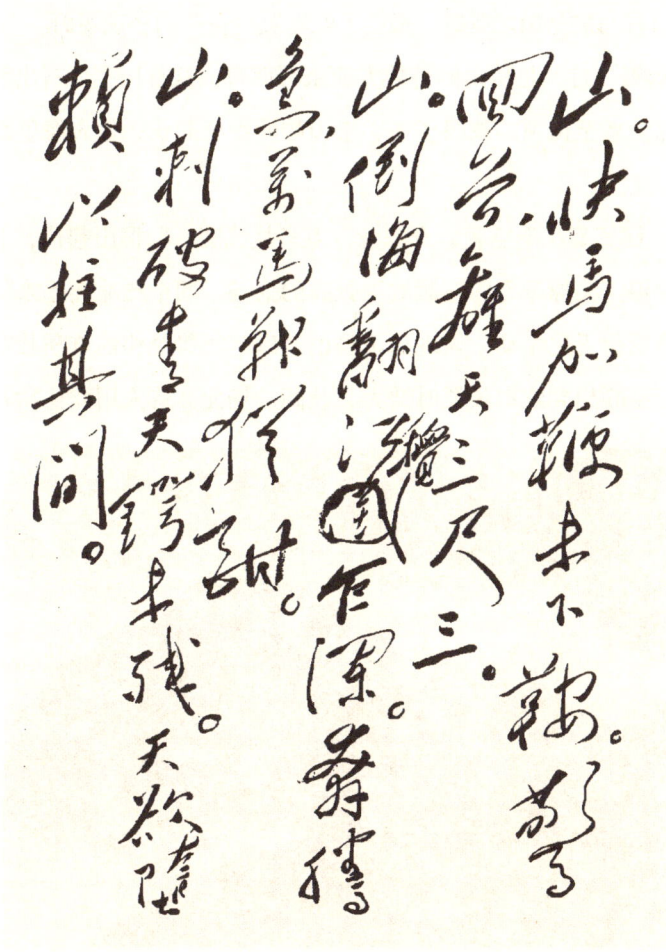

《十六字令三首》手迹

难的事，诗人并未写"跨越实属困难"之类的话，而是用转折的语气写出红军战士不畏困难，奋勇翻越的豪迈气概。诗人在写这句话的时候，巧妙地化用了民谣中的谚语："人过要低头，马过要下鞍。"可是红军面对险恶的环境，不光没有低头，更没有下马鞍，突出表现了红军意气风发无往不胜的英雄形象。

"惊回首，离天三尺三。"猛然回首，方才发现，刚才所翻越的山岭竟然高得直冲云霄，离青天只有三尺三了。"惊回首"含义隽永，红军在策马翻越高山的时候，并未感觉到高山的险峻，当翻越了一座又一座以后，猛然回首，不禁非常惊奇，原来自己翻越过了那么高的山。诗人极生动地写出了红军战胜困难后的喜悦和自豪的心情。"离天三尺三"运用了夸张的写法，像李白的"白发三千丈"一样，这种手法的运用，使得作品的艺术感染力更强。

第二首词写的是山之磅礴，描绘了红军英勇奋斗的壮观场面。

相比起第一首词是从山的高峻方面来写而言，这首词主要写出了山的气势磅礴、雄伟。登至山顶，放眼望去，崇山峻岭绵延起伏，像大海里翻腾的洪波巨浪。

"山，倒海翻江卷巨澜。奔腾急，万马战犹酣。"群山起伏，既像跌宕起伏的洪涛巨浪，又像千万匹在激战中奔腾的战马。两个比喻连起来使用，将静止的群山描绘得无比生动，表现出了群山磅礴、气势雄伟的雄浑壮观景象。这让我们很容易联想到红军长征时浩大、壮阔的场面。诗人用此比喻是在意指党

红军长征时翻过的山

领导中央红军进行长征是惊天动地的伟大壮举，虽然在长征途中会遇到无数的艰难险阻，但是红军却并未感到消沉，而是以无比欢畅的心情，迎接这次艰难的挑战。

"倒海翻江"运用了夸张的艺术手法，显示出无产阶级要改天换地的强大威力，气势恢弘地掀起洪波巨浪，斗争的波澜一个接一个地出现。诗人用磅礴的气势写出山的浩大，象征着党领导下的红军北上抗日救国，为解放人民，进行了波澜壮阔的革命。

这首词诗人热情歌颂了红军高昂的战斗激情，以及同敌人斗争到底的大无畏精神。

第三首词是写山的坚固陡峭，以此描绘党和红军顶天立地的伟大形象。

"山，刺破青天锷未残。天欲堕，赖以拄其间。"诗句从山的陡峭挺直坚固有力的角度来描绘山的形象。直插云霄的高山如尖刀长剑一样，挺拔锋利，它把青天都刺破了，但是山的锋刃却没有丝毫损伤，如果没有山的支撑，天可能会掉下来的。诗人将山的坚固特点刻画得细致入微。

"天欲堕，赖以拄其间。"这句话作者运用了古代的神话传说，传说中山是撑天的柱子，如果撑天柱断了，自然天就会塌下来。诗人将高挺坚固的山比喻成撑天的柱子，更让人对山峰的尖锐、坚强有深刻的印象。诗人对山峰的描绘，象征着红军的光辉形象，他们在战争中永远立于不败之地。虽然在长征的过程中，红军遇到了各种各样的艰难困苦，上有敌机的狂轰滥炸，下有国民党的围追堵截，但是红军的坚强意志不会丝毫减弱，反而更加坚强。这首词同时说明了红军

毛泽东手迹"人间"

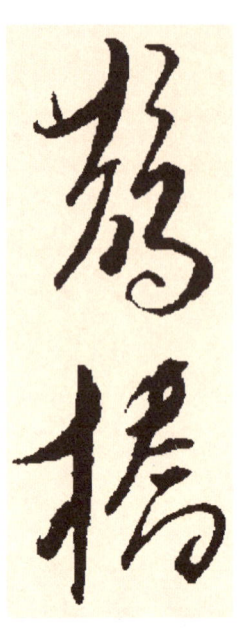

毛泽东手迹 "鹊桥"

毛泽东诗词品鉴

Mao Zedong Shici Pinjian

倾听一代伟人的诗意吟咏，感受他的豪情、壮志

与深情……

身上的责任重大，而当时的中国，国家告急，外有日本帝国主义的疯狂侵略，内有国民党反动派的妥协投降政策，广大的劳动人民身处水深火热之中，只有中国共产党像擎天柱一样，支持着中国的命运，是挽救祖国，解放人民的唯一希望。毛泽东曾说："中国共产党是中国人民的中流砥柱。"这首词很好地诠释了这句话。

这首词的特点是：

一、这三首词从不同的角度描绘山的形象，表达了同一个主题。热情歌颂了中国共产党和红军的无畏、坚强、坚定。这三首词从不同的角度写出了山的高峻、磅礴、坚固，反映出了山的形象，同时也在描绘党和红军在长征途中的雄伟壮观景象，表现了红军敢于挑重担，敢于改天造地的英雄气魄。

二、想象丰富，比喻贴切生动。三首词都将山的形象，同红军的形象联系起来，比喻贴切生动，意义隽永。这些生动的形象很容易引起人们的联想，联想到红军在战争中的大无畏精神，以及这种精神在中国革命战争中的巨大作用。

◎ 忆秦娥

娄山关

一九三五年二月

西风烈，
长空雁叫霜晨月。
霜晨月，
马蹄声碎，
喇叭声咽。

雄关漫道真如铁，
而今迈步从头越。
从头越，
苍山如海，
残阳如血。

——选自《诗刊》，一九五七年一月号

【创作背景】

　　毛泽东沉着应战、机智的应变能力在战场上表现得尤为突出。

　　由于"左"倾错误的领导，中央红军在第五次反"围剿"中失败，红军被迫撤出中央苏区，开始大规模的战略转移——二万五千里长征。在长征初期，中共中央的领导者在指挥中央红军实行战略转移和突围的时候，又犯了退却中的逃跑主义错误。虽然红军突破了敌人的四道防线，但是付出的代价同样惨重，渡过湘江时，原来的8.6万人只剩下3万余人。到了湘黔边境，"左"倾领导执意按照原先的计划向湘、赣、川、黔的交界处前进，要与红二、红六军团会合。国民党为了阻止红军的会师，调了40万的军队进行阻截，红军如果继

Mao Zedong Shici Pinjian

毛泽东诗词品鉴

112

倾听一代伟人的诗意吟咏，感受他的豪情、壮志与深情……

《忆秦娥·娄山关》手迹

续硬拼，就会有全部覆灭的危险。在紧要关头，毛泽东建议放弃原来的计划，进军贵州，开辟新的根据地，1934年12月12日，中共中央负责人在湖南通道举行紧急会议。参加会议的张闻天、王稼祥、周恩来等多数同志赞成和支持毛泽东提出的上述转向的方针。

由于博古、李德对湘江之败心存余悸，又听说乌江比湘江还要难过，于是两个人主张坚持原定计划，与红二、红六军团进行会合。12月18日，中央政治局在贵州黎平举行会议。毛泽东这一建议得到与会多数同志的赞同，会后，红军经贵州腹地向黔兆挺进，12月底占领乌江南岸的猴场。12月31日晚至次日凌晨，中共中央在猴场召开政治局会议，会议作出了首先在以遵义为中心的黔北地区，然后向川南创建川黔边新的根据地的战略任务。

事实证明了渡过乌江、进军遵义是正确的。当时驻守贵州的是军阀王家烈，此人是背盐出身，一身的蛮力，毫无计谋，之所以能驻守贵州，是因为他夫人万淑芬的出谋划策。万氏乃名门之后，相传其家族是"一门二令尹，三代五公侯"，王家烈的文告、文章均是出自她手。而且这位夫人的外交功夫了得，经常代表她丈夫去拜谒蒋介石、宋美龄。而对于这次红军强渡乌江这件事情，纵使这位夫人再有本事，也无计可施。因为蒋介石对各军阀通常是幸灾乐祸，坐山观虎斗的态度。所以，红军仅花费了36小时，就在乌江上搭起了一架浮桥。

1935年1月上旬，红军占领了遵义。1月15日到17日，中共中央政治局在遵义召开了扩大会议，批评博古、李德的军事路线错误，增选毛泽东为中央政治局常委，取消了博古、李德的最高军事指挥权。会后不久中共中央决定由毛泽东、周恩来、王稼祥组成新的"三人团"，以周恩来为团长，负责军事行动。

遵义会议实际确立了毛泽东在中共中央和红军的领导地位，在极端危险时刻，挽救了党和红军，挽救了中国革命，是党的历史上一个生死攸关的转折点。

遵义会议之后，毛泽东率领中央红军挥师北上，第一次攻打娄山关，计划经过川南，渡江北上，在川西建立根据地。但是事与愿违，红军经过娄山关，渡过赤水河，积极准备渡江，但是因为战争形势的变化，在前进途中遇到了川军的重重阻力。2月7日，毛泽东果断放弃了北渡长江的计划，改向川滇边的扎西集结。这时，滇敌、川敌及中央军从三面迫近扎西，企图阻截红军。于是，毛泽东

毛泽东诗词赏析

遵义会议会址

决定出敌不意，杀个回马枪，再去进攻遵义。

2月18日至19日，红军二渡赤水河，24日攻占了桐梓，25日凌晨，红军借着月色向娄山关进军，午后二三时到达娄山关，与黔军在红花园相遇。敌军仓皇应战，败退关口，红军沿盘山道向关口猛烈进攻，又在点灯山一带的山梁上与敌军激烈战斗。经过反复的激战，红军牢牢控制了关口，消灭了敌军一个师。这时已近黄昏。中央红军在夕阳的映照下，快速通过了娄山关。26日，击溃了向娄山关反扑的敌人，27日，红军又粉碎了3个团的狙击，28日，红军乘胜追击，再取遵义，消灭了一个师。这次战役，红军歼敌两个师8个团，俘获敌人3000余人，是遵义会议以来，毛泽东指挥的第一次大捷，沉重打击了敌人的嚣张气焰。

娄山关战斗结束后，毛泽东挥笔写下了这首《忆秦娥·娄山关》。

【诗词赏析】

毛泽东用凝重悲壮的语调，描绘了红军在遵义会议后攻打娄山关的壮举，这首词气象雄伟壮丽，意境深远，风格苍凉沉郁，在毛泽东一系列的诗词中，风格比较独特，受到了很多评论家极高的评价。

"西风烈，长空雁叫霜晨月。"西风肃杀的天气中，长空中一群群大雁向南飞去，一阵阵鸣叫，地上一片银霜，残月西斜，天将要破晓。一句话点明了这次红军行军的时间、气候和环境。一开始的3个字"西风烈"，悲声慷慨高亢，英雄落寞之情，直上云天，尤其是那个"烈"字，让人读来不觉泪雨滂沱，犹如置身凛冽的西风之中。第二句紧接着第一句而来，在肃杀的天气中，凄婉的景致出现了。清晨，寒霜漫天，西风猛烈地吹荡，晓月依然挂在天边，这时雁的叫声阵阵传来，更增添几分冷峻与悲壮。透过这种情调，读者可以想象到即将来临的战斗的紧张与艰险。

　　"霜晨月，马蹄声碎，喇叭声咽。"在这残月当空，银霜满地的环境中，嗒嗒的马蹄声和呜咽的军号声远近唱和着，起伏跌宕地在山间不断回响。这句话将红军的视死如归写得非常传神，红军满怀着悲壮的心情，等待着战斗的开始。诗人用"马蹄""喇叭"代表红军，用"碎""咽"形容红军的心境，词人用词精练、准确，与前面所述的环境相得益彰。"马蹄声碎，喇叭声咽"说明红军此时行进在崎岖不平的道路上，一个"碎"字，说明了红军的马匹之多和行军之急。"咽"字是承接上句的"西风烈"而来的，红军在呼啸的西风中，在崎岖不平的小路上行走，致使军号的声音时断时续，时强时弱，让人听起来，感觉军号也在呜咽。描写绘声绘色，细致入微，更加衬托出了萧瑟的寒意，让人同样感觉到有种"风萧萧兮易水寒"之感。

　　词的上阕写出了红军行军的大环境，下阕重要写红军跨越娄山关，向遵义进军的情景。

　　"雄关漫道真如铁，而今迈步从头越。"即便娄山关关山漫漫，长路艰险，但已决定从头做起。此句一出，一改上阕中的凄厉悲壮，一股豪气油然

毛泽东手迹"沙场"

而生。"雄关"二字，点题，气势雄伟，表现出了红军的英雄气概。此句话虽然在明指红军将要进军娄山关，联系当时的创作背景，我们知道遵义会议实际上确立了毛泽东的领导地位，结束了"左"倾教条主义错误，当时的红军正处在艰难的现实环境中，而毛泽东却一股豪气，对于获胜拥有必胜的信心。所以这句话虽然表面上是在写实，但实际上具有无限的象征意义。即便从前遇到过一些失败，但是我们可以"从头越"，三个字凝结了词人多少的奋发突破之情！"真如铁"中的"铁"字用得极为传神，表现出了雄关的坚不可摧。

诗人在这里没有写激战的过程，而是形象地写出了红军迈步跨越的雄姿，表达了红军越过娄山关的胜利之情。据资料记载，娄山关地理险要，很难跨越，但是红军却迈开大步就能跨越了。此句耐人寻味，其中暗含着，在遵义会议后，在以毛泽东为代表的党中央的领导下，什么样的困难都挡不住红军前进的脚步。

"从头越，苍山如海，残阳如血。"从头翻越，连绵起伏的山脉，像海一般深邃，黄昏中渐渐落下的夕阳，剩余的一抹霞光，如血一般鲜红。一句话为读者呈现出了一幅雄浑的图画，这是一个多么壮丽的景色啊！

经过一天的激战，硝烟弥漫，英勇的红军战士倒在了战场上，他们的鲜血染红了娄山关的崇山峻岭，鲜艳的红旗在西风中猎猎作响，传递着胜利的艰辛。

诗人伫立在娄山关上，望着远方的苍山，看着夕阳西下。

在这句话中，一个"越"字，写出了红军的雄姿，一个"海"字，写出了苍山的重叠，一个"血"字，形象地写出了残阳的本色。字字都可以描绘成一幅壮观的景色，让人印象深刻，

毛泽东在创作这首词的时候，主要运用了借景抒情的创作方法。综观全文，上阕写景，下阕抒情，景中含情，情中有景，水乳交融，体现了诗人的创作才情和技巧。

这首词的独特之处是诗人运用了对比的手法，上阕沉郁，下阕激昂；上阕用的是冷色调，下阕是暖色调。色彩对比强烈，之所以用这样的强烈对比手法，恰恰表现了诗人的乐观主义精神。

李壮鹰对《忆秦娥·娄山关》这首词的认识是，"这首词是沉郁中的壮思"。的确如此，诗人在写这首词的时候，情感的表达不呆板，不单一，而是随着情景的变化感情自然地跌宕起伏，传达出了作者忧与乐、悲与豪的复杂心理感受。

毛泽东诗词品鉴

Mao Zedong Shici Pinjian

倾听——代伟人的诗意吟咏，感受他的豪情、壮志与柔情……

◎ 六言诗

给彭德怀同志

一九三五年十月

山高路远坑深，
大军纵横驰奔。
谁敢横刀立马？
唯我彭大将军！

——选自《毛泽东诗词选》，人民文学出版社一九八六年九月版

【创作背景】

毛泽东四处征战几十年，身边的得力干将非常多，他对他们都是赞赏有加，为了表彰彭德怀骁勇善战，毛泽东亲笔写下了这首诗赠给了他。

彭德怀，1898年出生在湖南湘潭，念过两年私塾，18岁加入湘军，从士兵升为团长。1926年参加了北伐战争，1928年加入中国共产党。1930年6月任红三军团总指挥，8月与红一方面军汇合，组成了红军第一方面军。

1935年10月19日，红军到达陕北苏区边境的吴起镇，第二天，蒋介石的部队就气势汹汹地追随而至。毛泽东得知消息后，斩钉截铁地说："打退追敌，不要把敌人带进根据地。"但敌人人多势众，来势凶猛，红军经过长征后，兵力严重不足，呈现了敌强我弱的态势，这一仗如何打，毛泽东、周恩来、彭德怀和叶剑英进行了反复的研究，决定，由当时任红军陕甘支队的司令员彭德怀做指挥。

10月21日，彭德怀率领红军和敌人英勇作战，一下子就歼灭了敌人的一个团，打垮敌骑兵三个团，抓获了大批的俘虏，缴获了大批轻重武器和战马。这是中央红军长征途中粉碎敌人围追堵截"切尾巴"的一仗，它宣告了长征以红军的伟大胜利而结束。

战役胜利后，毛泽东乘兴挥笔，写下了这首专门赞扬彭德怀的诗，彭德

怀接到此诗后，将最后一句改为了"唯我英勇红军"，将原稿送还给了毛泽东。于是，这段故事成为一段佳话，在人们的中间广为流传开来。

【诗词赏析】

这是迄今为止所见到的毛泽东的唯一一首六言诗，仅用二十四个字刻画了一位横刀立马的大将形象，表达了诗人对彭德怀战功和战将品格的热烈赞颂，从中我们也可以看到诗人"胸中自有雄兵百万"的领袖形象。

这首诗诗里有画，画里藏诗，将写景、叙事、抒情融合在一起，以彭德怀的形象为中心，描绘了一幅壮丽的图画。

"山高路远坑深，大军纵横驰奔。"首句用三个短语，明快地描写出了陕甘一带地理环境的艰险，为下句描绘红军的英雄豪迈做了铺垫。"纵横驰奔"生动逼真地写出了红军横扫千军的雄姿，虽然路途艰险，但是红军依旧能驰奔，衬托出了红军的英勇气概。

"谁敢横刀立马？唯我彭大将军。"一问一答，铿锵有力，富有气势，彭大将军的勇猛形象如立眼前，非常形象，又具有感染力。

这首诗的特点是不事雕琢，通俗易懂，字里行间洋溢着诗人对彭将军的信任、赞扬之情。

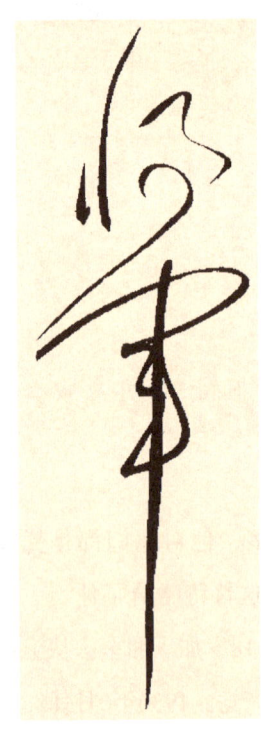

毛泽东手迹"将军"

毛泽东诗词品鉴

Mao Zedong Shici Pinjian

倾听一代伟人的诗意吟咏，感受他的豪情、壮志与深情……

◎ 七律

长 征

一九三五年十月

红军不怕远征难，
万水千山只等闲。
五岭逶迤腾细浪，
乌蒙磅礴走泥丸。
金沙水拍云崖暖，
大渡桥横铁索寒。
更喜岷山千里雪，
三军过后尽开颜。

——选自《诗刊》一九五七年一月号

【创作背景】

毛泽东乐观的精神、不畏艰难的勇气在长征时期显露无遗。

长征是二万五千里长征的简称。红军在突破了敌人的四道防线后，进入贵州，渡过乌江，到达了遵义城。

红军在进入遵义城的夜里，发生了一桩有趣的事情。城里有一名更夫，夜夜要在城内沿街巡逻，在前半夜的时候，他边敲锣边喊："城防司令命令大家，死守遵义城。"但是到了下半夜，他却喊道："大家打开城门，迎接红军进城。"原来是一名叫周司和的地下党员，他组织了"红军之友社"在城里做红军的内应。有了这样的内应，红军破城就容易多了，在城里开展工作也就更容易许多。

1935年1月9日，遵义新城南门关，学生和老百姓夹道欢迎红军的到来，毛泽东、周恩来、张闻天一起走来，不断向群众问好，毛泽东两年多来，第一次露出舒心的笑容。

Mao Zedong Shici Pinjian

倾听一代伟人的诗意吟咏，感受他的豪情、壮志
与深情……

红军不怕远征难，万水千山只等闲。五岭逶迤腾细浪，乌蒙磅礴走泥丸。金沙水拍云崖暖，大渡桥横铁索寒。更喜岷山千里雪，三军过后尽开颜。

《七律·长征》手迹

中央红军在长征途中，一边激战一边挺进，越五岭、占湘江、占遵义、过乌蒙、四渡赤水、巧渡金沙江、强渡大渡河、飞夺泸定桥，甩掉了敌人几十万军队的堵截。1935年6月，到达四川的懋功，与红四军会师，而后爬雪山，过草地，行走在荒无人烟的地区，历尽千辛万苦，终于达到了甘肃境内，取得了长征的决定性胜利，完成了一次壮举。

红军长征，历时11个月，行程二万五千里，击溃了反动军队410个团和无数的地主武装，占领了54个城市，可谓是史诗般的壮举。1936年10月，第二、四方面军也在甘肃会宁与第一方面军会合，三大主力军终于胜利会师，使中国革命转危为安。

这首诗是诗人在翻越岷山之后到达陕北时写成的，精练地概括了红军在长征过程中的战斗历程，歌颂了红军不怕苦难、藐视困难、战胜苦难的英雄气概和百折不挠、勇往无前的革命英雄主义和乐观精神。

【诗词赏析】

这首诗是毛泽东最早创作的一首七律，是中国诗歌创作史上的不朽诗篇，被视为毛泽东的诗作之冠。

在这首诗中，诗人舍弃具体的事件，而是选择用意象去表达，反映了红军在长征途中的历史大事情，同时歌颂了红军的战斗精神和大无畏的英雄主义。

红军长征翻越的雪山

红军长征穿过的草地

"红军不怕远征难，万水千山只等闲。"红军不畏惧远程的艰辛和困难，就算翻越再多的山，跨过再多的江都是小事而已。首联开门见山地赞美了红军不怕困难、勇敢顽强的革命精神，一句话点出全篇的中心思想，奠定了全诗的艺术基调。"不怕"是全诗的重点，面对长征中的千难万险，红军用两个字做了干脆利落的回答。"只等闲"更加强化了"不怕"，"远征难"包括了一段艰难的历程，"万水千山"简写了难的内涵。首联第一句突出了红军在巨大而众多的灾难面前毫不畏惧，展现出了红军不屈不挠、英勇顽强的英雄主义精神。

此联中的第二句，是对第一句的进一步说明，"万水千山"中的数字并不是表示实数，这里运用的是"互文见义"的修辞手法，"万""千"的使用，表示许许多多的意思，意思是红军在长征的过程中，要经过许多的磨难，呼应了上句所说的"远征难"。但是红军将这些困难看得稀松平常，进一步显示出了红军面对困难时的革命乐观主义精神。

"五岭逶迤腾细浪，乌蒙磅礴走泥丸。"蜿蜒的五岭在红军的眼里像是翻腾着浪花的溪流，翻过气势雄伟的乌蒙山在红军的眼里，也仅仅是像跨过小泥丸一样。颔联写出了红军在翻越崇山峻岭时不畏艰难的豪迈气概。"逶迤""磅礴"都写出了山岭的高大雄伟，此联写出了崇山峻岭的蜿蜒曲折、连绵起伏、气势雄伟。这里也使用了"互文见义"的修辞方法，两个词分别形容了"五岭""乌蒙"。"五岭逶迤"和"乌蒙磅礴"两个联合结构式的主谓

Mao Zedong Shici Pinjian

聆听一代伟人的诗意吟咏，感受他的豪情、壮志与深情……

短语做主语，同时使用了比喻和夸张的修辞方法。进一步表现出了红军藐视困难，这也形象地照应了上联中的"只等闲"。

"金沙水拍云崖暖，大渡桥横铁索寒。"金沙江两岸悬崖峭壁，湍急的流水拍击着两岸高耸的山崖，红军战士渡江后，内心无限喜悦；大渡河上的泸定桥横跨东西两岸，只剩下十几根铁索，使人感到深深的寒意。颈联是对首联中的"万水"的藐视。同翻越崇山峻岭一样，红军在长征的途中，要渡过无数的河流，这一联写出了红军战胜了长征途中所遇到的大江巨川所带来的艰难险阻。

选取金沙江和大渡河是最有典型意义的。用"巧渡金沙江"和"强渡大渡河"来概括红军在长征过程中遇到的所有渡江战斗，着重刻画红军在面对困难时，勇敢战胜困难的英雄气概和无所畏惧的精神。

金沙江江面宽阔，水流湍急，汹涌澎湃的江水将巨浪拍打撞击在高耸入云的陡壁峭崖上。由此可以看出金沙江形势的险恶，以及渡过金沙江时所遇到的困难。红军突破乌江后，分三路进军金沙江，先锋部队用化装的办法消灭了渡口的哨兵并抢占到了渡口时，敌人却将渡船烧光了，江面上无法搭起浮桥，红军几经搜寻，终于找到了3只木船，于是，他们就用这3只木船进行强渡，使几万人终于顺利地渡过了金沙江。战胜困难后，一股暖流在众将士的心里流淌。

红军渡过金沙江时，坚持党的民族政策，感动了彝族同胞，但是红军通过少数民族地区，向大渡河挺进时，发现河中只有一只渡船，大渡河的水流比金沙江的水流还要急。两岸的石崖更高，形势更为恶劣，同样无法架起浮桥。红军只能通过唯一的一只渡船进行强渡。于是他们组成了17名勇士的渡河突击队，经过英勇的奋斗，终于强渡成功。但是仅靠一只渡船，渡过几万红军需要花费的时间太久了，于是，红军领导决定，强攻大渡河上的泸定桥，同时打算在此通过。可是泸定桥上的木板，已经让敌人给拆走了，只剩下13根铁索孤悬着。同时，敌人在桥头碉堡里重兵把守，要通过泸定桥简直比登天还难，但是面对这样的天险，红军毫不畏惧，24位勇士组成突击队，冲锋在前，首攀铁索，不怕牺牲，勇敢前进，边前进边铺桥，终于使后续的战士顺利地通过了铁索桥。双方展开了激烈的战斗，敌人不但用枪炮进行疯狂的扫射，同时还在桥头放火进行阻挡。红军冒着枪林弹雨和被火烧伤的危险，不怕牺牲地同敌人进行抗战，终于消灭了敌人，使红军顺利通过了大渡河。一个"寒"字，不仅写出了大渡河上铁索的森森寒光，以及万丈深渊下令人倒吸凉气的险恶的自然景象，也写出了红军战士前仆后继、悲壮的场面。秦朝时，荆轲抱着必死的决心去刺杀秦王，临行之前他高唱着："风萧萧兮易水寒，壮士一去兮不复还。"这里面的"寒"字和颈联中的"寒"字，具有异曲同工之妙。这联中的"寒"和"暖"，同样是"只等闲"豪迈感情的具体体现。

"更喜岷山千里雪，三军过后尽开颜。"更喜欢的是岷山的千里白雪，三军的将士过了此处后，都会笑逐颜开。这一联写出了红军历经艰难困苦取得胜利后的喜悦场景。岷山位于甘肃省西南、四川省北部。绵延千里，最高峰在四川省的松潘县北，海拔5000多米，山顶多年积雪，空气稀薄，可以想象翻越这座山有多么困难。1935年9月，红军长征打到这里，遇到这样的困难，并未被吓到。"喜"字承接上文，更是对上文感情的收束。此字同时反映了红军对待困难的乐观精神。红军在长征过程中，不可能只遇到这一座山，但是诗人选取这一座山作为典型，就是用在岷山遇到的困难来讲述翻越座座雪山所遇到的艰难。尾句中的"过"字，不仅指的是翻过岷山等上述雪山的胜利，更是指战胜长征途中的一切困难所取得的胜利。"尽开颜"三个字，形象地刻画出了红军战士取得胜利后的喜悦心情。

毛泽东的这首词具有以下突出的特点：

一、气势雄伟，风格豪迈

开篇写"不怕远征难""只等闲"，描写了红军对长征过程中遇到的任何困难都无所畏惧，并且写出了红军一往无前、不可阻挡的胸怀。诗中的"腾细浪""走泥丸"刻画了红军对困难的藐视，反映出了红军大无畏的革命精神。

二、语言精练，概括力强

一首诗只有短短的几十字，要想传递给读者一定的思想内容，首先要求诗人具有精练的概括能力，毛泽东在这方面的能力尤为突出。他用几个典型的事例写出了红军在长征过程中所遇到的艰难困苦。一句"万水千山只等闲"，将所有的磨难，所有的困难都视为了稀松平常的事情。语言的精练可以让读者体会出很多丰富的内容。这在前面的讲述中，已经阐述得很详细了，在此不再赘述。

◎ 念奴娇

昆 仑

一九三五年十月

横空出世，
莽昆仑，
阅尽人间春色。
飞起玉龙三百万，
搅得周天寒彻。
夏日消溶，
江河横溢，
人或为鱼鳖。
千秋功罪，
谁人曾与评说？

而今我谓昆仑：
不要这高，
不要这多雪。
安得倚天抽宝剑，
把汝裁为三截？
一截遗欧，
一截赠美，
一截还东国。
太平世界，
环球同此凉热。

——选自《诗刊》一九五七年一月号

《念奴娇·昆仑》手迹（一）

Mao Zedong Shici Pinjian

倾听一代伟人的诗意吟咏，感受他的豪情、壮志
与深情……

《念奴娇·昆仑》手迹（二）

【创作背景】

毛泽东改造世界的伟大气魄、重新书写历史的壮志情怀，在《念奴娇·昆仑》中传达得清晰透彻，让人不禁为毛泽东的领袖心怀而震撼。

1935年，国内形势的基本特点是，日本帝国主义企图把中国变为它的殖民地，步步入侵，使得大部分的中国领土沦丧。中国人民的抗日救亡运动空前高涨，反抗帝国主义成为中华民族的主要矛盾。

6月19日，红一方面军和红四方面军成功会师于四川懋功。两师会师不久，张国焘提出"向南攻打成都"，而毛泽东则主张"北上抗日"。6月26日，中央政治局会议上，经过讨论，一致同意周恩来、毛泽东等多数人关于北上的意见，否定了张国焘的意见。

张国焘惧怕同战斗力较强的胡宗南部作战，不执行军委计划，借口给养困难，反对北上，主张南下，向四川、西康边境退却，并提出"统一指挥"和"组织问题有待解决"，故意延宕。

张国焘自恃兵多，公然向党争权。出于红军团结的目的任命张国焘为红军总政治委员。

1935年9月8日，张国焘在阿坝致电中革军委，坚持"乘势南下"的主张，并违背中央的指示密电陈昌浩，命令他南下，企图分裂和危害党中央。前敌总指挥部的参谋长叶剑英看到了这个密电，立即报告了毛泽东，中共中央政治局立即召开会议，决定率领右路军中的红一、红三军和军委纵队8000余人先行北上。

1935年夏天，毛泽东率领红军登上了岷山，岷山是昆仑山的支脉，全长2500多公里，海拔6000多米。毛泽东看到岷山上的自然景象，一方面想到对大自然的改造，一方面想到对世界进行改造，他相信依靠党和人民的力量，中国一定能消灭帝国主义，实现共产主义。

站在岷山山顶，望着昆仑，毛泽东的思绪飞扬，胸中构成了一首气势宏伟的伟大诗篇。

【诗词赏析】

《念奴娇·昆仑》是革命现实主义和革命浪漫主义相结合的一首词，诗人将对现实景象的丰富想象和对革命理想的抒发紧密地结合起来，抒发了诗人的伟大理想。

刘业超老师在分析《念奴娇·昆仑》一词时说："它的思想辐射力和美学辐射力，犹如光芒万丈的灯塔，远射至国门之外。它具有独特的艺术手段，使革命现实主义与革命浪漫主义两种创作方法相结合，实现对生活的最广阔、最深刻、最生动的概括。"

"横空出世，莽昆仑，阅尽人间春色。"横空出世了，茫茫的昆仑山，你已阅尽人世间的无数春秋美景。昆仑山横亘在天地之间，苍莽而高耸入云霄，几十万年里，阅尽人间的春色，历尽人间的沧桑。诗人大笔一挥，寥寥数语，在空间和时间方面，写出了昆仑山的巍峨气势。由此可见，诗人妙笔生花的才华。

"飞起玉龙三百万，搅得周天寒彻。"这句话，诗人化用了前人"战罢玉龙三百万，败鳞残甲满天飞"二句。这里是说终年积雪的昆仑山脉蜿蜒不绝，好像无数的白龙正在空中飞舞。其中本诗也蕴涵着昆仑山原是当初的火焰山，但是孙悟空为保师父过山，向铁扇公主借来了芭蕉扇，将火灭掉，所以变成银色世界的神话故事。这个故事包含着作者想改造自然和世界的远大理想，诗人在此也暗指中国人民有能力改造这一切。

"夏日消溶，江河横溢，人或为鱼鳖。"夏天你的冰雪融化，致使江河纵横流淌，有些人可能因此葬身鱼腹。形象地描写出了昆仑山上的雪化了以后，造成了洪水泛滥，致使国破家亡，很多人葬身鱼腹的景象。

"千秋功罪，谁人曾与评说？"你千年的功过是非，究竟何人曾予以评说？这句话表现了诗人

毛泽东手迹"夜战"

对此的反思，千百年来，有谁站在人民的立场上，对昆仑山的是非功过，给予过评价呢？又有谁敢于对其进行改造呢？诗人的这一问，重如千钧，这是他对整个旧时代的态度，同时也是在宣告，改造整个旧社会的历史使命无疑已经落在整个无产阶级的身上。

诗的整个上阕将昆仑山的壮丽从冬天写到了夏天，冬天的严寒，夏天的水祸，功过是非，没有人评说。诗人在此用昆仑山象征着整个祖国，并站在一个崭新的高度来评说祖国几千年的历史功过是非。诗人的描写方法很新颖，从大事物入手，从小细节描绘。

"而今我谓昆仑：不要这高，不要这多雪。安得倚天抽宝剑，把汝裁为三截？一截遗欧，一截赠美，一截还东国。"今天我要来谈一谈昆仑山，不要你这么高峻，也不要你这么多的雪花。怎么样才能背靠着青天抽出宝剑，把你斩为三片呢？一片送给欧洲，一片送给美洲，一片留给日本。这句话反映了诗人作为一个伟大的无产阶级革命家反对帝国主义侵略、支持世界民族主义的伟大理想。"安得倚天抽宝剑"是改用李白的《临江王节士歌》中的"安得倚天剑，跨海斩长鲸"，诗人用此来抒发自己伟大的胸怀和抱负。

"太平世界，环球同此凉热。"在这和平的世界里，整个地球都能感受到热烈和凉爽。这句话表达了诗人的国际主义精神和共产主义精神。

这首词不仅想象奇特，寓意更为深刻，耐人寻味，在对本诗进行理解的时候，应该联想到对中国虎视眈眈的帝国主义，而这首诗的主题思想正是反对帝国主义，只有结合历史条件进行思考，才能掌握整首诗的真谛。

Mao Zedong Shici Pinjian

◎ 清平乐

六盘山

一九三五年十月

天高云淡，
望断南飞雁。
不到长城非好汉，
屈指行程二万。

六盘山上高峰，
红旗漫卷西风。
今日长缨在手，
何时缚住苍龙？

——选自《诗刊》一九五七年一月号

【创作背景】

　　毛泽东乐观向上，不断鼓舞红军将士奋发向上的精神在长征途中表现明显。

　　1935年10月初，红军经回民地区连续突破会宁、建宁之间的封锁线，到达六盘山麓。10月7日上午，红军来到青石嘴，发现敌人的骑兵正在村里休息，当即对敌人进行了围攻，经过三个小时的激战，歼敌两个连，缴获战马百余匹，在战斗胜利的鼓舞下，红军一鼓作气登上了最后一座高山——六盘山。红军翻过六盘山，敌骑兵穷追不舍，红军次日拂晓出发，昼夜兼程，终于突破了敌人的封锁线，于10月19日到达吴起镇，长征胜利结束。

　　红军登上六盘山的时候，正是秋高气爽的季节。毛泽东和战士们一边说古论今，一边欣赏着美丽的景色。在越过一道山卡后，毛泽东转身招呼同志们休

Mao Zedong Shici Pinjian

倾听一代伟人的诗意吟咏，感受他的豪情、壮志与深情……

《清平乐·六盘山》手迹（一）

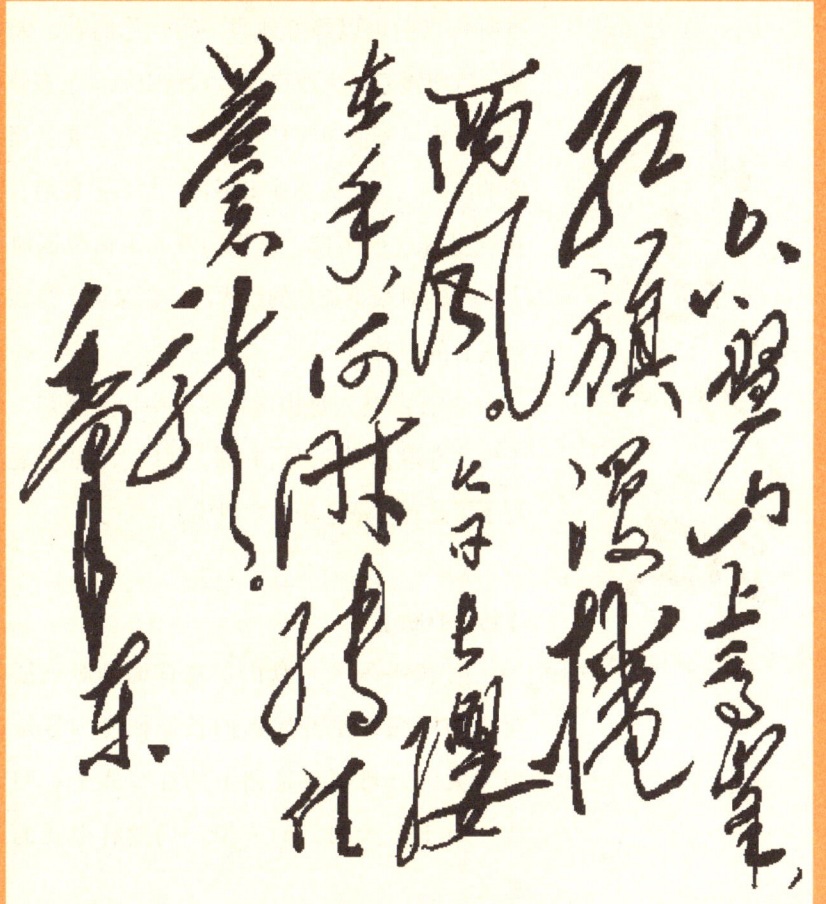

《清平乐·六盘山》手迹（二）

息一会儿。他坐在一块大石头上，习惯用右手摘下帽子，伸开双腿，一边歇息，一边眺望远方，只见高原的蓝天上飘着淡淡的云丝。一群大雁消失在天际，盘山道上，红军队伍中的面面红旗，在风的吹拂下猎猎作响。这美丽的景色让毛泽东豪情激荡，浮想联翩，不由得对大家说道："这里真是个好地方呀！以后可以好好地写一写。你们看，天高云淡，红旗漫卷，大雁南飞，六盘山的景色多好啊！这六盘山可不简单呢！它雄踞大西北，是兰州和西安的门户，这里离祁连山不远，是兵家要地，古代在这里打过很多仗，这里距陕北革命根据地不远了。"这对艰难长征的红军战士们来说，是多么鼓舞人心的声音。

就在翻越六盘山的行军途中，毛泽东为鼓励士气，夺取长征的最后胜利，便以六盘山为题材，写下了这首《清平乐·六盘山》。

【诗词赏析】

《清平乐·六盘山》这首词是对长征艰难斗争的回顾，是开始新的长征征途的号角，在当时大大鼓舞了长征路上的红军战士。阅读此诗，对于今天的我们来说，仍然有很强的鼓舞意义。

"天高云淡，望断南飞雁。"天空高阔，白云丝丝缕缕，南飞的大雁已望到了天边。诗人从眺望远景开始写起，西部秋景开阔，晴空高朗，丝丝缕缕的白云飘荡，北雁南飞之路，正是红军长征时所经历过的道路。在那条艰辛的道路上，红军克服了多少的艰难困苦，渡过了乌江、金沙江、大渡河，爬过了积雪多年的巍峨高山，穿过

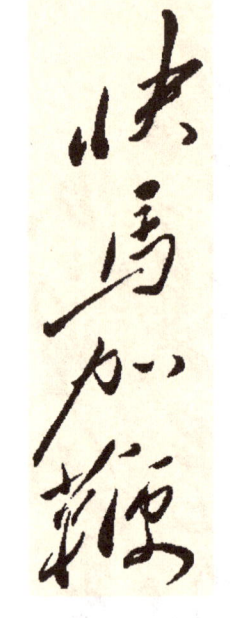

毛泽东手迹"快马加鞭"

了人迹罕至的大草地，击溃了多少次敌人的围追堵截，经历了多少惊心动魄的战斗场面，出现了多少可歌可泣的事迹，这些都值得人们的怀念。古人曾有"见雁思乡信"的说法，诗人此时多希望南飞的大雁能带去红军胜利的消息，让家乡的亲人们知道，红军已取得了胜利，未来还会获得更大的胜利。

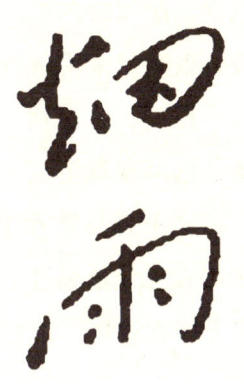

毛泽东手迹"烟雨"

"不到长城非好汉，屈指行程二万。"不登临长城关口不能算是英雄，掰着手指头计算下来，红军在长征中，已经征战两万里了。这句话总结了长征以来的辉煌成就，表达了诗人对夺取胜利的坚定信念。毛泽东曾说过，"我们中华民族有同自己的敌人血战到底的气概""有自立于世界民族之林的能力"。"不到长城非好汉"说明了红军的誓言不是空话，是有事实根据的。"屈指行程二万"回顾长征途中所取得的成绩，是多么的令人激动和自豪，在漫漫的征途中，在中央领导的正确带领下，红军无所畏惧地度过了千难万险，显示出了红军藐视困难战胜困难的革命乐观主义精神。在此，诗人也意在说明，在这种乐观主义精神的鼓舞下，能有什么困难是红军不能战胜的，有什么理想是不能达到的呢？

"六盘山上高峰，红旗漫卷西风。"六盘山上雄蜂高立，红旗在猎猎西风的吹动下不断招展。此句虽然在写诗人在六盘山上看到的美丽景色，其实暗指红军在当时所取得胜利，飘扬的红旗高高地立在六盘山的最高峰上，旗下是久经沙场而英姿飒爽的长征英雄。这真是一幅壮丽雄伟的图画。"红旗漫卷西风"不仅描绘了红军胜利登上六盘山山顶的美丽景色，还

毛泽东诗词赏析

包含着深刻的含义。红旗是工农红军的象征，是胜利的象征，多少年来，敌人想倾其全力来消灭红军，但是直到今天，它依然能高高地立在六盘山山顶上，这说明，毛泽东和中共中央领导下的工农红军，经过千锤百炼，已经变得更加坚强，更加所向披靡，无往不胜。

"今日长缨在手，何时缚住苍龙？"今天手握长绳，什么时候才能将蒋家狂龙给捆住？这句话重在抒情，我们经过长期的锻炼，已经变得强大而有力量。接下来诗人虽然发出疑问，但是答案是不言自明的。既然红军战士已经拥有了强大的武装力量，那么战胜敌人就是毫无疑问的，现在只是一个时间问题。诗人的深意是说，红军距离胜利的日子已经不远了。这两句话主要写出了红军战士奋勇当先，渴望胜利及早到来的急切心情。

本句运用了两个典故"长缨""苍龙"，化用了宋朝刘克庄《贺新郎》中的："问长缨，何时入手，缚将戎主？"引人联想，深刻感人。

这首词的主要写作特点是将写景和抒情结合起来进行创作。这首诗的上阕和下阕的前半都是借景抒情，诗人描绘的景色形象鲜明生动，寄托的感情凝重，寓意深刻。上下阕的三四句话，诗人直抒胸臆，紧扣着前面的景色变化，景与情结合得天衣无缝。

总起来讲，诗人在上阕中借远方的景色描绘写出了当前的心境，而下阕借当前的景物描写，表述了对未来的理想。

这首词从创作出来以后，因为其气象宏大，意境优美，感情沉郁，同时情景交融，具有感人的艺术魅力，成为众人传诵的佳作，值得品读。

◎ 沁园春

雪

一九三六年二月

北国风光，千里冰封，万里雪飘。望长城内外，惟余莽莽；大河上下，顿失滔滔。山舞银蛇，原驰蜡象，欲与天公试比高。须晴日，看红装素裹，分外妖娆。

江山如此多娇，引无数英雄竞折腰。惜秦皇汉武，略输文采；唐宗宋祖，稍逊风骚。一代天骄，成吉思汗，只识弯弓射大雕。俱往矣，数风流人物，还看今朝。

——选自《诗刊》一九五七年一月号

毛泽东诗词赏析

【创作背景】

1936年1月，中共中央决定红一方面军以中国人民红军抗日先锋军的名义东渡黄河，东征抗日。毛泽东为政治委员，彭德怀为司令员。1月26日，毛泽东率领东征总队从瓦窑堡出发，到达了袁家沟。

2月6日，毛泽东来到袁家沟附近的黄河岸边，观察敌情。这天，天色阴沉，寒风凛冽。到半夜的时候，天空开始飘起雪花，不知不觉间，雪花越下越大，鹅毛大雪纷纷扬扬地飘落下来，风呼呼地号叫着，暴风雪来了。天亮的时候，毛泽东审定完了渡河东征的作战计划，于是抬头向窗外望去，这时他才发现，一夜之间，天地变成了银装素裹的世界，一片洁白。毛泽东向来对雪具有好感，此时更让他感到惊奇。

清晨，他到黄河岸边观察敌情，这时的雪越下越大，他尽情地观赏起雪景来。欣赏着美丽的大自然雪景，一股气壮山河的豪气在毛泽东的心里油然而生，不断汹涌在他的胸怀，于是他当即吟成了千古绝唱《沁园春·雪》。

柳亚子将这首词誉为"看千古词人共折腰"的杰作，在这首词中，诗人

Mao Zedong Shici Pinjian

倾听一代伟人的诗意吟咏，感受他的豪情、壮志与深情……

沁园春

北国风光，千里冰封，万里雪飘。望长城内外，惟余莽莽；大河上下，顿失滔滔。山舞银蛇，原驰蜡象，欲与天公试比高。须晴日，看红装素裹，分外妖娆。

江山如此多娇，引无数英雄竞折腰。惜秦皇汉武，略输文采；唐宗宋祖，稍逊风骚。一代天骄，成吉思汗，只识弯弓射大雕。俱往矣，数风流人物，还看今朝。

毛泽东

《沁园春·雪》手迹

以雄伟的气魄，豪迈的语言，赞美了祖国的壮丽山河，批判了封建主义，宣告只有无产阶级才能代表祖国的光明前途和美好未来，这首词极大地鼓舞了人民的斗志和必胜的信心。

1945年秋天，毛泽东赴重庆和国民党进行和平谈判，柳亚子向毛泽东"索句"，毛泽东将自己9年前的诗作录赠给他，同年11月14日，《新民报晚刊》刊登了这首词，一时轰动了整个山城，影响全国，传为词坛佳话。

【诗词赏析】

《沁园春·雪》的美学成就，可以说达到了登峰造极的地步，其大气磅礴，景象非凡，睥睨六合，纵横八荒，情与景、诗与论的高度融合。词的上阕大笔挥洒，写出了北方的雪景之美，下阕由祖国山河的壮丽景色引出古代的英雄人物，并对其进行评论，上下阕相互交融，浑然天成，构成了一个完美的艺术整体，抒发了毛泽东的伟大抱负。

"北国风光，千里冰封，万里雪飘。"北方的风光，放眼望去，都是冰封和雪飘的景色。三句话总写北国的美丽雪景，寥寥数语将读者带入一个冰天雪地的银色世界。"北国风光"首句点明了描写的地域。"千里冰封，万里雪飘"点明了当时的季节及特色。"千里""万里"并非视力所及处，形象地描写出北国疆土的寥廓。"冰封""雪飘"写出了北方冬季的风光特色，"千里冰封"凝然安静，"万里雪飘"舞姿轻盈，静动描写相结合，使雪景显得更加雄伟壮丽且生机勃勃。

毛泽东诗词赏析

毛泽东手迹"中国"

"望长城内外，惟余莽莽；大河上下，顿失滔滔。"眺望长城内外，只剩下白茫茫的一片，黄河的上游和下游，顿时失去了滔滔的水势。一个"望"字，统领四句，产生了开阔的感觉。用"望"而不是用"看"。就是因为诗人是在登高望远，所以才能看到"长城内外""大河上下"。之所以选择长城和黄河来进行描写，是因为它们都在祖国的北方，而且是祖国山河的典型代表。"长城内外"从南向北，"大河上下"自西向东，正是对应上句中的"千里"和"万里"，"惟余莽莽""顿时滔滔"两句话是对上句中的"冰封"和"雪飘"的具体描写。"惟"字说明了景象的单一性，"顿"字说明了变化之快，寒冷之烈。这句话用四个小短句，通过写诗人登高望远时所看到的视觉形象，描写出北方美丽风光的壮丽雄浑。意境的大气磅礴，气象的雄伟壮丽，显示了诗人博大的胸怀，雄伟的气魄。

"山舞银蛇，原驰蜡象，欲与天公试比高。"连绵的群山像一条条银蛇一样在地上蜿蜒游走，高原上的丘陵好像许多白色的象在奔跑，似乎要与苍天一决高低。群山的山势是蜿蜒曲折的，积雪的群山是白色的，像是银蛇在不断舞动，高原高低起伏不同，积雪的高原同样是白色的，所以，看上去就像是蜡象在奔跑了。这两句对于雪景的描绘很贴切。"舞"和"驰"字，将静态的雪景描绘成了动态，刻画得十分形象生动。"欲与天公试比高"一句话，运用了拟人的修辞方法，进一步形象地写出了大雪茫茫，天低野阔、上下相接的一片银白画面。这句话形象地描绘出了一幅壮丽的画面。风雪弥漫的天空中，彤云密布，越变越低，山峰披着白雪，越看越高，大雪不停地压在山顶上，让人感觉群山在扶摇直上，看样子真像是要与苍天一决高低。这里的描写既有真实的景象描写，也有诗人丰富的想象，不仅写出了祖国山河的壮丽景色，也写出了诗人奋发向上的内在气魄，这同时是中华民族不断奋发向上的精神体现。

"须晴日，看红装素裹，分外妖娆。"等到天晴的时候，再看红日照耀下的白雪，格外的娇艳美好。此句的描写，使得诗的意境更深了一层。"须晴日"说明所写的情景只有等候才能出现。一个"看"字，和前面"望"字不同，含有仔细观赏的意思，其中也包含了赞赏、惊羡之情。"红装素裹""分外妖娆"本来是形容美丽少女的，用在这里，更加凸显了雪景的美丽和漂亮。在此用来形容雪后的祖国大山，拟人的手法将雪景写得有血有肉，栩栩如生，

Mao Zedong Shici Pinjian
倾听一代伟人的诗意吟咏，感受他的豪情、壮志与深情……

富有感染力。在这里诗人不仅是在描写雪后祖国山河的壮丽景色，同时也是在喻指革命胜利后的中国，必定也会灿烂辉煌。

"江山如此多娇，引无数英雄竞折腰。"祖国的山河如此美丽，古往今来，令多少英雄豪杰为此倾倒。"江山如此多娇"既承接了上文景色的描写，也引起了下文，转入对英雄人物的讲述。"引无数英雄竞折腰"说明了在祖国美好山河的环境中孕育了无数的英雄，产生了无数的豪杰。同时无数豪杰热爱着祖国的美好山河，为她的美丽倾倒，为她的更加美好不断拼搏不断努力奋斗。"引"字写出了祖国山河的强大吸引力，引入对英雄豪杰的评论，另一方面说明了中华民族的爱国主义传承已久，说明了我国人民的爱国主义精神普遍而广泛。

"惜秦皇汉武，略输文采；唐宗宋祖，稍逊风骚。一代天骄，成吉思汗，只识弯弓射大雕。"只可惜像秦始皇汉武帝这样的帝王，却略差在文学才华上，唐太宗宋太祖，稍逊色在文治功劳上。天骄之子成吉思汗，只知道拉弓射大雕，而轻视了思想文化的传播和建立。上句中诗人提到了无数的英雄豪杰，这是一个总括，一一评述历史上的英雄人物，既不可能，也没有必要。诗人在这里只讲了几个有代表性的杰出人物。秦始皇是中国历史上第一个完成祖国统一大业的封建皇帝。汉武帝在位时做了很多巩固统治和增强国力的工作，制止了匈奴对国家的侵略，扩大了当时国家的统治区域。唐太宗是唐朝的第二个皇帝，他卓越的军事才能使他在八九年的时间内消灭了各地的割据势力，统一了全国，他还打败了东突厥，解除了外族对北方边境的

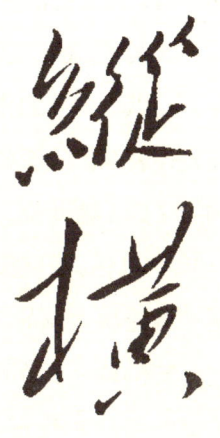

毛泽东手迹"纵横"

威胁，形成了历史上有名的"贞观之治"。宋太祖在位时，削平了唐末割据的藩镇，实行了中央集权，结束了五代纷争的场面。虽然他们在历史上作出了杰出的贡献，但是只可惜他们在文治方面稍差一些。他们都是统治阶级，是封建剥削制度的代表人物，为了巩固统治，只能对劳动人民进行剥削和压迫。毛泽东在这里用唯物主义的态度。审视历史上的几个英雄人物，既对他们的历史贡献给予了公正的评价，又指出了他们的局限性。"惜"字统领四句，点明了诗人对他们的惋惜之情。

紧接着诗人写出了一个历史上赫赫有名的，在当时曾征服了很多国家的，版图甚至扩展到欧洲的不可一世的人物——成吉思汗，虽然他是"一代天骄"，但是他仅是武夫而已，不懂得文化思想对国家的重要作用，对文治的一窍不通，和其他的帝王比起来，更让他显得逊色。

句子铺叙一气呵成，对历史上英雄人物的评价，更显示出了毛泽东雄视千古，纵横古今的伟大气魄。虽然这些历代的英雄人物成就杰出，但是他们毕竟是代表统治阶级的，与当代的英雄相比，他们还是稍逊一筹的，这是历史唯物主义的正确评价。

"俱往矣，数风流人物，还看今朝。"这些都已经成为过去的历史了，真正能建功立业的人，还要看现在的人们。"俱往矣"三个字将历史一笔带过，转向诗人所在的现代。"数风流人物，还看今朝"点出全词的主题和高潮，新的时代还需要新的英雄人物来引领，今朝的英雄人物必定能胜过历史上的英雄人物。他们卓越的才能，必将创造伟大的业绩，一句话，写出了诗人伟大的抱负和雄心壮志。这句话同样是诗人在鼓舞和期待着无产阶级，能在中国共产党的领导下，为祖国的繁荣和统一英勇奋斗，创造出更好的业绩。

纵观全篇，我们可以总结出本词的创作特点：

一、写景、抒情和议论相结合

虽然上阕重在写景，下阕重在议论，但是都与抒情紧密结合，写景是为了抒发诗人对祖国山河的热爱之情，议论是为了赞扬对祖国作出突出贡献的英雄，为了鼓舞无产阶级去创造更杰出的英雄业绩。

二、语言精练，用词准确

这首词在语言上，是经过锤炼的，如"望"和"看"的准确应用，颠倒位置，将体会不到所表达的意蕴；对雪景的想象描写，用字形象而生动；对历代皇帝的评价，文字的使用，更是恰如其分。

正如吴欢章在研读《沁园春·雪》时，说道："《沁园春·雪》写景是放眼千里，骋目长城内外，峻岭高原，神驰雪飘和晴日多彩的雪色；写人，则是古往今来的英雄人物，秦皇汉武，唐宗宋祖，成吉思汗，均为曾经风云一时的英雄豪杰，继往开来的更是今天的风流人物。"由此可见，这首词被誉为是毛泽东千古绝唱，当之无愧。

◎ 临江仙

给丁玲同志

一九三六年十二月

壁上红旗飘落照，
西风漫卷孤城。
保安人物一时新。
洞中开宴会，
招待出牢人。

纤笔一枝谁与似？
三千毛瑟精兵。
阵图开向陇山东。
昨天文小姐，
今日武将军。

——选自《新观察》一九八〇年第七期

【创作背景】

　　毛泽东在战争时期，就十分重视人才，关心人才，通过接待丁玲这件事，足以证明。

　　丁玲原名蒋冰之，1904年出生在湖南临澧，早年在长沙读中学的时候，是杨开慧的同学，她在1927年开始发表小说。1932年加入中国共产党，1933年5月，丁玲被国民党特务绑架，囚禁在南京长达三年之久。1936年9月18日，在国内外著名人士宋庆龄、蔡元培、鲁迅等人的抗议和党组织的帮助下，丁玲离开了南京，秘密到达了上海，后经北平、西安到达陕北的保安，立即受到了毛泽东等领导同志和文化界、妇女界的欢迎。

　　1936年11月的一天，在城内中共中央驻地一个约5米的窑洞里，举行了欢迎丁玲的

毛泽东诗词赏析

《临江仙·给丁玲同志》手迹（一）

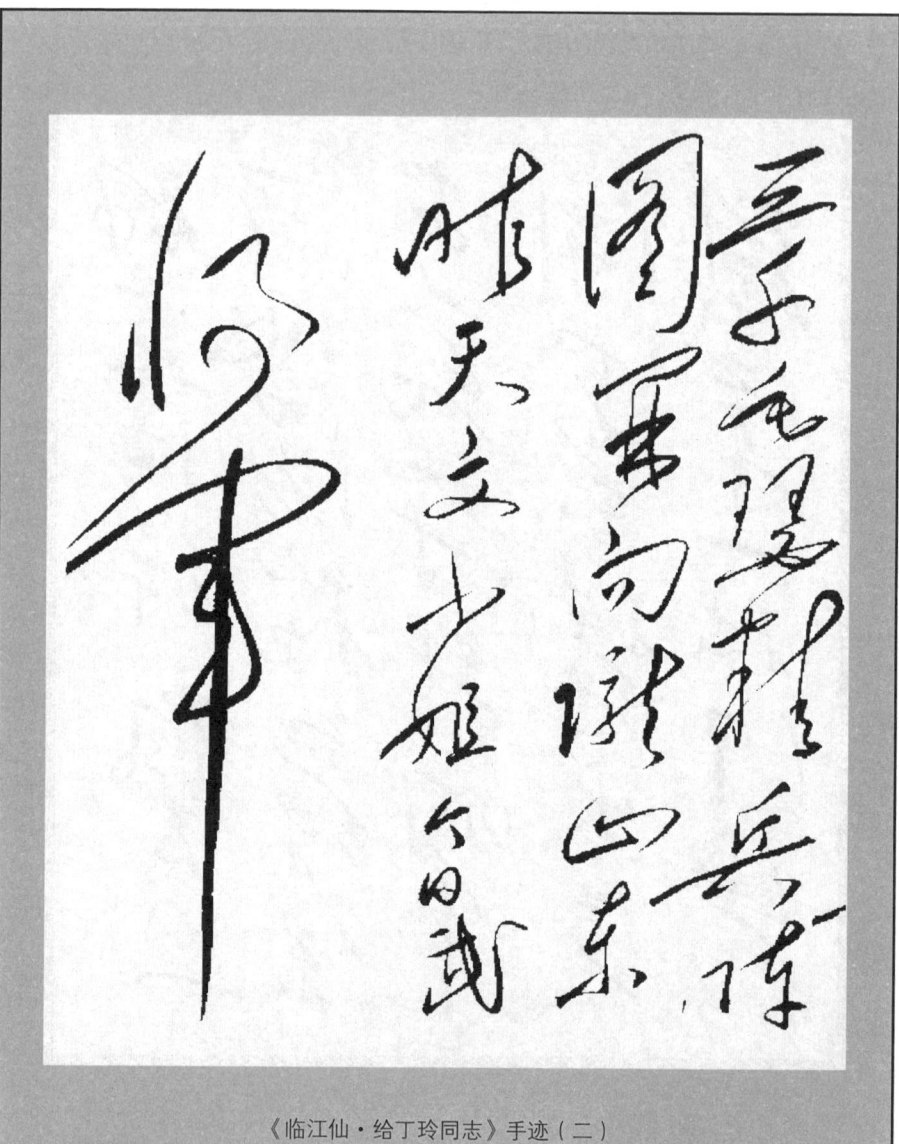

《临江仙·给丁玲同志》手迹（二）

宴会，毛泽东问丁玲有什么打算，丁玲毫不犹豫地回道："当红军！"毛泽东说道："好呀！你跟着杨尚昆他们的前方总政治部上前线去吧。"

不久，丁玲跟随着红军到了陇东前线，毛泽东对丁玲的印象很好，很赏识这位女作家，对于在当时那个"女子无才便是德"的旧中国，丁玲的出现无疑是个奇迹。对于丁玲来说，她对毛泽东崇拜有加，一个军事领导，却具有深厚的文学修养，非常难得，于是他们之间交往较为频繁，交谈起来，也比别人随便。

丁玲像

12月12日，"西安事变"爆发，红军主力向西安方向转移，丁玲一同前往，12月上旬的时候，毛泽东写了这首《临江仙·给丁玲同志》，用电报发给了丁玲。由于丁玲一直在前线，直到1937年的元旦才看到这首词，接到这首词后，她非常兴奋。

【诗词赏析】

这首词以事显人，以事露情。这首词是寄赠之作，成功地运用了"赋"的方法和对比手法，突出了丁玲女中豪杰的形象。

词的上阕是写这次欢迎会的，字里行间透露着作者对"出牢人"的赞许。"壁上红旗飘落照，西风漫卷孤城"点出了宴会的环境、时间，"保安人物一时新"是指丁玲是新到保安的同志。"洞中开宴会，招待出牢人。"这句话点明了宴会的地点和宴请的对象。"出牢人"点出了丁玲刚从国民党的囚禁中解脱。

"纤笔一枝谁与似？三千毛瑟精兵。"这是诗人对丁玲创作成就的高度赞扬，"毛瑟"是德国毛瑟工厂生产制造的步枪和手枪，孙中山先生曾在1922年8月24日《与报界的谈话》中说："常言谓：一支笔胜于三千毛瑟枪。"毛泽东在这里借用了这句话。"阵图开向陇山东"是说宴会后，丁玲随红军到了陇东前线。"昨日文小姐，今日武将军。"这是对丁玲今后选择的充分肯定和热情赞扬，言简意赅地写出了丁玲的这种转变。

诗人将这首词写得通俗易懂，开创了古典诗歌大众化的道路，为古典诗词走向大众化开辟了一条新的路线，有了真正美学意味上的词题解放。

◎ 五律

挽戴安澜将军

一九四三年三月

外侮需人御，将军赋采薇。
师称机械化，勇夺虎罴威。
浴血东瓜守，驱倭棠吉归。
沙场竟殒命，壮志也无违。

——选自《人民政协报》一九八三年十二月二十八日

【创作背景】

　　毛泽东书写诗词，不是仅仅局限在红军内部，他曾为哀悼国民党戴安澜将军写过挽诗，这不禁让人感慨他的胸襟，不能不让人佩服他的伟人胸怀。

　　戴安澜，安徽省无为县仁泉乡风和村人，字衍功，号海鸥，学名炳阳。黄埔军校第三期毕业生，曾参加过北伐战争。抗日战争中，先后参加了古北口、漳河、台儿庄、昆仑关诸役，英勇善战，屡立奇功，1939年1月，升任为国民党第五军第二〇〇师师长，6月，被授予陆军少将军衔。

　　1942年3月，戴安澜率领部队出师缅甸，协同英军对日作战。在孤军深入的情况下，戴安澜率领部队英勇作战，顽强坚守东瓜，掩护英军撤退，抗击数倍之敌，以伤亡800勇士的代价，歼敌5000余，谱写了抗战史上的光辉一页。同年5月，戴安澜率部队返国途中，在缅甸北部遭日军伏击，鏖战两昼夜，突围时，被榴弹击中，身负重伤，于5月26日殉国，终年38岁。

　　1943年4月1日，在广西全州为戴安澜将军举行了隆重的国葬仪式，因为当时是国共第二次合作时期，毛泽东、周恩来、朱德、彭德怀等人送去了挽联。在中华危难之时，毛泽东惊闻沙场殒将，深感悲痛，于是特作《五律·挽戴安澜将军》，以祭奠英魂。

【诗词赏析】

这首词表彰了爱国将领戴安澜将军抗敌御侮，殒命沙场的英雄事迹，表达了诗人对抗日英雄的赞誉之情。同时也表达了中国共产党以全民族的利益为重，对一切反侵略的行动都给予肯定和赞扬的博大胸怀。

"外侮需人御，将军赋采薇。"首联诗人赞扬了戴安澜远征缅甸抗击日寇。"采薇"，《诗经·小雅》中有《采薇》篇，小序目："《采薇》，遣戍役也。"文王之时，西有昆夷之患，北有猃狁之难。以天子之命，命将率，遣戍役，以守卫中国，故歌《采薇》以遣之。"赋采薇"，在这里所表达的含义是，诗言志。戴安澜在率兵远征之前，曾用战歌鼓励士兵。

"师称机械化，勇夺虎罴威。"颔联写出了戴安澜部队的装备和士气的高昂。戴安澜为师长的部队是第五军第二〇〇师，当时该师是凭借战车、车辆行军、作战的部队，是一支机械化的部队。所以，诗人才说"师称机械化"。虎罴，老虎和人熊，也作猛兽讲。诗人在这里是比喻凶猛的敌人。诗人这两句话的意思是：戴安澜领导的部队是一支装备精良、将士勇武的部队，纵使像猛兽一样的敌人，一样会被戴领导的部队镇压住。

毛泽东手迹"人物"

"浴血东瓜守，驱倭棠吉归。"颈联诗人写出了戴安澜部队入缅作战的英勇战绩。1942年3月8日，中国远征军先头部队第二〇〇师千里跃进抵达同古，从英军手里接防。因为英军弃守仰光，致使日军重兵进入同古。3月9日，戴安澜率领的部队牛刀小试，在城外歼敌300余人。

3月21日和22日，日军调动了350架战机，摧毁了英军的空军，掌握了制空权，同时又以四倍于二〇〇师的兵力将同古围得水泄不通，戴安澜指挥部队浴血奋战，坚守了10日，给敌人重要的一击，在后援不至的情况下，终于杀出了重围。"驱倭棠吉归"，"驱倭"是驱逐倭寇的意思，在这里是指日本侵略军的意思。

由于日寇的后续部队疯狂迂回北进，棠吉这个北部重镇被日军侵占，于是戴安澜率领二〇〇师增援棠吉，经过两昼夜的浴血奋战，夺回了棠吉。

"沙场竟殒命，壮志也无违。"尾联诗人点出了挽诗的主题，哀悼戴安澜将军的不幸牺牲。由于日军一再用分兵迂回抄后路的战术向北进击，1942年4月29日，攻占了中缅交通要冲腊戌镇，切断了中国远征军的退路，于是二〇〇师只能从缅北的水路要地八莫、密支撤退。但是不幸的是，5月18日，戴安澜率领部队在撤退的时候，通过某条公路时，遭到了日寇的伏击，伤亡惨重，戴安澜也身负重伤，后来突围成功，但是戴安澜因为伤势过重，不幸牺牲。一个"竟"字，写出了诗人对戴安澜之死的震惊和惋惜。最后一句话，诗人高度赞扬了戴将军以身殉职，实践了他抗日救国的伟大志向。

1943年，戴安澜将军的灵柩，由全州迁葬家乡安徽省芜湖市赭山公园的小赭山南麓。并将毛泽东的这首挽诗和周恩来、朱德等人的挽联，镌刻在石碑上。新中国成立后，中央人民政府追认戴安澜为革命烈士，毛泽东还向戴安澜的家属颁发了"革命牺牲军人家属光荣纪念证"。戴安澜将军的业绩将永远彰显人间，永远激励人们。

◎ 五律

张冠道中

一九四七年

朝雾弥琼宇，
征马嘶北风。
露湿尘难染，
霜笼鸦不惊。
戎衣犹铁甲，
须眉等银冰。
踟蹰张冠道，
恍若塞上行。

——选自《毛泽东诗词集》，中央文献出版社一九九六年九月版

【创作背景】

毛泽东积极乐观的精神，在艰苦环境中依然从容的气魄在转战延安时表现得很突出。

1947年年初，蒋介石为了摆脱战线日益拉长而兵力不足的困境，放弃全面进攻计划，改以对陕北和山东发起重点进攻。3月13日，蒋介石发动大批兵力约25万人向中共中央所在地延安发动了猛烈进攻。

当时，在这个地区迎击国民党军队的是西北人民解放军彭德怀、习仲勋所部2.6万余人，另三个地方旅和一个骑兵师1.6万余人，兵力上处于绝对的劣势。毛泽东和党中央决定放弃延安，采用"蘑菇战术"转战陕北，在与敌人周旋中，"将敌折磨得精疲力竭，然后消灭之"。

3月18日晚，毛泽东率领中央机关进行撤离，随后，红军在陕北银川、清涧、子长、子洲、靖边等县转战。撤离延安不久，毛泽东率领的队伍就行进在了张冠道中。陕北的春天仍然寒冷，路上朝雾满天，北风呼啸，战马长嘶，满地浓霜，军衣冻成了硬甲，眉梢冰雾结成寒霜。在这恶劣的天气中行军，毛泽

东不由得想起了古代边塞征战的艰苦，不禁诗兴大起，写下了这首《张冠道中》五律诗。

【诗词赏析】

诗人描绘出一幅英武而艰苦的塞上行军图，表现了我军在强敌压境、转战陕北的途中，所遇到的紧急情势，以及红军不畏艰险与敌人周旋的气概。诗人非常熟悉和喜爱古代边塞诗，此诗从景物描写到语言的运用，都具有浓郁的边塞笔锋，显示出雄浑、苍劲的风格。

毛泽东在写这首诗的时候，是在4月初，陕北的4月还是相当寒冷的，为了隐蔽行踪，红军通常是晚上行军。这首诗描写的是经过一夜的跋涉后，拂晓时见到的行军场景。

"朝雾弥琼宇，征马嘶北风。"首联写出了行军的时间。早晨的雾气浓厚，战马在北风中不断地长鸣。

"露湿尘难染，霜笼鸦不惊。"寒露将地面都打湿了，尘土因而很难被沾染到衣物上，寒霜笼罩在整个森林上，但是鸦雀一点都不吃惊。诗人这样用笔，是为了更好地凸显出红军全体官兵心情激昂而平静。

"戎衣犹铁甲，须眉等银冰。"这句话表现出了在艰苦的环境中，红军的乐观精神和豪迈气概，就算身上的衣服寒冷，但是却像铁甲一样坚固，须眉上结的冰花，如同装点的银冰一样。

"踟蹰张冠道，恍若塞上行。""塞上行"在如此艰苦的行军环境中，诗人想到了古代那些边塞军旅的生活，以及那些描写塞外生活的悲壮诗篇，这两句话既写出了红军从容不迫的精神风貌，也写出红军对战争必胜的信心。

Mao Zedong Shici Pinjian

毛泽东手迹"武装"

◎ 五律

喜闻捷报

一九四七年

中秋步运河上，闻西北野战军收复蟠龙作。

秋风度河上，大野入苍穹。
佳令随人至，明月傍云生。
故里鸿音绝，妻儿信未通。
满宇频翘望，凯歌奏边城。

——选自《毛泽东诗词集》，中央文献出版社一九九六年九月版

【创作背景】

毛泽东作为一代伟人，在战场上驰骋的军事家，同样也会有儿女情长，对红军的处境担忧，以及在听到胜利后，同样会喜不自胜。

中共中央撤离延安后，从1947年3月到5月，西北人民解放军按照毛泽东提出的"蘑菇战术"，在青化砭、羊马河和蟠龙连续打了三次大胜仗。8月，西北人民解放军又取得沙家店大捷。9月下旬，又发起延川、延长、清涧的战役。10月11日，先后攻克了延长、延川、清涧，收复了延安东北，包括青化砭、蟠龙等镇。

延、清战役期间，毛泽东一直居住在靠近黄河边的佳县神泉堡，这里有一条黄河的小支流，还有一条很长的织女渠。9月29日，是每年一度的中秋节，毛泽东工作之余来到了河边散步。阵阵秋风吹过河面，朗月高悬在天空，毛泽东想起了远在故里的亲人，如今妻儿的音讯全无，只能望着他们所在的地方，传递情思。

正在毛泽东沉思时，忽然传来捷报：我军收复了蟠龙。蟠龙镇在延安城北70多里处，蟠龙既克，预示着延安收复就在眼前，这标志着蒋介石的"重点进

攻"彻底破产，是西北战局乃至全国战局的一个重要转折点。

毛泽东听闻捷报后，兴奋不已，立即作了这首《五律·喜闻捷报》，来记录这历史性的胜利。

【诗词赏析】

这首诗和上文的《五律·张冠道中》都是马背诗，题材相同，创作的时间相近，可以说是姐妹篇。

"秋风度河上，大野入苍穹。"首句点出当时的时节，接下来写出诗人所看到的景色，既有近景也有远景，让人感觉非常真实。

"佳令随人至，明月傍云生。"当时正好是中秋佳节，点出了具体的时间，同时也为下面的抒情作出铺垫。

"故里鸿音绝，妻儿信未通。"正如古人所说"每逢佳节倍思亲"诗人同样在这样的境遇中，思念起远在故里的亲人。虽然国共两党当初签订了停战协议，但是国民党统治集团希望通过战争消灭人民革命力量的意图没有变，于是在做好战争准备后，向红军发起了全面进攻。就是在这一环境下，致使音讯隔绝。

"满宇频翘望，凯歌奏边城。"形象而充分地表达了作者渴望和平，盼望红军能够胜利的急切心情。最后一句"凯歌奏边城"是对蟠龙战役胜利的描述，表达了诗人听到革命胜利后的喜悦心情。

毛泽东手迹"学习"

毛泽东诗词品鉴

Mao Zedong Shici Pinjian

倾听一代伟人的诗意吟咏，感受他的豪情、壮志与深情……

154

◎ 七律

人民解放军占领南京

一九四九年四月

钟山风雨起苍黄，
百万雄师过大江。
虎踞龙盘今胜昔，
天翻地覆慨而慷。
宜将剩勇追穷寇，
不可沽名学霸王。
天若有情天亦老，
人间正道是沧桑。

——选自《毛主席诗词》，人民文学出版社一九六三年十二月版

毛泽东诗词赏析

【创作背景】

　　毛泽东远见卓识、对革命必胜的坚定信念在解放战争中，体现充分。

　　解放战争后期，人民解放军相继取得了辽沈、淮海、平津三大战役的胜利，在长江以北消灭了国民党军队的主力，国民党统治集团已经临近崩溃的边缘。国民党统治集团不甘心于失败，于是为了拖延时间，一方面展开"和平攻势"，玩弄和谈骗局，以伺机反扑。另一方面，又积极部署"千里江防"，企图凭借长江天险，阻止人民解放军渡过长江。

　　1949年元旦，蒋介石在美帝国主义者的授意下，为了争取喘息时间，在南京开始玩弄假和平的阴谋，发表了一个"引退求和"的《新年文告》。4月1日，国民党政府的和平代表团飞赴北平，4月20日，和平谈判破裂。4月21日，毛泽东、朱德发表了毛泽东亲自起草的《向全国进军的命令》。命令发出后，人民解放军百万雄师开始分三路渡江作战。解放军渡过长江，胜利渡江的人民

《七律·人民解放军占领南京》手迹

解放军，于4月23日解放国民党反动统治的中心南京。南京的解放，宣告了国民党反动统治的彻底结束。

1949年4月，党中央已由西柏坡迁至北平，当毛泽东获悉南京解放的消息后，欣然提笔写下了这首诗，当时毛泽东写完后不甚满意，于是便揉成一团扔进了废纸篓，幸亏秘书田家英心细，将其捡了出来保存下来，后来在编辑《毛泽东诗词》的时候，拿出这份稿子给毛泽东给看，经过他本人的同意后，才将其收录在了其中。

【诗词赏析】

刘汉民在读这首诗的时候，这样评价道："是一首达到了很高美术境界的诗，是很难得的杰作。它将记事与议论、抒情与明理、形式与内容，十分和谐地统一起来了。其内蕴之丰富深刻，在自有近体诗以来的七律诗中，罕有能与之相提并论的。这首诗充分显示了崇高美或者阳刚美的审美特色，在诗坛上可以说是独步千古。"

"钟山风雨起苍黄，百万雄师过大江。"革命的暴风雨震荡着蒋家王朝的都城南京，解放军百万雄师渡过长江，直捣蒋军苦心经营三个半月的根据地——南京城。首联两句，气势非凡，写出了国民党反动派的崩溃和人民解放军的所向披靡。这里既有对长江天堑和国民党反动派的蔑视，也有对解放军的热情歌颂。国民党反动派自认为长江是个天堑，加上美英等帝国主义的舰队封锁着，人民解放军就没有渡过长江的可能，他们还可以得以苟延残喘，他们没有料到的是解放

毛泽东手迹"人间"

军能神速地通过长江，风雨骤起，于是他们仓皇逃去。

"虎踞龙盘今胜昔，天翻地覆慨而慷。"以雄奇险峻著称的南京城，此刻回到了人民的手中，她比任何时候都美。翻天覆地的变化，是足以令人高歌和欢欣鼓舞的。颔联写出了解放军占领南京城后的喜悦心情。

"宜将剩勇追穷寇，不可沽名学霸王。"应该趁着敌衰我胜的大好时机，痛追残敌，趁机解放全中国，而不可学贪图虚名，而将敌人放走最终造成自己失败的楚霸王项羽。"穷寇"一词，源自《孙子兵法》中的"穷寇勿追"，意思是不要将敌人逼到走投无路而决心拼死的地步，因为这样做，可能会给自己带来损失。但是毛泽东之所以这样说，是说不要为了"仁义"的虚名，不去消灭敌人，养虎为患，否则结果可能是自己的毁灭。

"天若有情天亦老，人间正道是沧桑。"自然界如果有知，它定能体会到兴盛与失败这条不可变更的法则，不断变异、不断发展、不断前进是人类社会发展的必然规律。"天若有情天亦老"是借用唐代李贺《金铜仙人辞汉歌》中的诗句。金铜仙人是汉武帝晚年为求长生不老而建造的。三国时，魏明帝在洛阳大建宫室，把它拆离汉宫，打算运往洛阳，后因"重不要致"，而被留在了霸城。李贺借铜人泪下的传说加以发挥，在诗中写道："空将汉月出宫门，忆君清泪如铅水。衰兰送客咸阳道，天若有情天亦老。携盘独出月荒凉，渭城已远波声小。"意思是如果苍天有情，看到金铜仙人这样离别汉宫，也会因为忧伤而衰老，以此寄予自己对时局的忧愤之情。毛泽东在此借用这句话，是说如果苍天有情看到了国民党的黑暗统治，也会愤慨、难以忍受的。其深意是国民党的黑暗统治不能再继续下去。

这首诗气势恢弘，语言铿锵有力，表现了人民解放军打垮反动派的信心和决心，表达了诗人解放全中国的必胜信念。

Mao Zedong Shici Pinjian

倾听一代伟人的诗意吟咏，感受他的豪情、壮志与深情……

◎ 七律

和柳亚子先生

一九四九年四月二十九日

饮茶粤海未能忘，索句渝州叶正黄。
三十一年还旧国，落花时节读华章。
牢骚太盛防肠断，风物长宜放眼量。
莫道昆明池水浅，观鱼胜过富春江。

——选自《诗刊》一九五七年一月号

附：柳亚子原诗

七律·感事呈毛主席

一九四九年三月

开天辟地君真健，说项依刘我大难。
夺席谈经非五鹿，无车弹铗怨冯驩。
头颅早悔平生贱，肝胆宁忘一寸丹！
安得南征驰捷报，分湖便是子陵滩。

【创作背景】

在我们国家的中央政治局会议上，通常会有好几派民主人士的出席，而这正是中国共产党实行民主政治的集中体现，争取其他民主人士对中国共产党事业的支持工作，毛泽东就曾做过。

毛泽东关心他人，耐心劝解他人的品德在回赠柳亚子先生的诗中有所体现。

《七律·和柳亚子先生》手迹

Mao Zedong Shici Pinjian

倾听一代伟人的诗意吟咏，感受他的豪情、壮志
与深情……

阅读毛泽东诗词的过程，就是对峙诗情画意的中华之旅，欣赏中华传统文化的过程，
感悟毛泽东的人生哲理，让我们走到伟人的内心深处感受伟大的情感文化的熏陶吧!!

柳亚子，原名慰高，字稼轩，号亚子，出身书香门第，早年受康梁影响，1906年参加同盟会，曾担任过孙中山的秘书长，曾创办并主持南社。"四一二"政变后，被通缉，逃亡日本，1928年回国，进行反蒋活动。抗日战争时期，曾与宋庆龄、何香凝等从事抗日民主活动。1949年，出席中国人民政治协商会议第一届全体会议，新中国成立后，任中央人民政府委员，全国人大常委会委员。1958年6月21日，在北京病逝，他一生致力于诗词创作，有《磨剑室诗集、词集、文集》及《柳亚子诗词选》出版。

在解放战争即将取得全面胜利的时刻，1949年2月，党中央决定从河北平山西柏坡迁到北平。毛泽东电邀在香港的柳亚子和其他民主人士到北平参与国事，筹备召开全国政协会议。

3月25日，毛泽东抵达北平，柳亚子和其他各界人士到机场进行迎接。28日的时候，柳亚子却写了一首《感事呈毛主席》。这首诗委婉地表达了柳亚子内心的苦闷、牢骚和隐退之意。"感事"的原因，始终没有说明，也许是因为起居、膳食、行程等安排有不妥之处，让柳亚子感到非常不满意，于是借诗抒发自己的牢骚之情。其中不乏柳亚子自命清高，自负才华，认为待遇太低，自己是有功于革命的，有功成身退、隐退家乡的想法。

毛泽东看了柳亚子的这首诗后，针对他的消极情绪，于4月29日写了这首《七律·和柳亚子先生》，对他进行劝解，希望他能以国家大局为重，留在北京，为新中国贡献力量。

柳亚子读罢这首诗，内心非常感慨，连和数

毛泽东签名手迹

毛泽东诗词赏析

首，牢骚顿消，欣然留京参加新中国的建设。

　　毛泽东借诗词唱和的雅事做通了党外民主人士的思想工作，收到了预期效果。

【诗词赏析】

　　全诗在叙述事实的过程中融入议论，先是铺叙，然后是讲述哲理，最后是抒情。全诗结构严谨，跌宕有致，运用口语，语义明达，读起来流畅自然，可歌可吟。

　　"饮茶粤海未能忘，索句渝州叶正黄。"这是毛泽东回忆和柳亚子先生第一次和第二次的相会情况。第一次是1925至1926年间，毛泽东在广州主持农民运动讲习所，柳亚子到广州参加国民党会议，两人首次相会，他们一起品茶，

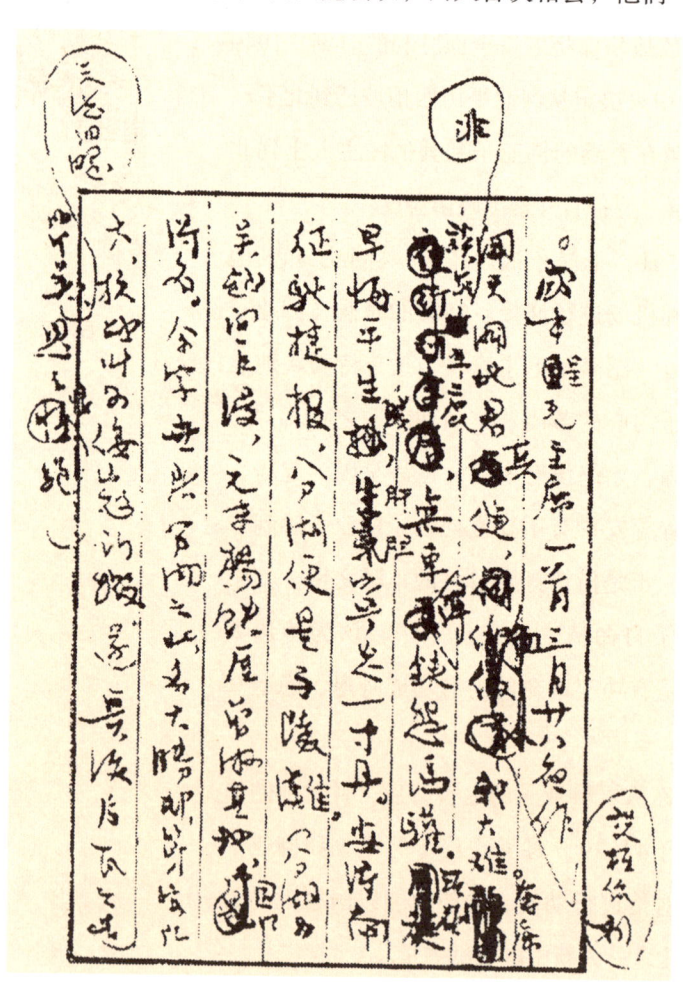

柳亚子《感事呈毛主席》手稿

Mao Zedong Shici Pinjian
聆听一代伟人的诗意吟咏，感受他的豪情、壮志
与深情……

畅谈国家大事。这次相会曾给柳亚子留下深刻印象，1941年他将"云天倘许同忧国，粤海难忘共品茶"的诗句赠给了毛泽东。第二次相会的时候，是毛泽东赴重庆参加国共两党和谈，当时正是"叶正黄"的时节，两人再次见面，并在曾家岩八路军办事处长谈，柳亚子受益匪浅，曾作诗曰："与君一席肺肝语，胜我十年蚕雪功。"当时柳亚子曾向毛泽东索诗，毛泽东将手书的《沁园春·雪》作为回赠。这一联通过回忆以往的场面，来唤起对方心底的深情厚谊，进一步沟通交流感情的渠道。

"三十一年还旧国，落花时节读华章。"毛泽东1918年9月为组织湖南青年赴法勤工俭学而第一次来到北平，1949年，毛泽东重返北平，中间正好间隔了31年。而在这31年中，中国的革命形势发生了天翻地覆的变化，这是柳亚子知道的，但是他却忘记了这一蓬勃发展的革命形势。在落花时节写给毛泽东的"华章"，过多地考虑个人荣辱得失，这与当时的时代是不合拍的。此联含蓄地启发柳亚子的思想觉悟。

这一联在全诗的连贯上起到了承上启下的作用，接下来就要引出整体，转到对柳亚子先生的劝导上。

"牢骚太盛防肠断，风物长宜放眼量。"柳亚子在《七律·感事呈毛主席》一诗中，曾表露出一些消极的思想，他自视甚高，认为自己富有才华，自比驳倒了善讲《易经》的五鹿充宗的汉代大学者朱云。由于柳先生想追求上等的待遇，出入要有小车接送，当个人的欲望得不到满足的时候，就容易像战国时投靠孟尝君而得不到重用的冯谖那样弹着剑柄发牢骚。毛泽东这一联，劝

毛泽东手迹"徘徊"

他不要发牢骚，并指出牢骚过多，会影响自己的身体健康。"防肠断"，一语双关，既要防止伤害身体健康，也要防止政治上产生不良后果。接着毛泽东向柳先生提出正确的做法，应该正确对待自己和别人，客观地对待周围的事物，眼光应该放长远一点，不要让目光太短浅，眼界应该更宽些，不要太在意个人得失，而应该以国家大事为重。颈联的劝说，对劝导柳先生的消极思想，可谓是苦口婆心。这是全诗的诗眼，措辞委婉含蓄，但道理却十分深刻。

"莫道昆明池水浅，观鱼胜过富春江。"这两句是对柳先生回乡隐退想法的回应。柳先生曾在《感事呈毛主席》中说"分湖便是子陵滩"，"分湖"是柳亚子家乡江苏吴江南边的一个小湖，柳先生在此是表示自己的家乡。"子陵滩"是指东汉初年严子陵在浙江富春江隐居时钓鱼的沙滩。毛泽东在这里有一语双关之意，表面上是北京颐和园内的昆明湖，比富春江的景色还要好；其实诗人的言下之意是，虽然新中国刚刚成立，北京的政治根基尚浅，新的革命阶段刚刚起步，很多事情可能不尽如人意，但是只要具有长远的眼光，就一定能看到他美好的前景。这也是诗人在暗示柳先生，不要再回乡隐居了，留在北京共商国是，为建设新中国多作贡献。

这首诗由远及近，由回忆到现在，在唤起对方对以往情谊的回忆后，再对其的消极思想进行批评劝导，并婉转地向其提出正确的做法，富有哲理。"风物长宜放眼量"更显示出正确处理客观事物的方法，而这也是正确的人生态度。结尾一句，诗人通过对两个地方的对比，引起对方的思考，含蓄婉转地劝说，最终赢得了柳先生的认同和赞成。

毛泽东诗词品鉴

Mao Zedong Shici Pinjian

倾听一代伟人的诗意吟咏，感受他的豪情、壮志与深情……

◎ 浣溪沙

和柳亚子先生

一九五〇年十月

一九五〇年国庆节观剧，柳亚子先生即席赋浣溪沙，因步其韵奉和。

长夜难明赤县天，
百年魔怪舞翩跹，
人民五亿不团圆。
一唱雄鸡天下白，
万方乐奏有于阗，
诗人兴会更无前。

——选自《诗刊》一九五七年一月号

毛泽东诗词赏析

【创作背景】

1950年的10月1日，是中华人民共和国成立后的第一个国庆节。中国大陆除西藏以外，全部解放，各族人民获得新生，紧密团结在中国共产党的领导下，积极投入社会主义革命和建设中去。全国上下呈现出空前的团结、兴旺的景象。

10月3日晚，在怀仁堂举行了隆重的献礼大会。献礼完毕后，各少数民族文工团纷纷登台演出了精彩的节目。毛泽东和其他中央领导人、各界知名人士一起参加了晚会，其中就包括宋庆龄、沈钧儒、罗叔章、柳亚子等人。大家兴致勃勃地观看演出。

面对佳节良宵，毛泽东不禁心潮激荡，诗情无限。他高兴地对坐在前排的柳亚子说道："这样的盛况，亚子先生为什么不填词以志盛呢？我来和。"

柳亚子不愧是才思敏捷的才子，稍一思索，便即席赋《浣溪沙》。

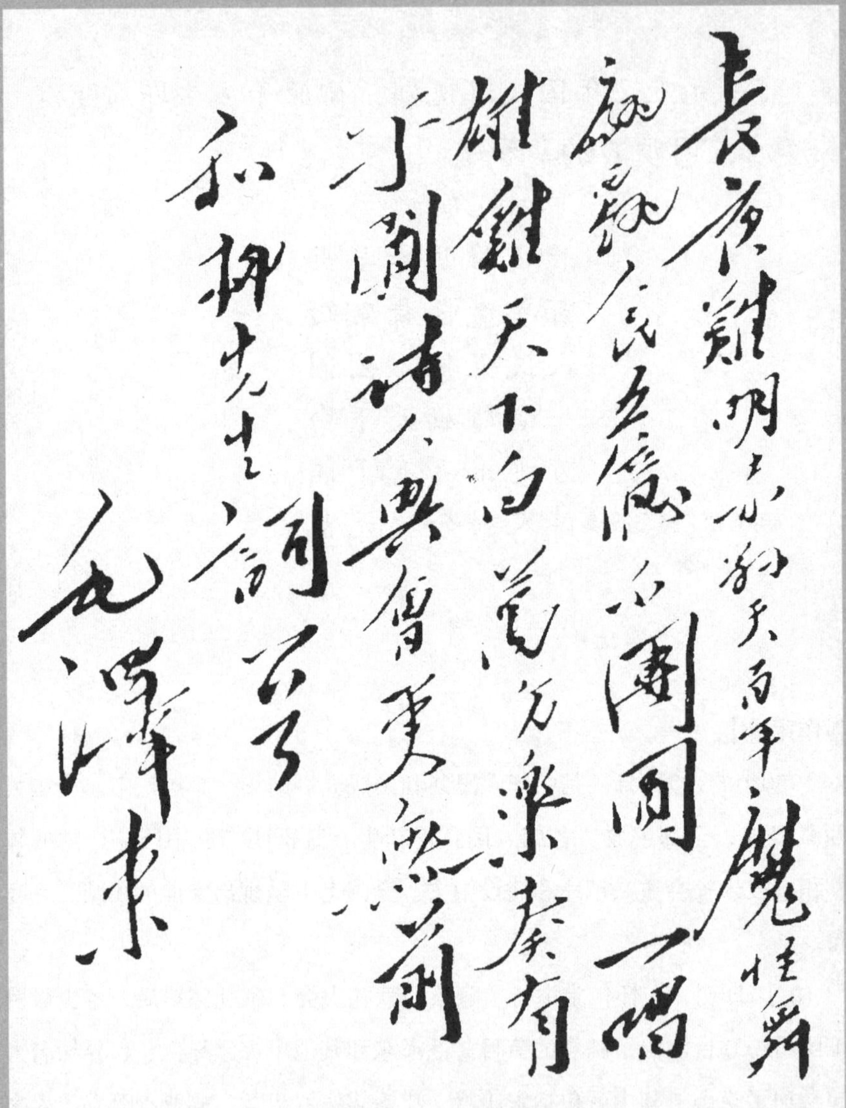

长夜难明赤县天，百年魔怪舞翩跹，人民五亿不团圆。

一唱雄鸡天下白，万方乐奏有于阗，诗人兴会更无前。

和柳亚子先生词韵

毛泽东

Mao Zedong Shici Pinjian
倾听一代伟人的诗意吟咏，感受他的豪情、壮志
与深情……

毛泽东手迹《浣溪沙·和柳亚子先生》

十月三日之夕于怀仁堂观西南各民族文工团、新疆文工团、吉林省延边文工团、内蒙古文工团联合演出歌舞晚会，毛泽东命填是阕，用纪大团结之盛况云尔！

火树银花不夜天，弟兄姊妹舞翩跹，歌声唱彻月儿圆。

不是一人能领导，那容百族共骈阗？良宵盛会喜空前！

毛泽东看完后，次日步其韵和了一首，这便是《浣溪沙·和柳亚子先生》。

【诗词赏析】

毛泽东在这首词的开始也有个小序，正文前附有诗序，是我们在古诗词中经常见到的。诗序是对诗词的补充说明，以此说明创作诗词的原因经过，或者是说明和诗词有关的一些情况。毛泽东这首词的小序说明了是在什么情况下写的，同时指出韵脚是采用了柳亚子先生的韵脚。

《浣溪沙·和柳亚子先生》是一首中华民族团结战斗的革命史诗和伟大颂歌。柳亚子是根据当时的晚会即兴而作，主要记述了眼前的良宵盛会，毛泽东的和词，则将眼光放得更加长远，由眼前文艺舞台联想到中国整个大的历史舞台，视野开阔，意境深远。

"长夜难明赤县天，百年魔怪舞翩跹，人民五亿不团圆。"鸦片战争100多年来，中国饱受帝国主义、封建主义和官僚资本主义的压迫，国家陷入分裂、混乱、贫困的境地。第一句写出了旧中国长期黑暗统治下人民无边的苦难。诗人用"长夜"来比喻反动的统治。"难明赤县天"，主谓倒装，应为"赤县天难明"，意思是黑暗统治下的中国人民很难见到希望。诗人在此表现出了受尽剥削阶级压迫的中国人民，在水深火热中期盼着自由解放的到来。这个愿望不知道何时才能实现，黑暗统治什么时候才能到尽头。

第二句写出了旧中国群魔乱舞的情景，这一句特别突出了近百年来中国的历史发展。自1840年鸦片战争开始，帝国主义入侵中国，给中国人民带来更加深重的灾难。诗人形象而生动的描绘，将帝国主义、封建主义和官僚资本主义狼狈为奸，剥削压迫劳动人民的情形刻画了出来，淋漓尽致地表现了他们飞扬跋扈、穷凶极恶的丑态。这也从另一个方面表现出中国人民在这几大势力的压迫下，哀鸿遍野，民不聊生的场景。

第三句话，旧中国在黑暗势力的统治下，四分五裂的状况，广大的劳动人民饥寒交迫，居无定所，家破人亡。

上阕中三句话，第一句是在描写现象，第二句是讲述原因，第三局是讲述结果。上阕生动形象地讲述了旧中国黑暗、灾难、分离的现象、原因以及结果。为下阕进行新中国的描写做了铺垫。

"一唱雄鸡天下白，万方乐奏有于阗，诗人兴会更无前。"雄鸡的一声鸣叫，天已大亮。人们兴高采烈地进行欢庆，此景也使得诗人们的热情高涨。第一句"一唱雄鸡天下白"是从李贺的诗《致酒行》"我有迷魂招不得，雄鸡一声天下白"点化而来，意思是抒发自己的伟大理想不会因为意识的苦难而忧愁悲伤，自己的梦想是一定会实现的。毛泽东在这里化用这句话，将其赋予了新思想、新内涵。描绘出新中国诞生了，就像一轮新的太阳一样照耀了全世界。一扫上阕压抑的情绪，让人感到豁然开朗，一轮朝阳冉冉而生，新中国诞生了。这是对革命胜利的艺术概括，是人民得到解放的热情欢呼。

"万方乐奏有于阗"，写出全国各族人民欢欣鼓舞的场面。"有于阗"是借代写法，"于阗"是指和田，在这里指的是新疆和田歌舞团排演的一出大型歌舞剧，诗人选取了很有特色的新疆少数民族，意思是全国的欢欣鼓舞是包括少数民族在内的，意在说明只有中国人民得到解放后，才能实现全国的大团结。"万

毛泽东
诗词品鉴

Mao Zedong Shici Pinjian

倾听一代伟人的诗意吟咏，感受他的豪情、壮志与深情……

毛泽东手迹"琵琶"

方乐奏"写出了举国上下纵情欢畅，热闹欢腾的动人场景。

"诗人兴会更无前"，面对着晚会上的欢喜场景，诗人们当然也是热情高涨。毛泽东也为柳亚子从"牢骚太盛"到"兴会无前"的转变而感到高兴。这句话形象地概括出了诗人们的感受，这与柳词中的"良宵盛会喜空前"相呼应，显示出了两位诗人之间的心灵相通的默契和友谊。

总览全文，我们可以概括出这首词的创作特点：

一、对比鲜明

上阕写的是旧中国，下阕写的是新中国，旧中国是"长夜难明赤县天"，而新中国则是"一唱雄鸡天下白"。前者一片黑暗，而后者则是一片光明。旧中国群魔乱舞，民不聊生，新中国人民欢腾，到处欢欣鼓舞的热烈场面。旧中国祖国四分五裂，人民家破人亡，新中国各民族大团结，齐聚一堂，共唱欢歌，鲜明的对比，突出了新中国的美好，突出了诗人对旧中国的控诉，对新中国的赞扬。

二、高度的艺术概括力

语言的凝练向来是毛泽东诗词的一大特点，在此词中同样不例外，简简单单的42个字，将旧中国和新中国进行了本质上的对比，一句"长夜难明赤县天"将近千年来人民受到的黑暗统治描写了出来。"百年魔怪舞翩跹"将三座大山在中国的肆虐丑态形象地刻画了出来。"五亿人民不团圆"一句话将中国人民处在水深火热的状态，中国四分五裂、一盘散沙的局面一泻而出。深究下阕，同样如此。时间和空间的跨度之大，语言所描述的宏伟场面，诗人用简单的几个字就都概括出来了，非凡的语言概括能力实在让人叹服。

相比起毛泽东这首词，柳亚子的那首《浣溪沙》，显然稍逊一些。

◎ 浪淘沙

北戴河

一九五四年夏

大雨落幽燕，
白浪滔天，
秦皇岛外打鱼船。
一片汪洋都不见，
知向谁边？

往事越千年，
魏武挥鞭，
东临碣石有遗篇。
萧瑟秋风今又是，
换了人间。

——选自《诗刊》一九五七年一月号

【创作背景】

　　毛泽东敢于挑战，不畏艰难的品质，在他居住在北戴河游泳时，表现明显。

　　1954年的夏天，毛泽东来到北戴河，一边工作，一边休养。在这里，每天工作之余，他都要进行游泳。

　　毛泽东从青年时代就一直推崇曹操，非常喜爱曹操的诗，如今来到北戴河，自然联想到1000年前，曹操曾在此地附近的东临碣石，留下了不朽诗篇。每当下海游泳后或者是工作疲劳稍事休息，出门观海时，他总会吟诵曹操的《观沧海》。

浪淘沙　北戴河

大雨落幽燕，白浪滔天，
秦皇岛外打鱼船。一片
汪洋都不见，知向谁边？

往事越千年，魏武挥
鞭，东临碣石有遗篇。
萧瑟秋风今又是，换
了人间。

《浪淘沙·北戴河》手迹

一天，他让卫士找来地图，一边查地图，一边说："曹操是来过这里的，上过碣石山。建安十二年五月出兵征乌桓，九月班师经过碣石山时写了这首《观沧海》。"

一天狂风大作，急雨横飞，海面上白浪滔天，毛泽东要下海游泳，身边的卫士担心他的安全，便极力劝阻，但是毛泽东却说："风浪越大越好，可以锻炼人的意志，"说完便纵身跳入大海。

毛泽东在海里畅游了一个多小时，然后才走上沙滩，望着咆哮翻腾的大海，他心满意足地说道："你们说浪大，我们下去了，也没有什么了不起。"

在北戴河期间，毛泽东写下了这首《浪淘沙·北戴河》。

【诗词赏析】

这是一首借景抒怀的杰作，和毛泽东的其他诗作相同，特点是情景交融，整首诗通过创造一个完美的艺术境界，赞扬了伟大的新时代。朗吉努斯在《论崇高》中，这样评价这首词："诗的形象以使人惊心动魄为目的。"

"大雨落幽燕，白浪滔天，秦皇岛外打鱼船。一片汪洋都不见，知向谁边？"大雨落在了幽燕，滔滔的波浪，似乎要翻卷上天，秦皇岛外的打鱼船，全被汪洋所遮盖，不知道飘向哪边去了？词的上阕重在写景，诗人以此借景抒情。"大雨落幽燕"一句话就将读者置入了大雨将要到来前的场景，给人一种雨声如鼓的感觉。"白浪滔天"更增气势，虽写浪花，实际上是突出风之大。这句话写出了大风下浪声如雷，气势汹涌，气象磅礴的壮观场面，令人惊心动魄。见到这种情景，诗人不禁担心起海上的那些打鱼船，从而表达了诗人对人民关切。一个"都"字，道出了打鱼船之多，从中可体会出，诗人急切的心情。

"往事越千年，魏武挥鞭，东临碣石有遗篇。萧瑟秋风今又是，换了人间。"往事已有千年，那是魏武帝曹操跃马挥鞭，向东到过碣石，吟诵过诗篇，而今秋风萧瑟到了今日，人间却变换了新的容颜。作者置身在北戴河，作者是诗人、军事家，他自然会很容易地想到北戴河的昨天，以及历史上的人物所留下的事迹。"往事越千年，魏武挥鞭，东临碣石有遗篇。"三国时期，曹操为了制服袁绍父子割据做后盾的乌桓贵族，在公元207年带领人马

Mao Zedong Shici Pinjian

倾听一代伟人的诗意吟咏，感受他的豪情、壮志与柔情……

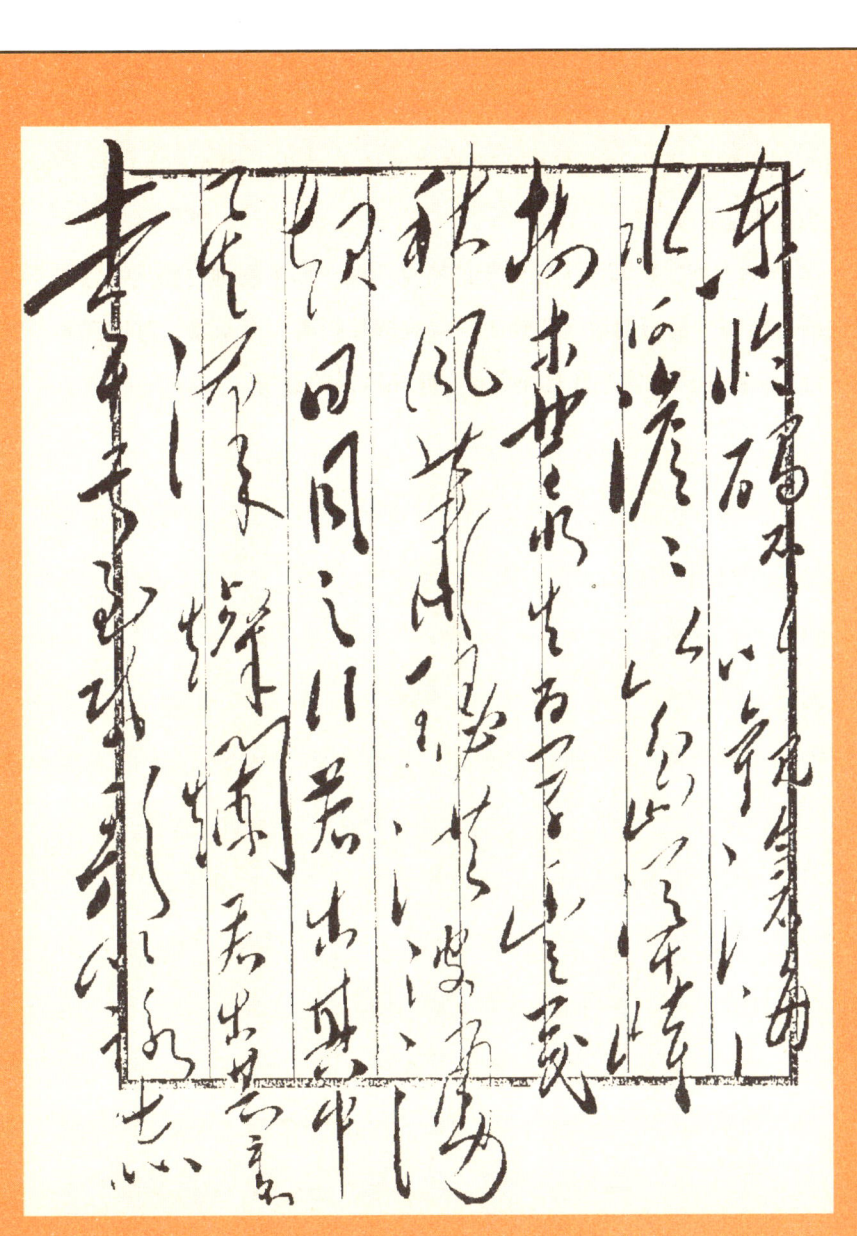

毛泽东手迹（曹操《观沧海》）

北征乌桓，于秋天班师凯旋时路过北戴河一带的碣石，并在此登临观海，写下了千古名篇《观沧海》一诗。"魏武挥鞭，东临碣石有遗篇。"既概括了曹操驰骋沙场，戎马的生涯，又描绘出了曹操策马扬鞭、登山临海的雄姿。"萧瑟秋风今又是，换了人间。"结尾两句画龙点睛，是全篇的主旨。曹操登临碣石，距今已经一千多年了，如今萧瑟的秋风又吹起来了，景色没有多大的变化，但是人间却已经发生了翻天覆地的变化，现在的人间已经进入了人民当家做主的时代。

本词的上阕主要写诗人在海上的所见所闻，而下阕则主要是畅想古今。这首词语言精练。简短的语言描绘出一幅波澜壮阔的大海景象，对比古今，更抒发了诗人一统中国的宏愿和自强不息、叱咤风云的豪情。

Mao Zedong Shici Pinjian

聆听一代伟人的诗意吟咏，感受他的豪情、壮志与深情……

◎ 七律

和周世钊同志

一九五五年十月

春江浩荡暂徘徊，
又踏层峰望眼开。
风起绿洲吹浪去，
雨从青野上山来。
尊前谈笑人依旧，
域外鸡虫事可哀。
莫叹韶华容易逝，
卅年仍到赫曦台。

——选自《毛泽东书信选集》，人民出版社一九八三年十二月版

【创作背景】

毛泽东"烈士暮年，壮心不已"的情怀在重游故乡，劝导好友的时候有所体现。

1955年，毛泽东为考察农业合作化巡视南方，6月19日，从杭州到达了长沙。

6月20日，毛泽东在少年好友、湖南省教育厅副厅长周世钊的陪同下，兴致勃勃地游了湘江。然后一行人一起登上了矗立在岳麓山顶峰的云麓宫、望湘亭，环视过去熟悉的楹联故物，发现里面空荡荡的，许多对联都不见了。周世钊告诉他，岳麓山经过日本帝国主义侵略战火的摧残，宫廷硬碑已经所剩无几，新中国成立后开始重新恢复，但是这些东西还没有来得及恢复原状。毛泽东伫立远望：橘子洲头，烟云绿树，湘江水面，红旗白帆，长沙市楼房，烟囱林立，兴旺繁华，处处风景如画，充满了诗情画意。

一行人在望湘亭共进了午餐，谈笑甚欢，毫无倦意。直到3点多，一行人才意犹未尽地下山而去。

这天晚上，陪同毛泽东游览一天的周世钊兴奋不已，于是，提笔写下了七

律《从毛主席登岳麓山至云麓宫》：

> 滚滚江声走白沙，飘飘旗影卷红霞。
> 直登云麓三千丈，来看长沙百万家。
> 故国几年空兕虎，东风遍地绿桑麻。
> 南巡已见升平乐，何用书生颂物华。

不久，周世钊把这首诗和其他诗词寄给了毛泽东，毛泽东很高兴地读了周世钊的赠诗，回想起和老友叙旧、谈笑风生的场景，似乎又回到了年轻时代。回想起自己曾在那里许下的宏愿，现在都已实现。想着新中国成立后社会主义的工作正在一步步地开展起来，毛泽东的心里不禁涌现出无限的豪迈和欢快。他感到虽然时光流逝了，自己的韶华已经不再，但是自己更应该为未竟的事业不断奋斗，于是，他提笔写下了这首《七律·和周世钊同志》。

10月4日，毛泽东给周世钊复了信，说："读大作各首甚有兴趣，奉和一律，尚祈指正。"

【诗词赏析】

这首诗从结构上看，四联八句，对仗工整，如通常的七律一样，诗的上半是写景纪游，诗的后半是抒情，自然平顺，将自己的心里所想娓娓道来。

"春江浩荡暂徘徊，又踏层峰望眼开。"首联写出了诗人在湘江游玩，又登上岳麓山后所看到的美景，江上微风习习，泛起层层波涛，拾级而上，登上山顶，视野开阔，令人心旷神怡。

"风起绿洲吹浪去，雨从青野上山来。"这两句对仗工整，诗人运用了联想的手法，使风和雨都因自己的观看而注入了生命，风吹开了层层的波浪，雨不断地上山而去。美丽的景致让诗人不禁感到一种前所未有的朦胧无边，而又生机勃勃的信息，于是才会有"风起绿洲风也绿，雨从青原雨亦青"之感。

"尊前谈笑人依旧，域外鸡虫事可哀。"颈联中诗人由写景转入抒情。和老朋友的杯前谈笑中，国际上的话题也许会偶入交谈，只是这些话题谈起来未免有些煞风景，不免让人感到悲哀。

"莫叹韶华容易逝，卅年仍到赫曦台。"朋友啊，不要慨叹光阴似水，岁月沧桑，30年后，我还要再来赫曦台。这既是诗人对老朋友的劝勉，同时也是诗人对未来的信心。

一味地感叹时间似水便会徒增很多的伤感，但毛泽东在重游故里的时候，虽然也深深怀念自己意气风发的岁月，但是并不感到消极悲哀，而是表现出了"烈士暮年，壮心不已"的情怀。从过去想到未来，从长沙想到国际，反映了一位伟人的博大胸怀和深沉的思考。

通读全篇，既描写了故乡的美丽风景，也在劝勉友人，情中有景，景中含情，实属一篇佳作。

毛泽东诗词赏析

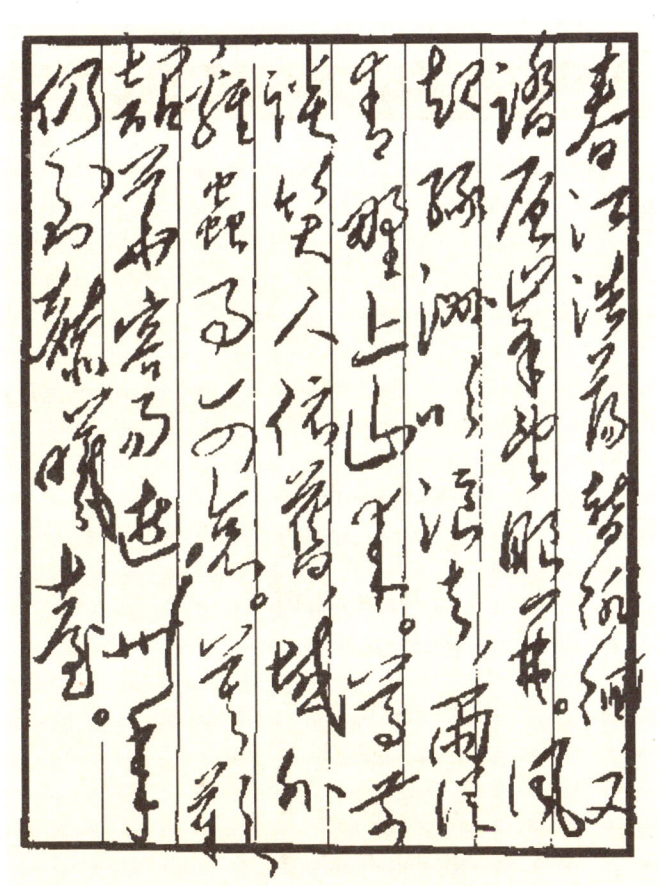

《七律·和周世钊同志》手迹

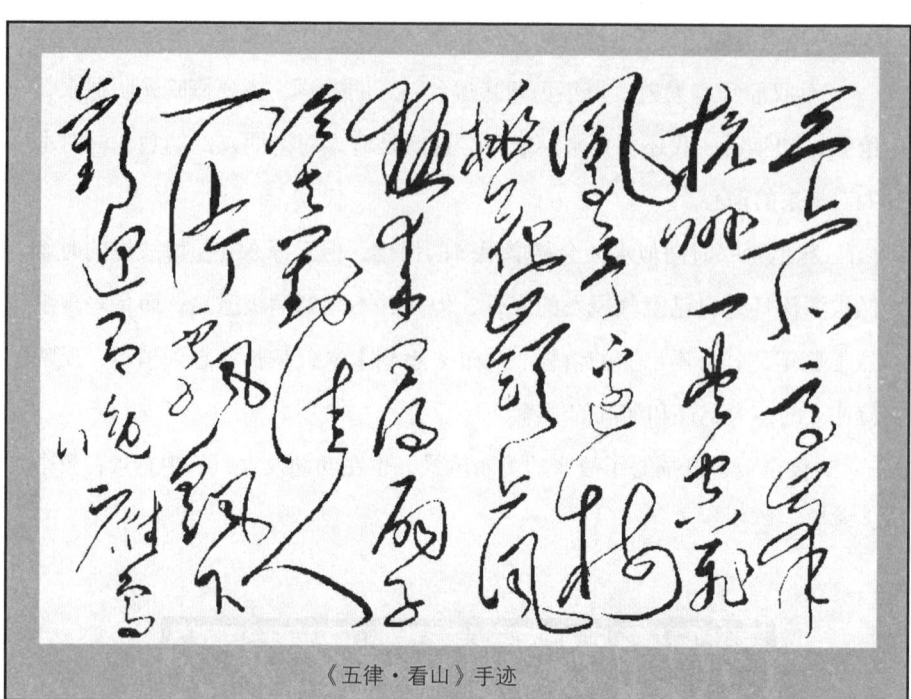

《五律·看山》手迹

◎ 五律

看　山

一九五五年

三上北高峰，
杭州一望空。
飞凤亭边树，
桃花岭上风。
热来寻扇子，
冷去对佳人。
一片飘飖下，
欢迎有晚鹰。

——选自《党的文献》一九九三年第六期

【创作背景】

毛泽东作为一代伟人，同样具有喜怒哀乐，《看山》这首诗将晚年毛泽东的喜悦心情收纳其中，让我们可以更好地体会到主席的内心世界。

20世纪50年代，中国正处于国家建设的蓬勃发展期，各项事业都在顺利地向前发展着，抗美援朝的胜利，让全国都处于一片喜悦中，全国人民都处于热情高涨的状态，在这种环境的感化下，毛泽东同样是这种愉悦的心情。

1955年，毛泽东已经62岁，医生根据他的年龄和身体状况，要他多安排一些游泳、爬山等活动，以增加运动量，达到健身的目的。4月9日到6月2日，毛泽东到杭州视察工作，除去钱塘江外，他多次登临了西湖附近的名山，并即兴吟诗，写下了数首山水之作。

毛泽东这次来杭州，先后三次登上北高峰顶峰，极目远眺，杭州城景尽收眼底。东望宝石山，飞凤亭掩映在绿树丛中，桃花岭郁郁葱葱，附近的扇子岭、美人峰等名胜，美丽如画，风景迷人。轻柔的春风拂面，让诗人轻松愉悦，诗兴益然，于是毛泽东即兴吟了这首《五律·看山》。

【诗词赏析】

《五律·看山》在毛泽东的作品中，这并非上乘之作，但仍然是富于形象的佳作。

"三上北高峰，杭州一望空。"首先写出了观赏景色的经过，以及尽览杭州的全景，为下文做了铺垫，诗人只是说"杭州一望空"，杭州的美景尽收眼底，没有一点遗漏，既点明了杭州的美景之多，又道出了诗人的满意之情，同时能够引发读者去联想，句意丰富多彩。

"飞凤亭边树，桃花岭上风。"这里诗人提到了两个景点，写飞凤亭，诗人只提到了树，写桃花岭，诗人只提到了风，其他的让读者自己去联想。含义丰富，富有韵味。

"热来寻扇子，冷去对佳人。"诗人接着道出了扇子岭和美人峰的美，笔法高超。对于扇子和佳人的理解，很多人有不同的理解。有人认为是实写，即写的就是扇子岭；有人认为是写西湖，从北高峰上往下看，西湖是呈扇子形状的。西湖自古以来就被比作是"西子"，所以关于"佳人"的描述，当然说的就是西湖。我们一般认为，颔联写的是两个景点，颈联写的也是两个景点，即扇子岭和美人峰，只是笔法有所不同。

"一片飘飖下，欢迎有晚鹰。"尾联又回到写景，"飘飖"，飞扬的样子，这里说的是鹰在天空不断地盘旋，似乎在欢迎游人。

全诗共四联，层次分明，手法多变，既写出了杭州的美景，又使整首诗趣味横生。

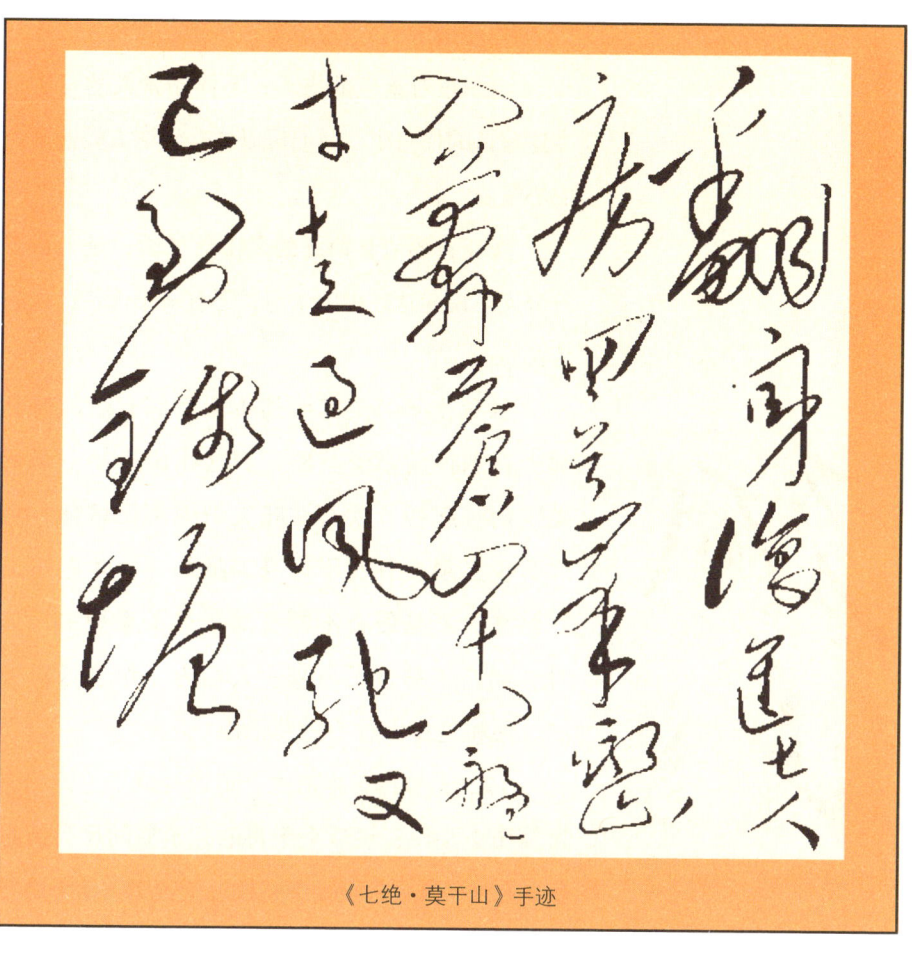

《七绝·莫干山》手迹

◎ 七绝

莫干山

一九五五年

翻身复进七人房，
回首峰峦入莽苍。
四十八盘才走过，
风驰又已到钱塘。

——选自《党的文献》一九九三年第六期

毛泽东对景色的描写，不同于常人的写法，在这首诗的描写中，我们可以体会到诗人轻松愉悦的心情。

浙江省德清县西北的名山莫干山，是天目山的分支。说起这座山的来历，还有一个流传已久的传说。

春秋末年，吴王阖闾曾派民间有名的铸剑师干将和他的妻子莫邪，到这座山来铸一对雌雄宝剑。起初，铁石在旺火炉中不见熔化，莫邪听说必须要有女子以身殉献炉神，才能铸出好剑来，于是便奋不顾身地跳进了火炉中，这对宝剑终于铸造了出来。人们为了纪念这对夫妇，便将这座山称为是莫干山。

1926，鲁迅曾根据这个传说写成了《铸剑》这篇历史小说，说后来干将的儿子眉间尺为父报仇，在一个义士的帮助下，接近了楚王，结果是干将的儿子、义士，还有楚王的头一起掉进了锅里，同归于尽。

这首诗的创作时间和上首诗的创作时间大致相当，据毛泽东的秘书林克回忆："又一天，他攀上莫干山，归途中我们乘坐的汽车经过钱塘江大桥时他余兴未尽，口占一绝（即这首诗）。诵毕，又拿起英文教程，带着几分乡音开始了外文朗诵。此时，他的情怀与这山、这景融为一体，他的声音也与山中的啾啾鸟鸣汇成了别致的合唱。"

毛泽东登上莫干山，一边赏景，一边吟诗，一边还学着英语，可谓是别有情趣。

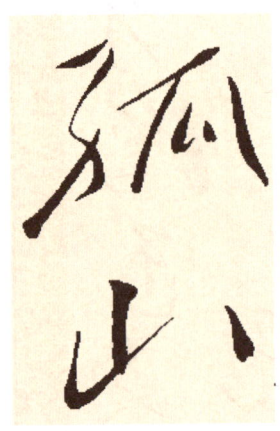

毛泽东手迹"孤山"

毛泽东诗词品鉴

Mao Zedong Shici Pinjian

倾听一代伟人的诗意吟咏，感受他的豪情、壮志与深情……

【诗词赏析】

　　《七绝·莫干山》没有奇特的想象，没有华丽的辞藻，用质朴的语言，描绘了诗人的登山兴致，即景抒情，诗句轻快，诗趣意兴盎然，耐人寻味。

　　古人在写风景诗的时候，通常会用浓重的笔墨描写景色。如韩愈的《晚春》："草树知春不久归，百般红紫斗芳菲。"再如孟浩然的《春中喜王九相寻》："二月湖水清，家家春鸟鸣。"这首诗诗人在描写风景之美时，一改古人的风景诗笔法，通过"回首"的动作，含蓄地表达出了景观之美，别有韵味。因为所游览的景观太美，于是即使跳上汽车离去，仍然止不住地回头观望，但是峰峦已经变得迷茫，看不清了。莫干山离杭州有四五十里，诗人觉得刚离开不久，就已经到达钱塘了。诗人之所以这样写，目的就是表达诗人仍沉浸在观赏美景的思虑中，心中仍在想着观赏过的风景，于是在不知不觉中，就已经到了杭州。

　　整首诗语言明快，风格愉快，一个"翻"字，可见诗人的身姿轻盈，心情愉悦。"才""已到"两个词语的使用，突出了车速之快，也在暗指诗人的心情轻松愉悦。

毛泽东签名手迹

◎ 七绝

五云山

一九五五年

五云山上五云飞，
远接群峰近拂堤。
若问杭州何处好，
此中听得野莺啼。

——选自《党的文献》一九九三年第六期

【创作背景】

1955年，中国的各项事业正在生机勃勃地发展，毛泽东看到祖国的大好形势，内心同样感到无比的高兴和喜悦。

五云山紧邻钱塘江，是西湖群山中的第三座高山。传说曾有五色彩云萦绕山顶经久不散，是祥瑞的吉兆，故称五云山。

毛泽东作的这首诗，虽属写景诗，但却抒发了诗人的欢快心情，而这与当时国家所呈现的大好形势是分不开的。在中华人民共和国成立后的几年里，"全党党员的精神面貌是比较好的，继续保持了革命战争年代的艰苦奋斗作风和同人民群众的密切联系"。正是这些因素的作用，使得全国的各项工作都能顺利进行，并取得了伟大的成绩。

1954年召开了第一届全国人民代表大会，制定了国家的根本大法《中华人民共和国宪法》。大会选举了毛泽东为中华人民共和国主席，朱德为副主席，选举刘少奇为全国人民代表大会常务委员会委员长，根据毛泽东主席的提名，任命周恩来为中华人民共和国国务院总理。

在这个时期，中国的各项事业呈现蓬勃发展的趋势，整个祖国呈现出一片欣欣向荣的态势，毛泽东在这个时期的心情也极为舒畅，在游五云山的时候，写下了这首优美的风景诗——《七绝·五云山》。

《七绝·五云山》手迹

【诗词赏析】

此诗读来格调轻快，通俗易懂。这首诗的主要特色是运用五云山最突出的景观，诗人最深刻的感受来写这首诗。

五云山的云是五云山的核心，就是因为有五色云，才有了山名，才有了山的一切。诗人信手拈来，写出了五云山的特色，富有韵味。五彩云霞飘逸，远眺近观，形态万千，在这种境界中，诗人又听到了优美动听的野莺啼鸣，自然是非常奇妙。

诗的内容，从山写到云，写到湖堤，写到野莺。诗人前两句写景。流畅的语言，口语的风格，写出了五云山的特色和地理位置。

第三句诗人笔锋一转，先设问"若问杭州何处好"，接着回到"此中听得野莺啼"。这一手法十分生动，避免了平铺直叙的单调。最后一句点出了诗人对五云山野莺啼的偏爱，是诗人心声的真实流露。

Mao Zedong Shici Pinjian

◎ 水调歌头

游 泳

一九五六年六月

才饮长沙水，
又食武昌鱼。
万里长江横渡，
极目楚天舒。
不管风吹浪打，
胜似闲庭信步，
今日得宽馀。
子在川上曰：
逝者如斯夫！

风樯动，
龟蛇静，
起宏图。
一桥飞架南北，
天堑变通途。
更立西江石壁，
截断巫山云雨，
高峡出平湖。
神女应无恙，
当惊世界殊。

——选自《诗刊》一九五七年一月号

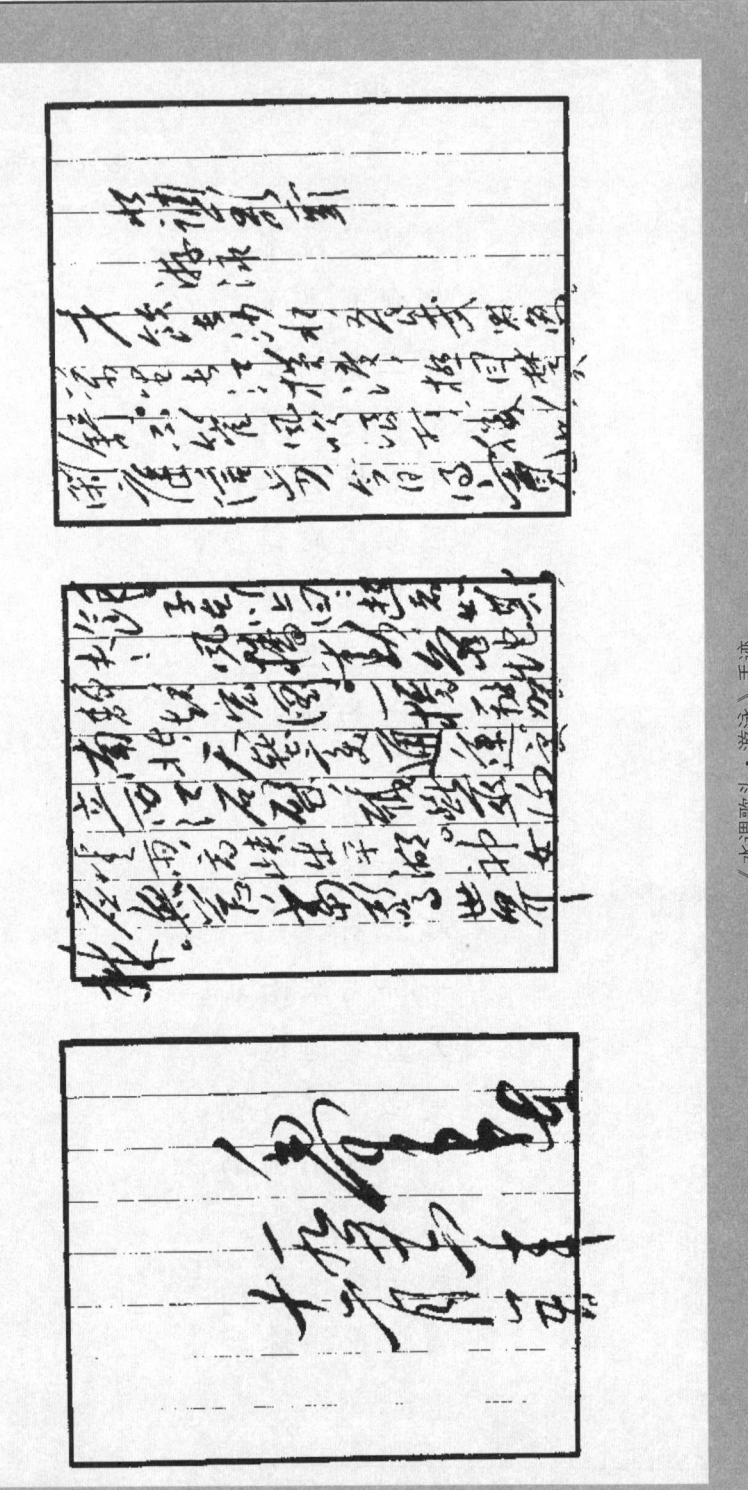

《水调歌头·游泳》手迹

Mao Zedong Shici Pinjian

倾听一代伟人的诗意吟咏，感受他的豪情、壮志

与深情……

　　毛泽东的伟大抱负，改变中国的雄心壮志，在他视察南京长江大桥时体现充分。

　　从新中国成立到1956年，中国共产党领导下的各族人民正在有步骤地逐步实现从新民主主义向社会主义的转变，在这期间，国民经济得到了迅速的恢复发展，并积极开展了有计划的经济建设，促进了生产力的发展，社会主义建设出现了一片突飞猛进的新局面。

　　武汉长江大桥工程于1950年开始勘测设计，1953年5月15日，毛泽东登上了黄鹤楼，视察了正在设计中的大桥桥址路线，并乘坐"长江号"从武汉到达南京，一路上视察长江的水情，同有关同志讨论了如何科学管理及利用长江流域的水力资源。

　　1955年9月，开工兴建了国家重点工程——武汉长江大桥。1956年5月31日，毛泽东进行视察，此时已建成巨大的桥墩，并开始自零号礅向江面建桥。毛泽东到达武汉，当天就视察了施工现场，然后在以后的日子中接连三次畅游长江。

　　这首词是毛泽东在第三次畅游长江后写下来的。万里长江三次横渡，引发了诗人的豪兴和灵感，于是在6月4日，游完长江后，诗人提笔写下了这首词，并题为《长江》。

　　同年12月4日和5日，毛泽东在中南海的紫云轩挥毫，将这首词送给党外友人黄炎培和周世钊。1957年1月，这首词在《诗刊》上发表，诗人将词题改为了《游泳》，更显贴切。

【诗词赏析】

　　自唐宋以来，中国历史上涌现了很多的词作家，但是以游泳为题材的却从来没有，这是一首现实主义和浪漫主义相结合的作品，不仅充满着浪漫的豪情，也有穿插的神话故事，使整首词更具有艺术感染力。

　　"才饮长沙水，又食武昌鱼。"刚刚饮过长沙水，现在又吃过了武昌鱼。一开始，诗人就以平和、亲切的语调向读者娓娓道来，平和的言语充满了情趣。

　　"万里长江横渡，极目楚天舒。"我在万里长江上横渡，举目眺望舒展的天空。笔锋一转，点明此诗的主旨是游泳，同时写出了诗人在江上所看到的天空的舒展、空阔。诗人在1957年2月11日，写给黄炎培的信中，这样注解此句："游长江二小时飘三十多里才达彼岸，可见水流之湍急。都是仰泳、侧泳，故用'极目楚天舒'为宜。""楚天"在这里指的是长江中游地区的天空，即指武汉上空。

"不管风吹浪打，胜似闲庭信步，今日得宽馀。"哪管得风吹浪涌，这一切都如在闲庭里漫步，今天我终于可以尽情地流连了。"今日得宽馀"说明了诗人这一年特别繁忙，今天终于得以在江水中驻足流连光景的内心感慨。在这里诗人知道今天的轻松来之不易，浓缩了诗人对以往昼夜不息的岁月的回忆，对于这种种的细节，诗人并没有一一讲述，只用"今日得宽馀"就再现了这所有的回忆。同时读者的想象力也随着诗人的讲述，进入了他对以往岁月的回忆。

"子在川上曰：逝者如斯夫！"孔子在岸边曾感慨道："光阴如流水般远去了！"孔子的这句话，是古代文人骚客对流逝时间的感受的最高峰。其他诗人关于对流逝的感受都在此句之下。诗人在此时回忆起了自己以往的峥嵘岁月，自然不会像古人那样感叹流逝的时间，而是勉励人们"只争朝夕"，努力地进行社会主义现代化建设。

"风樯动，龟蛇静，起宏图。"江面风帆飘荡，龟蛇二山静静地伫立在长江两岸，一个又一个宏伟的建设项目就要启动了。用烘托的方法说出长江上的宏伟建设图景，以及祖国正在发生的新变化。

"一桥飞架南北，天堑变通途。"大桥飞跨沟通着南北，长江的天堑将会变成通行无阻的坦途。"飞"字传神地写出了大桥凌空架设的雄伟气势，也从侧面反映着建设的高速度。"变"字充分显示了广大人民改天换地、征服自然的无穷力量。

"更立西江石壁，截断巫山云雨，高峡出平湖。"还要在长江竖起大坝，斩断巫山多雨的洪水，让三峡出现平坦的水库。这句话是对三峡水库建设富有诗情画意的一种描绘。"更立"二字显示出中国人民誓要改天换地的志气和决心，将拦江水的大坝比喻为"石壁"，突出了大坝的坚固。对截住长江的水说成是"截断巫山云雨"，气势宏大，富有诗意。

"神女应无恙，当惊世界殊。"想必神女的身体应该非常健康，她会惊愕

毛泽东诗词品鉴

Mao Zedong Shici Pinjian

倾听一代伟人的诗意吟咏，感受他的豪情、壮志与深情……

世界已经变了模样。这句话诗人套用了神话故事，借用一个帮助大禹治水的巫山女神的眼睛，看到新中国发生的变化。诗人的想象力让人惊叹，不但形象，而且新颖别致。

在通篇我们可以看出诗人的振奋之情，毛泽东曾在1927年春登过黄鹤楼，写下了沉郁苍凉的《菩萨蛮·黄鹤楼》一词，今天中国取得了胜利，实现了统一，社会主义新中国终于实现了。在愉悦心情的驱使下，诗人自然也会满心愉悦地书写这美好的灿烂远景。

整首词诗人驰骋想象，将现实和理想，过去和未来连接起来，纵则千载，横则万里，风格豪放潇洒，气势雄浑奔放，意境开阔深远，语言精彩生动，有很高的思想性和艺术性，是值得品读的佳作。

毛泽东诗词赏析

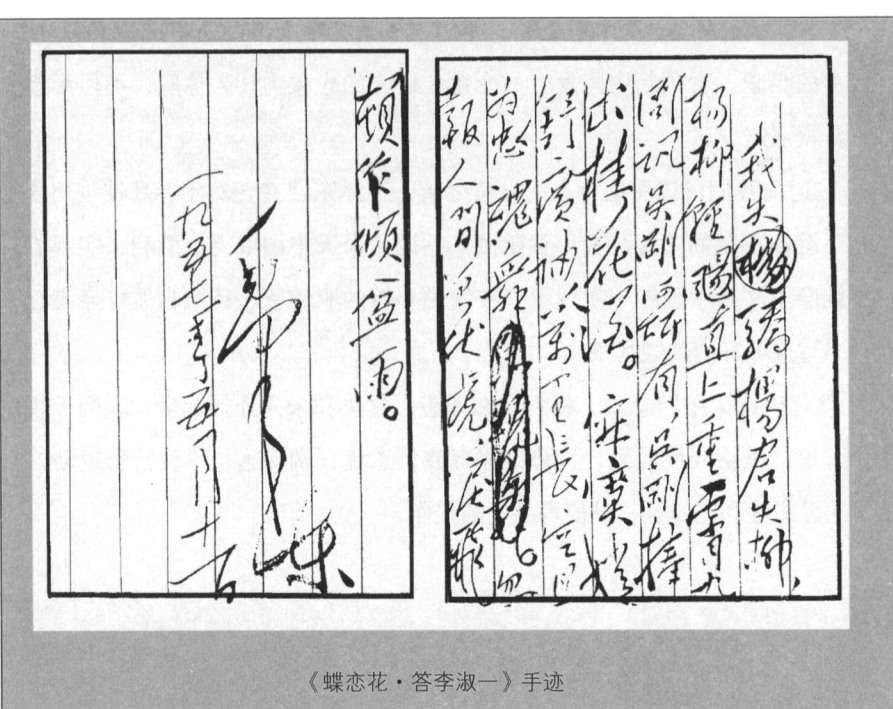

《蝶恋花·答李淑一》手迹

◎ 蝶恋花

答李淑一

一九五七年五月十一日

　　我失骄杨君失柳，杨柳轻飏直上重霄
九。问讯吴刚何所有，吴刚捧出桂花酒。

　　寂寞嫦娥舒广袖，万里长空且为忠魂
舞。忽报人间曾伏虎，泪飞顿作倾盆雨。

——选自湖南师范学院院刊《湖南师院》，一九五八年一月一日

【创作背景】

　　这首词是毛泽东写给当时湖南长沙第十中学语文教员李淑一的。李淑一是
湖南长沙人，其父是前清秀才，受父亲的影响，她自幼勤奋好学，具有很深的

古典文学修养，擅长诗词。上世纪20年代初，她与杨开慧一起就读于长沙私立福湘女子中学，友谊甚笃。

1927年夏，武汉国民党政府出现反攻倾向，杨开慧带着孩子回到湖南长沙，八七会议后，毛泽东曾秘密回到长沙看望妻儿，嘱咐她注意安全。没想到这一别，竟是夫妻两人的永别。1930年10月，杨开慧不幸被捕，杨开慧在狱中受尽了折磨，但是每次她都是咬牙挺过，被叛徒出卖后，她的回答是："死不足惜，惟愿润之革命早日成功。"11月14日，杨开慧在长沙被秘密杀害，得知妻子的死讯，毛泽东悲恸欲绝，他致信开慧的母亲："开慧之死，百身莫赎。"

1924年，李淑一经杨开慧的介绍，与毛泽东的战友柳直荀结婚。柳直荀后来参加了一系列的革命运动，于1932年9月，在湖北洪湖根据地牺牲。

1957年1月，《诗刊》首次发表了毛泽东的18首词，李淑一阅读后，爱不释手，她想起毛泽东早年的时候，曾填了一首《虞美人》给杨开慧，但是她只记得开头两句，于是她便写信向毛泽东索取全文。信上不仅写出了她阅读毛泽东诗词后的感想，还附上了她悼念丈夫的诗词《菩萨蛮·惊梦》："兰闺寂寞翻身早，夜来触动离愁了。人事太难堪，惊侬晓梦残。征人何处觅？六载无消息。醒忆别伊时，满衫清泪滋。"

毛泽东在给她的回信中说："淑一同志，惠书收到了。过于谦让了。我们是一辈的人，不是前辈后辈关系，你所取的态度不适当，要改。已指出'巫峡'，读者已知所指何处，似不必再出现'三峡'字样。大作读毕，感慨系之。开慧所述那一首不好，不要写了吧。有《游仙》一首为赠。这种游仙，作者自己不在内，别于古之游仙诗。但词里有之，如咏七夕之类。"

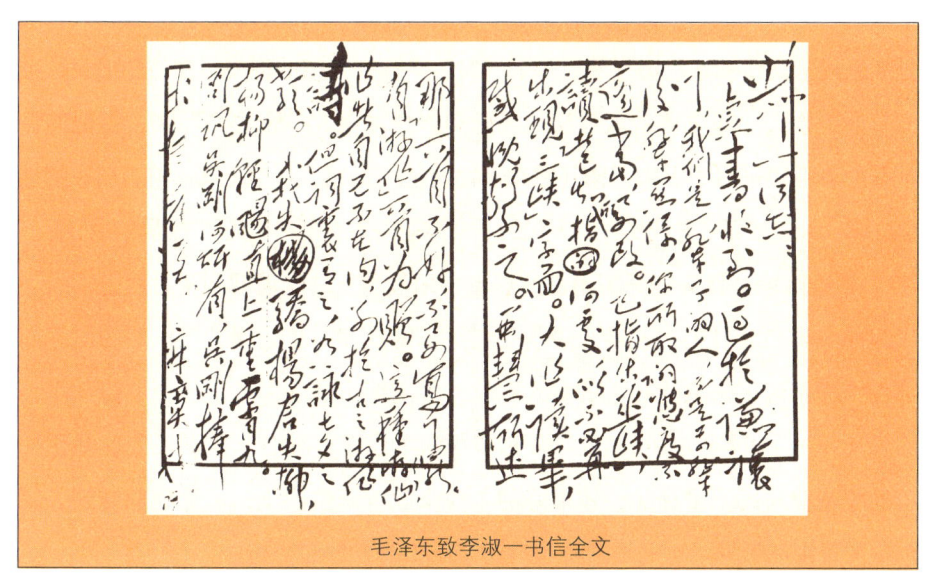

毛泽东致李淑一书信全文

李淑一收到毛泽东的赠词，非常高兴，于是在给同学们讲课的时候，便把它讲给同学们听，湖南师范学院语文系的部分同学发现和抄到了此词，于是他们写信给毛泽东向他提出请求，在他们的刊物上发表这首词，经过毛泽东的同意，将题目改为了《赠李淑一》，并于1958年的元旦在特刊上首发。1963年，经毛泽东亲自审阅过的《毛泽东诗词》一书出版前，又把这首词改为《答李淑一》。

【诗词赏析】

《蝶恋花·答李淑一》这首词被公认为是革命现实主义和革命浪漫主义相结合的典范。周恩来曾经说过："对我们革命先烈寄予如此高的怀念之情，没有比这首词更深切、更慷慨激昂，因此，就更动人心弦的了。'泪飞顿作倾盆雨'，是嫦娥之泪？是吴刚之泪？……只有革命的现实主义和革命的浪漫主义相结合，文学艺术才能达到这样高的境界。"这首词主要是诗人表达对逝者的怀念，诗人将这种深情艺术化，短短的几个字，表示出了丰富的内容，值得大家学习。

"我失骄杨君失柳，杨柳轻飏直上重霄九。问讯吴刚何所有，吴刚捧出桂花酒。"你不要太难过了，我也很难过，你失去了丈夫柳直荀，而我失去了最爱杨开慧，他们都去天国了，到了月宫，我还梦见他们在月宫受到了吴刚的欢迎，吴刚拿出桂花酒来招待他们。

上阕主要是写杨开慧和柳直荀壮烈牺牲后，他们的忠魂到达天宫，受到吴刚欢迎的情景。开篇第一句用了互文见义的写法，"我"与"君"对举，表明了跟牺牲者之间的关系。"我"失的是最爱的杨开慧和战友柳直荀，"君"失的是最爱的柳直荀和好友杨开慧。一个"失"字既有爱情的损失、友谊的损失，也有革命的损失，包含着诗人深切的怀念和痛悼之情。一个"骄"字，将他们牺牲前的英勇顽强写了出来，杨开慧在牺牲前坚贞不屈，从容就义。柳直荀在牺牲前，同敌人在战场上殊死搏斗，人民的革命事业因为有了他们而倍感骄傲和自豪。

在这阕里，诗人展开了丰富的想象，两位烈士的忠魂飘到了月宫上，作为人间的忠魂来到月亮上仙游，理应受到这里的欢迎，于是用"问讯"的语气问吴刚：你用什么来款待远方的客人呢？"吴刚捧出桂花酒"，一个"捧"字，形象地写出了吴刚双手托起的动作以及虔诚的态度，而且"桂花酒"，是用天上的桂花酿成的上乘佳品，用最好的东西来款待两位烈士，可见他们受到人民何等的重视和敬仰。这些描写都是对两位烈士的歌颂和赞扬。

Mao Zedong Shici Pinjian
毛泽东诗词品鉴
与深情……
聆听一代伟人的诗意吟咏，感受他的豪情、壮志

"寂寞嫦娥舒广袖，万里长空且为忠魂舞。忽报人间曾伏虎，泪飞顿作倾盆雨。"嫦娥见到他们也很高兴，舒展开长长的袖子为他们跳起了飞天舞，嫦娥还将革命胜利的消息告诉了他们，把他们高兴得不得了，眼泪哗哗的像下起了倾盆大雨。

诗人继续展开想象，这一阕可以分为两层，嫦娥给烈士忠魂献舞的情景和烈士忠魂听到人间革命胜利消息后的情景。

"寂寞嫦娥舒广袖，万里长空且为忠魂舞。"这里为第一层，在此，诗人沿用了古代关于嫦娥奔月的传说，嫦娥因为私心作祟，偷吃了丈夫的那份灵药，于是一个人飘到了月宫中，面对着热闹的人间，她不禁感到无限的落寞。当烈士的忠魂来到月宫时，

毛泽东手迹"美人"

毛泽东诗词赏析

她不禁感到惭愧，烈士的行为唤起了她的热情，她舒展衣袖，为他们献上了自己最美的舞姿，对他们表示欢迎。诗人的想象空间在此更加扩展，他们将永远活在人民的心中。

"忽报人间曾伏虎，泪飞顿作倾盆雨。"这是烈士忠魂在听到革命胜利后的激动场景。两位烈士是被国民党反动派杀害的，国民党反动派如人间的虎狼，"人间曾伏虎"是说凶恶的老虎已经被人民给制服消灭了，这里诗人是在暗指，国民党反动派的黑暗统治已经被推翻了，革命已经取得了胜利。当两位烈士忠魂听到这胜利的消息后，不禁热泪盈眶，"飞"字，形象地写出了人们激动时眼泪夺眶而出的情景。"顿作倾盆雨"夸张的使用，在此更表现了烈士忠魂的激动之情。他们当初的英勇奋斗，不怕牺牲，不就是为了求得人民的解放吗？当解放胜利的消息传来时，人们忍不住飞洒热泪，烈士忠魂也因为反动派被推翻而流下欢喜的热泪，还有天上仙人为烈士忠魂留下的同情之泪，无数的热泪会聚在一起，像是倾盆大雨倾泻而下。

总览全词，我们可以分析出以下几个词的特色：

一、艺术形象生动，思想性和艺术性高度统一

这首词是赞扬革命烈士为了祖国和人民的利益，坚贞不屈、为国捐躯、不怕牺牲的高尚品格，具有高度的思想性，诗人通过形象的描绘，表达了对烈士的怀念之情，又具有高度的艺术性。

二、一语双关的写作方法

杨开慧和柳直荀两位烈士，一个姓杨一个姓柳，将他们的姓凑起来，正好是"杨柳"，"杨柳轻飏"，即指生活中，杨柳随风飘扬的现象，也指两位烈士的忠魂轻盈飘荡，形象的比喻，写出了英雄精神不死，将永世长存。

三、神话传说的运用

词中吴刚、嫦娥的神话故事的使用，使得作品更有艺术性和感染力。诗人根据人们的美好祝愿，想象烈士的忠魂能遨游月宫，希望他们的精神永远不死，并通过想象吴刚、嫦娥的表现，反映现实生活中他们受到人们爱戴和敬仰情景的真实反映。

四、语言精练、准确

这首词在语言的运用上，可谓是用词精练、遣词造句巧夺天工。对于两位烈士的离去，诗人用"失"字，写出了对爱人、对挚友的怀念之情。对烈士忠魂的描写，用"杨柳轻飏"，生动传神地写出了忠魂飞天的情景。烈士忠魂在听到革命胜利的消息后，一腔的喜悦心情用一句"泪飞顿作倾盆雨"就全都表现出来了。

由此看来，这首诗词，是值得大家学习的典范。

◎ 七绝

观　潮

一九五七年九月

千里波涛滚滚来，
雪花飞向钓鱼台。
人山纷赞阵容阔，
铁马从容杀敌回。

——选自《党的文献》一九九三年第六期

【创作背景】

　　毛泽东到了晚年的时候，依然怀有壮志雄心，希望自己在晚年的时候仍然能够成就一番事业。毛泽东的这种精神非常值得人们学习，年纪大了，不代表不能为国家作贡献了。

　　钱塘江在杭州之南，是浙江省的第一大江。钱塘江观潮，自古蔚为壮观，风气之盛，无过于南宋。历代文人到此观潮后留下了不少优美的诗句，

　　1954年1月，毛泽东在浙江省公安厅厅长王芳的陪同下，到海宁钱塘江进行视察。此行因为是视察海宁的情况，况且没到观潮的季节，所以，诗人未留下诗作。

　　1957年9月，毛泽东再到海宁，正好赶上观潮的时节，毛泽东特意乘车去盐官镇三星乡七里庙海塘上，兴致勃勃地观看钱塘江大潮胜景。

　　一条银线从水天相接处出现，不久，汹涌澎湃的潮水就滚滚而来，与海塘相撞

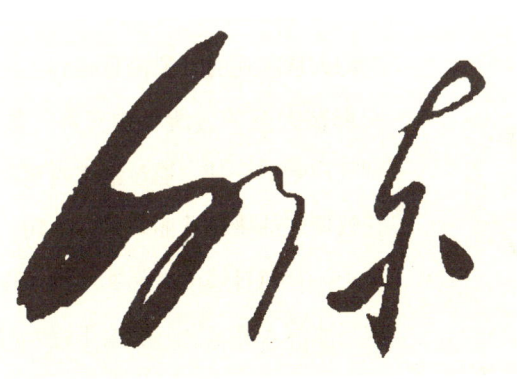

毛泽东签名手迹

击，声似巨雷，浪花飞溅，气势壮观，很快，潮水不断退去。毛泽东仍注视着起伏的大江，直到江面恢复平静，前后共约两个小时。毛泽东对警卫员说："南宋的时候，钱塘江潮可直到杭州，那时候人们可以站在吴山上。现在钱塘江喇叭口因为泥沙堆积变小了，所以要跑到海宁。再过几百年，海宁也许也要看不到潮了。"观潮后，毛泽东写下了这首《七绝·观潮》。

【诗词赏析】

《七绝·观潮》是比较明快的咏物之作，这首诗景象壮阔，气势雄伟。

"千里波涛滚滚来，雪花飞向钓鱼台。"这两句写出了涌潮情状，首句描写出钱塘潮的远景，场景壮观，波澜壮阔。后句写出了大潮的近景，"钓鱼台"离诗人的观潮处有百里之遥，江潮的浪花不可能会飞到钓鱼台上，诗人运用夸张的手法，写出了钱塘江大潮的声势。钱塘江河口内狭外宽，就像是喇叭口。大量的潮水由外向内涌进狭窄的河道，浪涛叠加，离地甚高，景色极为壮观，由于形状的特点，流出的潮水受阻后，又会回流，形成后浪推前浪，一浪更比一浪高的景象。

"人山纷赞阵容阔，铁马从容杀敌回。"这两句诗人从客观的景象描写转到主观写人，观潮的人们都被大潮的波澜壮阔气势所吸引，人山人海中赞叹声响成一片。通过潮水对观潮人的吸引力来衬托钱塘江的雄伟壮丽。最后一句，诗人化用了陆游《十一月四日风雨大作》中的"夜阑卧听风吹雨，铁马冰河入梦来"。在这里诗人用"铁马"来形容钱塘江大潮雄浑遒劲的声势，犹闻十万大军声。

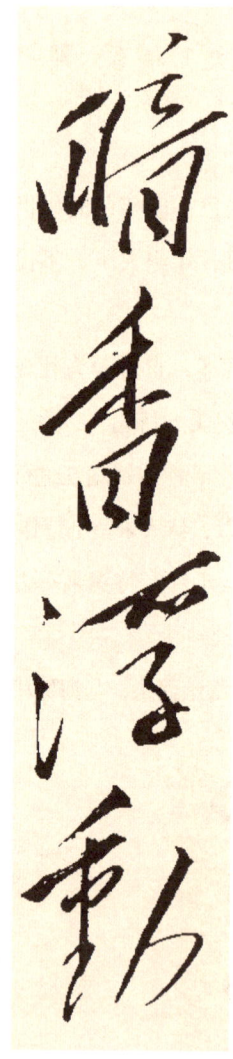

毛泽东手迹 "暗香浮动"

Mao Zedong Shici Pinjian

毛泽东诗词品鉴

倾听一代伟人的诗意吟咏，感受他的豪情、壮志与深情……

◎ 七律二首

送瘟神

一九五八年七月一日

读六月三十日《人民日报》，余江县消灭了血吸虫。浮想联翩，夜不能寐。微风拂煦，旭日临窗。遥望南天，欣然命笔。

其一

绿水青山枉自多，华佗无奈小虫何！
千村薜荔人遗矢，万户萧疏鬼唱歌。
坐地日行八万里，巡天遥看一千河。
牛郎欲问瘟神事，一样悲欢逐逝波。

其二

春风杨柳万千条，六亿神州尽舜尧。
红雨随心翻作浪，青山着意化为桥。
天连五岭银锄落，地动三河铁臂摇。
借问瘟君欲何往，纸船明烛照天烧。

——选自《人民日报》一九五八年十月三日

后记：六月三十日《人民日报》发表文章说：余江县基本消灭了血吸虫，十二省、市灭疫大有希望。我写了两首宣传诗，略等于近来的招贴画，聊为一臂之助。就血吸虫所毁灭我们的生命而言，远强于过去打过我们的任何一个或几个帝国主义。八国联军，抗日战争，就毁人一点来说，都不及血吸虫。除开历史上死掉的人以外，现在尚有一千万人患疫，一万万人受疫的威胁。是可忍，孰不可忍！然而今之华佗们在早几年大多数信心不足，近一二年干劲渐高，因而有了希望。主要是党抓起来了，群众大规模发动起来了。党组织，科

（一）

（二）

（三）

（四）

Mao Zedong Shici Pinjian

《七律二首·送瘟神》手迹（一）

（五）

（六）

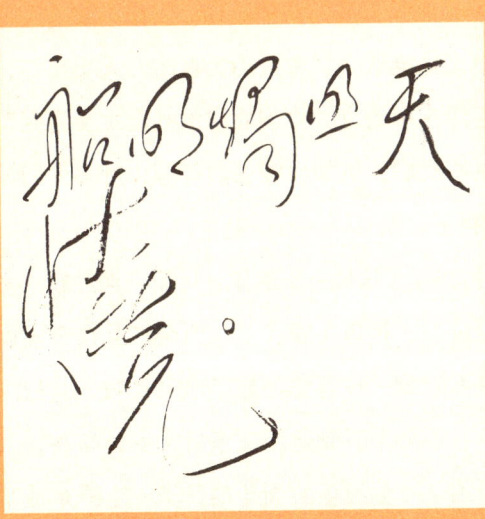

（七）

《七律二首·送瘟神》手迹（二）

学家，人民群众，三者结合起来，瘟神就只好走路了。

（《后记》选自毛泽东诗词集的"附录"部分，中央文献出版社一九九六年九月版）

【创作背景】

毛泽东的爱国爱民之情在血吸虫病的防治工作中，体现突出。

血吸虫是一种肉眼看不见的灰白色线状小虫，虫卵从宿主的粪便中排出，如果粪便进入河水，便会在水中孵化成毛蚴，毛蚴并不感染人，钻进钉螺体内寄生，钉螺被称为中间宿主，一条毛蚴在钉螺体内可发育、繁殖成上万条尾蚴。尾蚴离开钉螺后在浅表的水面下活动，遇到人或哺乳动物的皮肤便钻入体内，进入血液，使人或动物感染血吸虫病。患病者肝脾肿大，腹部膨胀，会丧失劳动能力。

新中国成立之前，血吸虫病是广泛流行于南方各省的一种危害最大的传染病。血吸虫病遍及南方十二省市，患病人数达1000万以上，受感染威胁的人数超过一亿。由于患血吸虫病的死亡率极高，致使很多地方的村庄被毁灭，有些田地已经成为荒野。

新中国成立后，毛泽东十分关心血吸虫病的防治工作，发出了"一定要消灭血吸虫病"的号召，1951年党中央决定成立"中共中央血防九人小组"，专门领导血防工作。1955年12月，毛泽东写的《"中国农村的社会主义高潮"序言》中说："许多危害人民最严重的疾病，例如血吸虫病等等，过去人们认为是没有办法对付的，现在有办法对付了。"

1958年6月30日，《人民日报》刊登了这样一篇通讯：《第一面红旗——记江西余江县根本消灭血吸虫病的经过》，报道中说："江西余江县在全国血吸虫病的防治工作战线上插上了第一面红旗——首先根除了血吸虫病，给祖国血吸虫病科学史上增添了新的一页。"毛泽东看到这篇文章后，十分高兴，兴奋得整夜都没有睡好，第二天正是中国共产党诞生37周年的日子，毛泽东提笔写下了这两首光辉的诗篇。

这两首诗的题目选用了旧时民间一种通俗的说法，迷信盛行的年代，凡是人或者牲畜得了急性传染病，都会被说成是"遭瘟"，等疫病消除以后，人们又会说将"瘟神"送走了。在这两个诗篇中，诗人赋予"送瘟神"以新的含义。

诗题下面的文字，是说明诗人作诗原因，以及当时的心情的，是这两首诗的小序，抒发了诗人在听到血吸虫病被消灭后的兴奋心情，是全诗的有机组成部分。

【诗词赏析】

小序叙述了作者在读了报道之后，内心激动不已，浮想联翩，旧社会人民遭受的种种苦难，新社会人民群众的新生，社会翻天覆地的变化，发生的种种不时激动着毛泽东的心，因而他"夜不能寐"。小序写出了诗人关心人民疾苦，与人民群众同呼吸共命运的无比深厚的感情，表现了人民领袖的崇高精神和伟大胸襟，"微风拂煦，旭日临窗"是对社会主义祖国未来美好形式的赞美。"遥望南天"表现出诗人对南方广大人民的关怀。小序简短，但是写出了写诗的经过，以及诗人听说消灭了血吸虫病后的喜悦。

第一首诗是写新中国成立前血吸虫病肆虐，长期流行，广大农村萧条的生活场景，以及人民悲惨的生活境遇，这首诗表达出了诗人对旧社会的痛诉和批判。

"绿水青山枉自多，华佗无奈小虫何！"祖国的青山绿水再多也没有，神医对血吸虫这种小虫虫一点办法也没有。首联诗人概括地描写了旧中国无法对付血吸虫病的境况。祖国到处都是青山绿水，但是这些青山绿水并未给人民带来任何的福益，反而成了血吸虫病猖狂的地区。这怎么能不让人惋惜和感叹呢？开门见山地写出了诗人对人民痛苦遭遇和悲惨境遇的同情。诗人用华佗和小虫对比，是说防治血吸虫病，仅靠少数的医学专家是不够的，必须依靠全体群众的团结运动。

"千村薜荔人遗矢，万户萧疏鬼唱歌。"无数的村庄因为人们的流亡而爬满野藤，无数的房屋空荡只有鬼在悲鸣。颔联形象地写出了血吸虫病给劳动人民造成的深重苦难。这一联为读者描绘出了一幅人民悲惨生活的图画。说

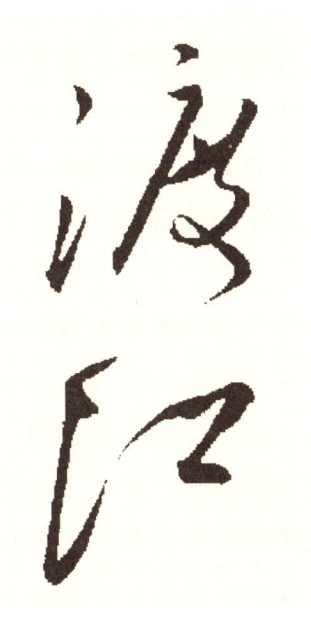

毛泽东手迹"渡江"

明了在旧社会，瘟疫流行，死的人太多，很多地方成了荒无人烟的地方，田地荒芜，处处都是萧条冷落的景象，空空的房间中，只能听到病死的幽灵在那里哀鸣悲歌。诗人在此写出了旧社会中国农村萧条、悲惨的景象，饱含了诗人对劳动人民的深切同情，对旧社会的痛恨，对反动派黑暗统治的不满和控诉。

"坐地日行八万里，巡天遥看一千河。"时间在人们的期待中一天天过去了，转眼间银河已经变换了一千次。颈联写出了诗人作为无产阶级革命家的那种思想境界和博大的胸怀。"河"字的使用非常巧妙，说银河大，但是在整个宇宙里却有无数像银河这样的星系，所以，不算大；说它小，一个银河系里面又有许多像太阳系这样的星系，所以，又不能说它小。一个"河"字代表了宇宙中大大小小的事物，这种修辞方法称为是借代。"遥看"说明了作者时刻在关心、研究天地宇宙之间发生的大小问题。"一千河"是表示一千年的意思。

"牛郎欲问瘟神事，一样悲欢逐逝波。"牛郎问及瘟神的事情，和人们同样的悲伤随江水一样一年又一年地流逝，没有任何结果。这句话形象地写出了瘟神肆虐的老样子一直在旧中国持续。

诗人选择牛郎这个人物是有特殊意义的，牛郎作为劳动人民的代表，饱受了压迫的艰辛和痛苦，自然他最关心劳动人民的疾苦，现在碰上诗人这样的无产阶级革命家，自然要打听一下瘟神的情况。诗人将现实中的人民的悲惨生活境况告诉他，血吸虫病依然没有消除，人民依然生活在悲惨痛苦的境遇中，统治阶级对劳动人民的疾苦依旧置若罔闻，人们生活的惨况一直得不到任何的改变。诗人借牛郎的悲伤抒发自己的心境，借牛郎的心情抒发自己的心境。

以上四联紧密相接，想象丰富，诗人的眼界开阔，雄跨千年，纵横万里，将血吸虫的问题和社会制度联系起来，表现了诗人对劳动人民的深厚感情。

相比第一首控诉旧社会的黑暗来说，第二首诗写出了中国人民在社会主义制度下，精神振奋地战胜瘟神，征服自然，建设祖国的景象。

"春风杨柳万千条，六亿神州尽舜尧。"中国大地吹拂着万千条的杨柳，六亿中国人民尽是舜禹般的英雄人物。首联写出了新中国成立后人民当家作主欣欣向荣的景象。这和上诗中的"千村薜荔""万户萧疏"形成鲜明的对比。第二句话是对产生这种景象的原因的讲述。真正使祖国繁荣富强的不是神仙、上帝或者救世主，而是六亿劳动人民自己，新中国成立后，劳动人民在中国共产党的领导下，充分发挥了自己的智慧和力量，最终干出了惊天动地的伟业，把中国的旧

Mao Zedong Shici Pinjian
倾听一代伟人的诗意吟咏，感受他的豪情、壮志与深情……

面貌换成了新颜。一个"尽"字道出了诗人对人民群众的赞扬之情。这也说明，建设新中国，应该相信群众，依靠群众，而不是脱离群众，压迫群众。

"红雨随心翻作浪，青山着意化为桥。"春雨符合人们的心意化作翻起的波浪，青山也按照人们的意愿，变为桥梁。毛泽东曾说过："中国劳动人民还有过去那一副奴隶相吗？没有了，他们做了主人。中华人民共和国九百六十万平方公里上面的劳动人民，现在真正统治这块地方了。"六亿劳动人民一旦掌握自己的命运，就能发挥出伟大的力量，征服自然，主宰命运。"红雨"是表示春雨的意思，在旧社会的时候，河水泛滥，淹没房屋和庄稼，百姓民不聊生，国家生灵涂炭。今天雨水已经随着人们的心愿进入了水库，不会再危害人民，而是造福四方。旧社会高峻的山脉，陡峭的悬崖，阻塞了人们的交通，现在它们已经按照人们的意愿改变了，山区已经被修成平坦的大道，公路四通八达，人们再也不用为出行发愁。"随心""着意"用语如妙笔生花，显示出了中国社会的巨大变化，显示了人民群众的强大威力，显示了社会主义制度的优越性，这正与上首诗中的"绿水青山枉自多"相对比。

"天连五岭银锄落，地动三河铁臂摇。"普天之下五岭之内的劳动人民全部动员起来进行挖钉螺，民众力量之大可以地动山摇。颈联主要写劳动人民改天换地的冲天干劲儿。这一联诗人为我们描绘出了劳动人民消灭钉螺，防病治病的雄伟场面，"天连""地动""银锄落""铁臂摇"运用了夸张的修辞方法烘托出劳动人民的高大形象。诗人在此写出了劳动人民不畏艰难险阻，忘我劳动的

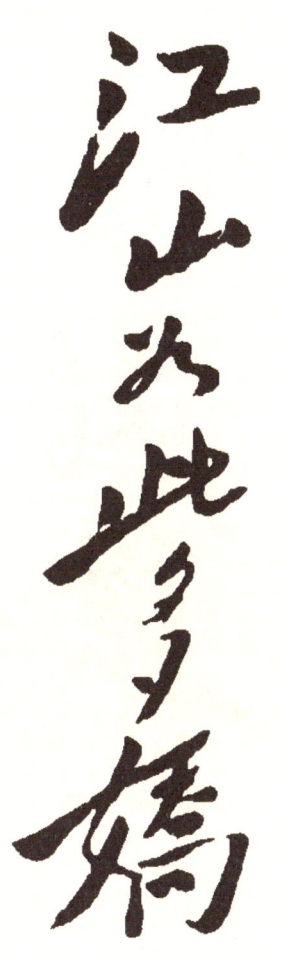

毛泽东手迹"江山如此多娇"

205

毛泽东诗词赏析

热情，表现出了劳动人民的智慧和力量。

　　"借问瘟君欲何往，纸船明烛照天烧。"现在问瘟神您要到哪里去？烧纸船点火烛送瘟神上天。这句说明在新中国，人们已经将瘟神送走了。前面诗人写出了人们建设社会主义的美丽图景，当然就包含消灭血吸虫病在内。在社会主义的新中国，瘟神怎么还会有藏身之所呢？瘟神最终被人们送上了天，被人们彻底消灭掉了。这两句又回到血吸虫病上，点明了全文的主旨。

　　通读全诗，我们可以发现这两首诗的艺术特色有以下几个方面：

　　一、想象丰富

　　这首诗诗人最大的特点是想象力丰富，诗人可以想象着坐在地球上，利用地球去宇宙环游。在宇宙中看见了太空的星河，望见了银河里的牵牛星，然后诗人展开想象，通过和牛郎的交流对话，与现实结合起来，进行抒情，显示出了诗人深厚的天文学知识。

　　二、对比鲜明

　　两首诗放在一起，进行了鲜明的对比。景与景、情与情的对比，显示了对旧社会的痛诉，对新社会的赞扬。鲜明的对比，让读者感受到新旧社会的本质区别。

　　三、语言生动、形象

　　两首诗的语言极其精美、准确，"春风""杨柳""红雨""青山"等词的使用让文章更加色彩鲜明。"随心""着意"的使用，更显示了劳动人民的强大力量。"天连""地动"显示了劳动人民的力量震天动地。对偶诗句的使用让文章的语言更富形象性和感染力。

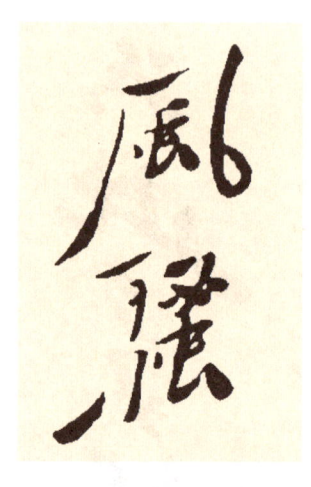

毛泽东手迹"风骚"

毛泽东诗词品鉴

Mao Zedong Shici Pinjian

倾听一代伟人的诗意吟咏，感受他的豪情、壮志与深情……

毛泽东读二十四批注

◎ 七绝

刘 蕡

一九五八年

千载长天起大云，

中唐俊伟有刘蕡。

孤鸿铩羽悲鸣镝，

万马齐喑叫一声。

——选自《毛泽东诗词集》，中央文献出版社一九九六年九月版

【创作背景】

作为国家的最高领导人，毛泽东惜才、爱才、赏识英才的心理在对刘蕡的赞扬中表现明显。

1958年3月份的成都会议上，毛泽东始终处于意气风发、诗情昂扬的兴奋之中。对于古今中外，经史子集、诗词曲赋，他旁征博引，信手拈来。在这一年，他提出中国社会主义建设的总路线："鼓足干劲，力争上游，多快好省地建设社会主义。"尽快将我国建设成为一个有现代工业、现代农业、现代科学文化的伟大的社会主义国家。为此，他提出应该破除迷信、解放思想、敢想敢干。

毛泽东既是一个伟大的诗人，同时又是一个史学家，他一生研读了大量的史书，其中他反复阅读的是《资治通鉴》和《二十四史》两大系列。在五六十年代他潜心读诗的时期，他写下了多篇咏史诗作。其中，这首《七绝·刘蕡》是较早的一首。

刘蕡是唐朝中期人，当时的朝廷宦官专权，藩镇割据。在一次举办的贤良方正考试时，刘蕡因为直斥宦官祸国殃民的罪行而惊动京师。尽管考官很赏识他，但最终因为惧怕宦官，而没有录取他。后来，刘蕡被令狐楚、牛僧孺用为秘书郎，但终因宦官的诬陷，于1841年被贬到柳州，任司户参军这种管理户口的小官。刘蕡在柳州，一心为民，最终客死他乡。

1958年，毛泽东在读《旧唐书·刘蕡传》时，对其十分赞赏，批道："起特奇。"并作诗一首，这就是《七绝·刘蕡》。

【诗词赏析】

这是一首咏史诗，诗人是借史咏怀。

"千载长天起大云，中唐俊伟有刘蕡。""俊伟"是指才能出众的有志人士，毛泽东用这个词来形容刘蕡，对他给以极高的评价，说明他非常赏识这位历史人物。

"孤鸿铩羽悲鸣镝，万马齐喑叫一声。""铩羽"是指把活鸟身上的羽毛全都残酷地拔下来，其痛苦不可言状，其残忍程度可想而知，当时的统治阶级昏庸无能，宦官专权的社会，百姓受到压迫，有志之士受到摧残，刘蕡敢于和宦官专权作斗争，就算自己豁出命去，也来个"万马齐喑叫一声"。

虽然刘蕡早已作古，但是他直言进谏的勇气，正气凛然的气魄，在历史的洪流中留下了振聋发聩的一声，值得后人钦佩。

毛泽东将这首诗写得形象鲜明，富有气势，刻画出俊伟不凡、傲然挺立的历史人物形象，给读者留下了深刻的印象。

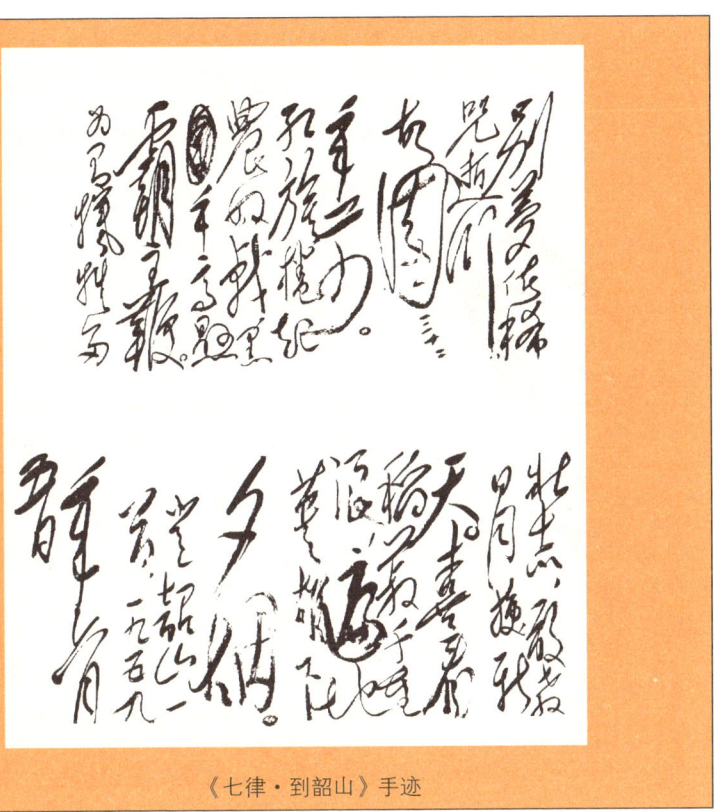

《七律·到韶山》手迹

◎ 七律

到韶山

一九五九年六月

一九五九年六月二十五日到韶山。离别这个地方已有三十二周年了。

别梦依稀咒逝川，故园三十二年前。
红旗卷起农奴戟，黑手高悬霸主鞭。
为有牺牲多壮志，敢教日月换新天。
喜看稻菽千重浪，遍地英雄下夕烟。

——选自《毛主席诗词》，人民文学出版社一九六三年十二月版

毛泽东自注：

"咒逝川"，"三十二年前"，指大革命失败，反动派镇压了革命。这里的"霸王"，就是指蒋介石。

【创作背景】

毛泽东面对故乡，不禁回想起了过往，将其与现在对比，诗人感慨万千，对革命群众的伟大力量进行了高度的赞扬。这首诗集中表现了毛泽东对劳动人民的赞誉。

1959年6月25日，毛泽东回到了阔别32年之久的家乡韶山，实现了新中国成立后期盼已久的故乡之行。自从从事革命后，毛泽东回家乡的次数屈指可数。1925年，为了革命战争的需要，毛泽东从上海回到韶山，建立了农民协会，由于受当地军阀的通缉，他被迫离开家乡。1927年，毛泽东在湖南考察农民运动时，再一次回到家乡，之后一直为革命事业不断忙碌，终于在1949年，建立了新中国。

6月25日下午，毛泽东在罗瑞卿等人的陪同下，在韶山度过了难忘的三天。26日清晨，毛泽东从住所出发，徒步从象鼻山上山，那里有他父母的合葬地，每次回到韶山，毛泽东都要来这里看父母的坟墓，从随行人员那里接过刚采集的一束松枝，他恭恭敬敬地放在了坟上，深深地鞠了三个躬。

随后，毛泽东察看了周围的树林、稻田，了解了当地的生产情况，并走访了一些熟悉的家庭。

毛泽东还到韶山学校和学校的老师学生合影留念，下午又到韶山水库进行视察工作。晚上，毛泽东在自己的住所设宴招待了韶山的亲属、师友、

毛泽东手迹"白云"

烈属和革命老同志。夜深的时候，毛泽东思绪万千，回想起自己在这里的点点滴滴，想起家里亲属已不在人世，顿时生出很多的感慨，于是提笔写下了这首《七律·到韶山》。

后来，毛泽东在晚年的时候说："写《七律·到韶山》的时候，就深切地想起了三十二年前的许多故事，对故乡是十分怀念的。"

【诗词赏析】

"别梦依稀咒逝川，故园三十二年前。"离别后多少梦境在诅咒的岁月中流逝，我的故乡啊，我与你一别已有32年。"三十二年前"，表明此诗是对32年前往事的回忆。从1959年往前推32年，正是1927年，32年的时间过去了，对往事的回忆像是梦境一样。"咒"字表明了诗人对蒋家王朝的痛恨。

"红旗卷起农奴戟，黑手高悬霸主鞭。"红旗漫卷，吹动农民的武装，敌人此刻却高高地举起了霸主的皮鞭。颔联对仗工整，形象生动地写出了湖南农民运动轰轰烈烈的开展和地主土豪劣绅对农民压迫镇压的情况。当时的农民在中国共产党的领导下，用简陋的武器和地主武装势力进行了殊死搏斗，掀起了武装革命斗争，将土豪劣绅打倒。结果就像毛泽东说的那样："孙中山先生致力国民革命四十年，所要做而没有做到的事，农民在几个月内做到了，这是四十年乃至几千年来未曾成就过的奇勋。""卷"字写出了农民运动的波澜壮阔、声势浩大。这引起了地主势力的恐慌，为了镇压农民的运动，他们和黑暗势力进行勾结，用反革命的武装力量来镇压农民，杀害革命者。这一联诗人概括了1927年蒋介石发动的"四一二"反革命政变，以及在湖南发生的"马日事变"，反革命势力猖狂地对革命群众和共产党人大开杀戒，但是无论敌人怎样猖狂，都无法吓倒伟大的革命党人。

"为有牺牲多壮志，敢教日月换新天。"因为有太多的壮志，所以才会有牺牲，但是我敢叫天地颠覆换一副新的容颜。颈联的这两句话是全诗的重点，它言简意赅地总结了中国革命的历史精神。自革命开始以来，无数的革命党人为了人民的事业献出了自己的生命，

毛泽东手迹"英雄"

诗人用"为有牺牲多壮志"包含了对这些革命党人的深切怀念。同时这两句话也具有很深刻的现实意义，他教育和启迪着当代的人，新中国的建立是来之不易的，应当倍加珍惜。"敢"字，既是勇气，也是胆量，是革命精神的具体体现。诗人用这句话，不仅突出了革命者革命志向的具体内涵，也突出了革命者革命志向的崇高伟大。相比起前句中用凝重笔调写成的"红旗卷起农奴戟"，此联更加斗志昂扬，意气风发。

"喜看稻菽千重浪，遍地英雄下夕烟。"喜看大片庄稼如烟滚滚，无数的英雄们从暮色中收工归来。诗人从历史的万千追忆中转回到现实，眼前的现实正是无数革命者苦苦追求奋斗的"新天"，"遍地英雄"是说他们是昔日英雄的后代，革命者的后代，农奴的后代，他们在今天继承了先辈们的遗志，用辛勤的汗水换回韶山的丰收。他们战天斗地、改造山河，当然也是英雄，诗人看到祖国后继有人，当然会感到无限的欣慰和激动。

毛泽东离开韶山出去闯荡的时候，正值青春年少，对世界充满好奇，希望能开拓出一条自己的人生之路，此时他回归故乡，已是人民的领袖，青春年少的意气风发已被老成稳重而取代，再回故乡，他的深情不是对家人和往事的回忆，不是对故乡风景的赞美，而是对故乡人民32年来生活的回忆。作为国家的领袖，我们似乎看到了诗人的伟大胸怀和总览整个中国的思维。

此时的中国由于国内国外的各种因素陷入了困境，但是想起革命年代人们不怕牺牲，勇敢奋斗的精神，毛泽东就觉得，再大的困难我们都能战胜，眼前的这点小困难，又有什么可怕的呢？

这首诗充满了诗人的大喜大悲，气势雄伟豪放。本诗的亮点是内容上博大精深，艺术上独具匠心，时间、色彩上、感情上进行对比，通过这些对比，更充分表达了诗人今与昔的感情对比，使得诗的境界大为开阔，气势更加恢弘。

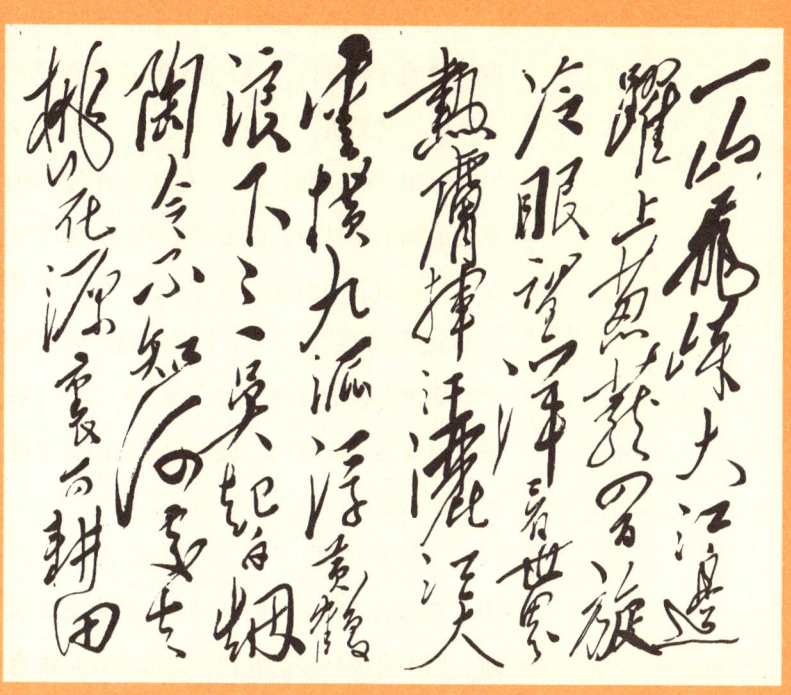

《七律·登庐山》手迹

◎ 七律

登庐山

一九五九年七月一日

一山飞峙大江边，跃上葱茏四百旋。

冷眼向洋看世界，热风吹雨洒江天。

云横九派浮黄鹤，浪下三吴起白烟。

陶令不知何处去，桃花源里可耕田？

——选自《毛主席诗词》，人民文学出版社一九六三年十二月版

　　毛泽东开阔的胸怀、改变世界的壮志，对国际局势的冷静分析，对人们让中国换新颜的坚信，在诗中一览无遗。

　　庐山是我国的名山，在江西省九江市南12公里处的鄱阳湖盆地，濒临鄱阳湖畔，雄峙于长江南岸，是三山五岳中的三山之一，山体呈椭圆形，长约25公里，宽约10公里，以雄、奇、险、秀闻名于世，巍峨挺拔的青峰秀峦，喷雪鸣雷的银泉飞瀑，瞬息万变的云海奇观，俊奇巧秀的园林建筑，都向人们展示了庐山的无穷魅力。

　　1959年7月1日，毛泽东作了《七律·登庐山》的初稿，在一段时间以内，曾向臧克家、郭沫若、周小舟等许多的党内同志和诗友征询意见，先后数次修改诗稿，先后达七八次之多，有的甚至是整句进行修改，可谓是集思广益，大刀阔斧。

　　本诗原有小序，"一九五九年六月二十九日登庐山，望鄱阳湖、扬子江。千峦竞秀，万壑争流，红日方升，成诗八句。"当时作为湖南省委书记的周小舟读后，建议删掉，后来毛泽东采纳了他的建议。

　　毛泽东上庐山，不是为了观赏风景，也不是为了寻找创作诗的灵感，而是在庐山上同各协作区主任谈话，以及主持召开中央政治局扩大会议，后来他接着召开了八届八中全会。

【诗词赏析】

　　庐山之美，天下闻名。歌颂庐山的名篇佳作众多，雄伟奇险的美丽景色，醇厚丰富的文化内涵，为庐山的美更增添了异彩。1959年6月底的一

毛泽东签名手迹

天，毛泽东也登上了庐山，在这里水光山色，尽收眼底，作为一代著名诗人的毛泽东，当然也会因此而触发灵感，为庐山留下一首豪放之歌。

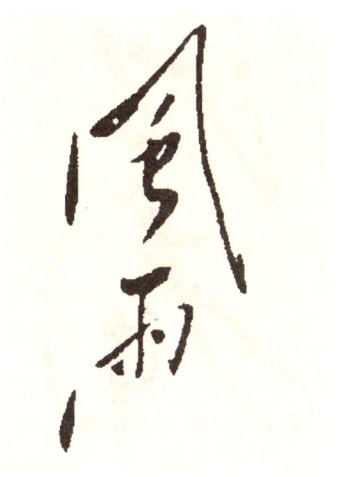

毛泽东手迹"风雨"

"一山飞峙大江边，跃上葱茏四百旋。"庐山凌空挺拔屹立在长江岸边，在一路青翠中我轻松地盘旋登临。开篇中"飞"字，气势磅礴，让人体会到一种动态美。在诗人的多首诗中，都可以见到"飞"字，这是他突破一切束缚与限制的自由精神、自由意识的审美物化。在诗人的意识中，庐山似乎依旧保持着一种凌空欲飞的状态，似乎随时准备稍事休息，然后接着再展宏图。"葱茏"，描绘了庐山的郁郁葱葱，更具诗情画意。"四百旋"写出了盘山公路的曲折回环。"跃上"二字，写出诗人身体的矫健，虽然庐山非常高峻，但是被诗人轻巧地踩在了脚下，字里行间透露着诗人的豪迈之气。

"冷眼向洋看世界，热风吹雨洒江天。"冷静地朝着大海向世界展望，暖风吹来了雨滴又将其洒向江面。颔联中的"冷"字，既是冷静的形态，同时也是指诗人冷静的头脑。作为新中国的伟大领袖，诗人担负着领导中国人民进行社会主义革命和建设的重任。此时此刻，他站在中国的制高点上，冷静地审时度势地面对中国当时的形势，同时还冷淡地看待反华势力的叫嚣。以毛泽东为首的中国领导人用事实向我们证明了他们身为中国人所拥有的那种傲骨，任凭世界的风云如何变幻，他们"岿然不动"，自力更生，艰苦创业，用自己的双手和智慧，为中国书写新的篇章。"热风"一词，在此有一语双关意，既是对自然现象的一种描述，也喻指在当时中国轰轰烈烈开展的"大跃进"运动，当时国内外有的人曾经预言中国共产党将无力应对6亿张嘴的吃饭问题，因为在当时蒋介石统治时期，虽有美国的援助，但是也未能将这一问题解决，何况是刚刚成立尚处在封锁时期的中国。但经过党和全国各族人民的艰苦奋斗，这个问题奇迹般地得到了基本解决，而且还初步建立了社会主义工业体系。虽然后来的历史证明，当时的"大跃进"的确是违背了经济发展的客观规律，但当时劳动人民澎湃的热情，积极的参与，还是很令人振奋的。

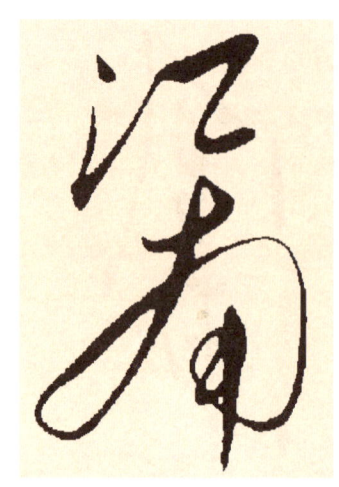

毛泽东手迹"江南"

"云横九派浮黄鹤，浪下三吴起白烟。"云飘到了江河之上，黄河在空中高翔，波涛直下江东腾起了袅袅的烟雾。诗人站在巍峨高峻的庐山上向下俯瞰长江的上游和下游，对所看到的景象进行了描写。云本是轻柔飘逸的，但是诗人却将其冠上"横"字，便有了力度，有了性格，显现出了一种阳刚之美，"九派"指江河，方圆九州同样顺带其中。滔滔的长江，奔腾翻涌着消失在尽头的氤氲雾气中，而那里正是富饶的江南地区，这两句，充满了深沉的诗意，既是描写诗人所看到的美丽景象，也是自然风物和人文历史的结合。

"陶令不知何处去，桃花源里可耕田？"昔日的陶潜不知道到哪里去了？不知道桃花源里是否可以耕田？尾联是诗人站在庐山举目远望之后所产生的联想。陶渊明当官之处的彭泽县和辞官之后躬耕的家乡浔阳柴桑，都在庐山的附近，因此在此地，诗人自然会想到这位在此生活过的诗人，以及他在作品中所描述的"乌托邦"桃花源，同今天的新中国相比，诗人不禁要用设问的语气问道，陶潜不知道哪里去了，桃花源是否可以耕田？给读者留下一定的空间，让读者进行思考，很有诗趣。

综观全篇，整首诗的气象恢弘，意境辽阔，虽然历史证明了"大跃进"的失误，但是不能因此而否认整首诗的艺术价值，就诗而言，的确含有非常高的艺术水准，具有很高的艺术审美价值。

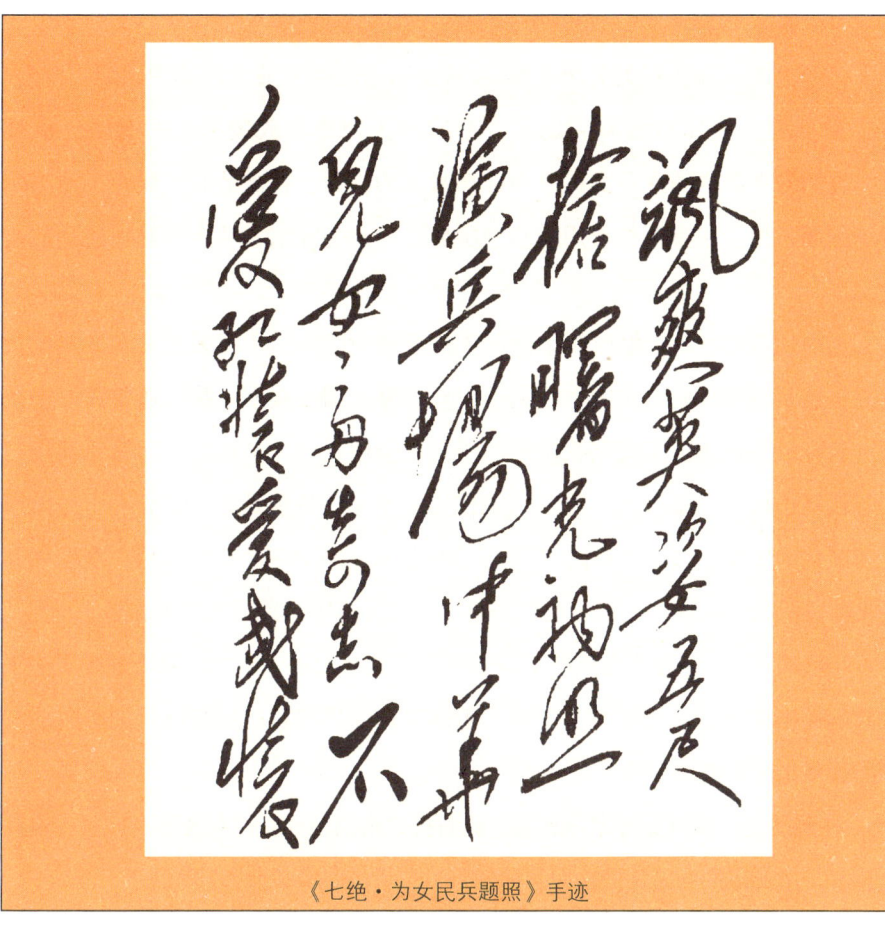

《七绝·为女民兵题照》手迹

◎ 七绝

为女民兵题照

一九六一年二月

飒爽英姿五尺枪，
曙光初照演兵场。
中华儿女多奇志，
不爱红装爱武装。

——选自《毛泽东诗词》，人民文学出版社一九六三年十二月版

　　毛泽东对下层人民的关切和重视的高尚品德在与民众的谈话中表现明显。

　　民兵是人民军队的有力助手，是我国人民革命武装力量的有机组成部分，他们曾在我国历次革命战争中破坏敌人的交通、扰乱敌后、配合正规军作战等方面发挥了很重要的作用。新中国成立后，毛泽东仍然十分重视民兵的建设工作。

　　1958年9月29日，他对新华社记者的谈话中指出："帝国主义者如此欺负我们，这是需要认真对付的。我们不但要有强大的正规军，我们还要大办民兵师。这样，在帝国主义侵略我国的时候，就会使他们寸步难行。"针对20世纪60年代初，国内一部分人对民兵认识作用的不足，特别是苏共领导人十分重视我国民兵的情况，1960年1月，召开了全国民兵工作会议，会议以后，全国兴起了大办民兵师的高潮，全国各地普遍建立了民兵组织，进行民兵训练。

　　1961年2月，毛泽东在他的菊香书屋里和他身边的一个女机要员进行了关于民兵问题的谈话，女机要员从随身携带的笔记本里将自己进行民兵训练时的一张照片拿出来给毛泽东欣赏。

　　在照片上，女机要员穿着藏蓝色的西裤，把白色棉布衬衣掖进衣裤里，她齐耳短发，扶着步枪，昂首挺立在一棵树旁，背景是明净的蓝天和远山。

　　毛泽东顿觉中华儿女是"巾帼不让须眉"，于是边看照片，边诗兴大发，随手拿过一个小本子，将这首诗写在了一个有半页空白的地方，并将这本手册送给了这位女民兵。

　　这首诗自发表后，受到人们的喜爱，全诗虽然只有4句话，共28个字，却把一个静态的、有限的照片，写成了女民兵练兵的威武，寄予了人民战争、全民皆兵的思想，是对整个中华民族自强不息的赞美，是一首韵味悠长的佳作。

　　这首诗既是一首题照诗，也是一首即景诗，作者通过爽朗的语言描写，通过对女兵军事训练的勾画，描绘了新中国妇女的崭新面貌，颂扬了新时代中国妇女的精神风貌，以及保家卫国的不凡志气。

　　"飒爽英姿五尺枪，曙光初照演兵场。"东方的朝阳照耀在练兵场上，女兵们手持五尺长的标枪，精神振奋地在那里进行操练。"飒爽英姿"，尽显女兵们的精神风采，"曙光"是对于时间环境的描写，使得练兵场带上了迷人的色彩。联想到旧社会中妇女没有人权，受到政权、族权、神权、夫权等宗教思想和制度的压迫，今天的制度不同了，男女都一样，女同志一样可以享受到男人所享受到的权利，不能不让人感慨。

"中华儿女多奇志，不爱红装爱武装。"中华民族的儿女都怀有壮志，广大妇女的思想发生了巨大变化，她们不再喜欢那种浓妆艳抹的装扮，而是喜欢一身战斗的服装。字里行间洋溢着诗人对广大妇女精神面貌发生了巨大的改变而产生的欣慰之情。这两句诗人通过描写和议论相结合的方法，在描写女兵鲜明形象的基础上，抒发感慨，使意象得到升华，从形象的美转到精神的美，感情愈见浓烈，境界更加拓展。

通读全诗，意象明丽，暗含哲理，作者从景观的角度描写所见所想，由景入情，由情入理，是一篇难得的佳作。

毛泽东诗词赏析

◎ 七律

答友人

一九六一年

九嶷山上白云飞，

帝子乘风下翠微。

斑竹一枝千滴泪，

红霞万朵百重衣。

洞庭波涌连天雪，

长岛人歌动地诗。

我欲因之梦寥廓，

芙蓉国里尽朝晖。

——选自《毛主席诗词》，人民文学出版社一九六三年十二月版

【创作背景】

毛泽东镇静自如，坚定自我，鼓励人们克服困难的乐观精神，在我国遭受重大灾难的时候，表现明显。

1960至1961年，由于我国连续遭受严重的自然灾害，在经济建设工作中同样出现了某些失误，加上苏联领导人因为中苏的分歧，背信弃义地撕毁了协议，撤走了专家，一些国家又对中国开始推行霸权主义，各国反动派乘机对我国施加政治和经济的压力，恶言攻击新生的社会主义国家，这一系列的因素使我国的国民经济受到了较大的打击。

毛泽东总结经验和教训，深入群众，开展调查研究，陆续在党的重要工作会议上作出决定，纠正工作中出现的错误。不久，全国经济复苏，形势大好，湖南的社会主义建设也呈现出一片大好的形势。湖南省副省长周世钊、林业专家乐天宇，以及武汉大学校长李达，是毛泽东早年的好朋友，有一天他们一起

闲谈时，决定一起赠送给毛泽东一枝湖南的特产斑竹，此外李达还送了一支斑竹毛笔，还写了一首咏九嶷山的诗词；周世钊送了一幅东汉蔡邕文章的墨刻；乐天宇送了一个条幅，并写了一首七律。毛泽东结合当时的形势，写下了这首《七律·答友人》，一方面酬谢好友，另一方面也赞美了故乡及全国发展的大好形势，有力地回击了反华叫嚣，坚定了人们建设社会主义的信心和决心，激励着人们不断前进。

【诗词赏析】

这首诗是一首情深意切的诗，既有诗人对故土的热恋、对古人的深思，也有诗人对未来的憧憬、对美好的向往。

"九嶷山上白云飞，帝子乘风下翠微。"九嶷山上空白云飘飘，两名妃子乘着微风翩翩下山。诗人借用神话故事，表现我国社会主义建设的美好图景。神话传说中，舜帝的两名妃子娥皇和女英正是依傍了清风才飘飘降临。新中国成立后，我国人民建设社会主义的革命热情高涨，社会主义革命建设事业呈现了快速的发展局面，我国人民的生活也起了翻天覆地的变化，连九嶷山上的"帝子"都为之感动和向往，感到新中国比仙界都好，于是决定离开仙界，下凡人间。

诗篇用了浪漫主义的写作方法，用神话故事作为开头，描绘了一幅形象生动的画面，引起了作者丰富的联想，借以赞美新中国，赞扬社会主义。

"斑竹一枝千滴泪，红霞万朵百重衣。"青

毛泽东诗词赏析

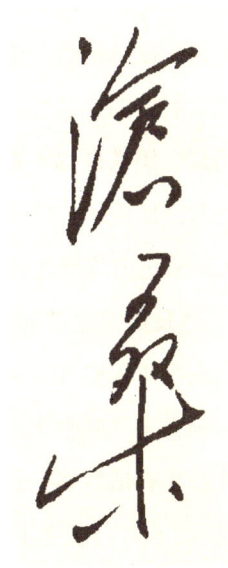

毛泽东手迹"沧桑"

青的竹枝上闪烁着无数的泪花，片片红霞织成无数绚丽的衣衫。帝子手中的斑竹上面泪痕点点，这是对过去历史的记录，它记录着中国人民过去悲惨的岁月。帝子披起万朵红霞织成的色彩缤纷的衣裳，色彩明朗、绚烂，表现了新中国人民的崭新精神风貌，象征着新中国人民生活的幸福和美好。这两句话诗人使用对比的手法突出新中国的美好，社会主义制度的优越，深意是让人们在美好幸福的生活里，不要忘记过去血与泪痛苦的岁月，以此来激励人们不断为社会主义的美好而艰苦奋斗。

首联、颔联虽然诗人抒发的感情很含蓄，思想意义却很深刻，描写了中国人民从被奴役到得到解放，从旧中国遭受的灾难，到新中国享受的幸福，其间发生了巨大的变化，诗人不是直接表露，而是借仙女下凡、斑竹、万朵红霞等景物表现出来，给人的印象深刻，感人的力量更加强烈。

"洞庭波涌连天雪，长岛人歌动地诗。"洞庭湖水波荡漾卷起了白色的浪花，橘子洲头当歌一曲感天动地。这两句是用象征的手法来描写中国人民在社会主义建设中的干劲儿和豪迈地英雄气概。洞庭湖的水波荡漾，像卷起了连天的雪堆，这正代表了中国人民汹涌澎湃的激情。"洞庭波涌连天雪"这句写出了诗人所看到的热烈的情景。第六句是从听觉的角度写诗人所感受到的风景，"长岛人歌动地诗"中国人民豪迈地唱出了惊天动地的社会主义之歌，由于社会主义制度的优越性，解放了生产力，促进了社会的迅速发展，工农业发展更是迅猛，钢铁量的不断上升，农村水库、运河等水利的建设星罗棋布，尖端科学技术的发展，1.2万吨水压机的研制成功，长江大桥的雄跨……无不显示出中国人民豪迈的英雄气概。

"我欲因之梦寥廓，芙蓉国里尽朝晖。"我为此梦回到了祖国辽阔的河山，在我芙蓉盛开的家乡处处朗照着清晨的光辉。尾联中诗人展开了丰富的想象，畅想未来的整个世界像"芙蓉国"一样，处处被社会主义的朝阳所照耀，到处是光辉灿烂的美好景象。这两句表现了诗人对人民群众力量的信任，同时也揭示了共产主义是必然的规律，表达了诗人的坚定信念。

这首诗从头至尾都在描绘湖南的风景和事物，"九嶷山"、"帝子"、"斑竹"、"洞庭湖"、"长岛人"、"芙蓉国"都与湖南有关，因为这首诗是为答谢诗人朋友的，但是我们不能因此就将这个审视的目光放在湖南，在这里诗人用借代的方法，描写了整个中国社会主义的建设图景，尾联中的"梦寥

Mao Zedong Shici Pinjian

倾听一代伟人的诗意吟咏，感受他的豪情、壮志与深情……

廓"把空间拓展到了更广阔的范围，甚至拓展到了辽阔广大的宇宙，因此我们就可以理解最后一句中诗人所说的"芙蓉国"，就不仅是指湖南，而是指全中国、全世界。

阅读本诗，我们可以总结出此诗的两个特色：

一、借用神话故事抒发感情

古代神话传说中的两个"帝子"是圣明君主虞舜的妃子，这两个仙子在看到新中国的现实比她们所生活的仙境还好，于是便来到凡间，这样就把神话和现实结合起来了，含蓄地抒发了新中国美好的社会现况。

二、描绘现实和未来的美好理想结合起来

颈联虽然是在描绘现实，但在使用手法上却是运用了比喻和夸张，它正好恰如其分地反映了社会主义热火朝天的情景。诗人并没有将描写停留在眼前的现实上，而是将现实和美好的社会前景结合在一起，这是现实主义和浪漫主义相结合的写作方法。

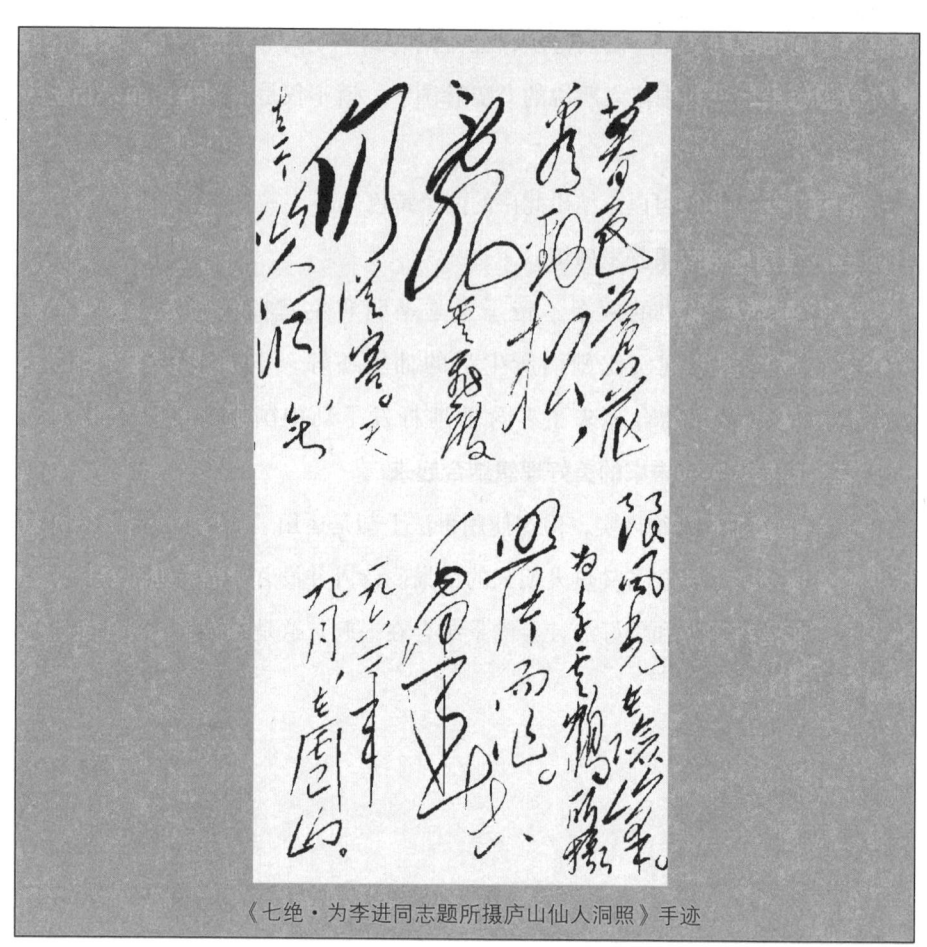

《七绝·为李进同志题所摄庐山仙人洞照》手迹

◎ 七绝

为李进同志题所摄庐山仙人洞照

一九六一年九月九日

暮色苍茫看劲松，
乱云飞渡仍从容。
天生一个仙人洞，
无限风光在险峰。

——选自《毛主席诗词》，人民文学出版社一九六三年十二月版

毛泽东遇到困难从容不迫、泰然自若的坚定信念，在中国遭遇困难时期时表现得淋漓尽致。

1960年和1961年，我国连续遭受自然灾害，经济工作也出现了一些失误，我国面临着严峻的国内形势，错综复杂的内外矛盾交迫，使得国内形势进一步恶化，国家困难重重，而这正是考验国人的关键时期，作为国家领袖的毛泽东面对着国内国外的重重困难，表现出了宏伟的气魄，面对困难，泰然处之，积极地迎难而上。诗人用高超的写作方法将风云变幻的国际形势浓缩在这首七绝中，从中可以体会到诗人作为领袖的超然风度。

在当时的情况下，共产主义的队伍中出现了一批意志不坚定的人，对社会主义的前途发生了动摇，毛泽东在1961年9月9日，写了这首诗，赞扬了在艰苦环境下依然能坚持斗争、顽强不屈的精神气概，因为这首诗是题在李进所拍摄的庐山仙人洞的照片上的，所以就此得题。

李进，即是江青，这是她在调查宋景诗史材料时所用的名字。江青，山东诸城人，20世纪20年代，在上海为电影、话剧演员，抗日战争时期到达延安，

毛泽东和江青

与毛泽东结婚。"文化大革命"时为中央文革第一副组长。1976年10月，被抓捕，1981年1月，经最高人民法院特别法庭公审，被判处死刑，缓期二年执行。于1991年，在保外就医时死亡。

　　仙人洞，是庐山风景胜地之一，地势险要，可容纳千人，传说当时的吕洞宾曾在此修炼成仙，因此得名。

【诗词赏析】

　　《七绝·为李进同志题所摄庐山仙人洞照》这首词，诗人用短短的28个字，将纷乱复杂的时局和自己坚强的意志全都蕴涵在了其中，可见诗人的文学造诣之高。这首词运用口语的讲述，没有深奥难懂的语言，没有晦涩难懂的词句，通俗易懂，朗朗上口，发表以后，就成为各个年龄层所传诵的佳句。

　　"暮色苍茫看劲松，乱云飞渡仍从容。"松树在暮色苍茫中傲然挺立在山崖上，一阵阵乱云从容地飞过。松树在我国一向被视作坚强不屈、不怕压迫、敢于斗争的精神象征，在暮色余晖中，更激起人们对它的崇拜和敬佩。作者将当时的国际国内形势比作"暮色"，将"劲松"比作是自己和敢于坚持真理、不惧怕外来压力的中国人，以及伟大的祖国。"乱云"象征着多方面的困难：国内的自然灾害，工作中的失误，国际上反华势力的叫嚣。"飞渡"是说这些灾难虽然纷至沓来，但是它们会像云朵一样，转瞬即逝。"仍从容"象征着无产阶级战士对战胜这些灾难的必胜信心，他们像挺拔的松树，在乱云飞渡中依然不改本色，屹立不动。

　　"天生一个仙人洞，无限风光在险峰。"天造地设好一个仙人洞，只有在这险峻的山峰上，才能领会到无限美好的风光。"天生"是说仙人洞是天然形成的，这里诗人是在喻指共产主义事业的最终胜利是客观的规律。"在险峰"说明光明和胜利要经过艰苦奋斗才能实现。这两句话表面上是在说站在仙人洞上所看到的美丽景色，而其中的深意是说，我们从事社会主义事业，要实现共产主义的伟大理想，必须像劲松一样，具有无畏的精神，能经得起考验，敢于斗争，

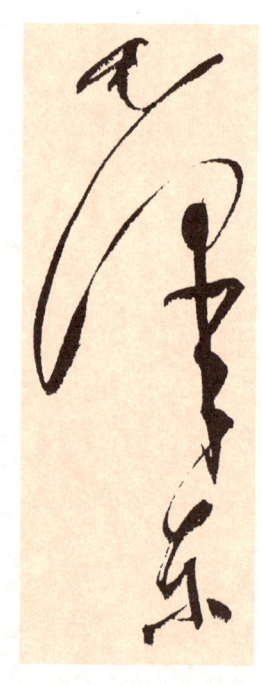

毛泽东签名手迹

Mao Zedong Shici Pinjian
毛泽东诗词品鉴

才能最终战胜重重困难，赢得最终的胜利。

这首诗诗人用比喻的事物取代实际的事物，这种修辞手法称为借喻，诗人用这种修辞手法，取得了寓意深刻的结果。联系当时中国所处的国际国内严峻的形势，不难体会到诗人所传达的真实本意，诗人正是想借这首诗，鼓舞全国人民在崎岖的小路上继续攀登，不要被苦难所吓倒，只有坚持中国共产党的正确领导，顶住来自各方面的压力，才能使国内经济建设事业在困难中持续向前，最终赢得胜利。

毛泽东诗词赏析

◎ 七绝

屈 原

一九六一年秋

屈子当年赋楚骚，
手中握有杀人刀。
艾萧太盛椒兰少，
一跃冲向万里涛。

——选自《毛泽东诗词集》，中央文献出版社一九九六年九月版

228

【创作背景】

　　毛泽东不被束缚、敢于直言自己的观点的性格在对屈原的评述中表现明显。

　　对毛泽东来说，他最喜欢的领域，一个是军事，再一个就是历史。他经常研读中国的历史，对于历史上的名人和名作，非常熟悉。其中屈原以及他的《离骚》就是毛泽东非常喜欢的。

　　屈原是战国时期楚人，我国最早的大诗人。早年他辅佐楚怀王，担任左徒。在政治上，他主张明法度，举贤能；在外交上，他主张联齐抗秦，振兴楚国。楚怀王本想重用屈原，但是因为他的身边都是些守旧派的人物，所以，屈原被排斥到了汉北。怀王末年的时候，重新复用屈原，但是因为小人的谗言，他被放逐到江南。屈原因无力挽救楚国的危亡，深感自己的政治理想无法实现，于是悲愤地投汨罗江自尽。

　　屈原死后，他的爱国精神鼓舞了一代又一代的人。诗人同样对屈原的精神高度赞扬，而且进一步指出："《离骚》是屈原手中的杀人刀，是指向反动势力的战

毛泽东手迹"落花"

斗檄文，而不是'忠而被谤，信而见疑'的悲歌。"

【诗词赏析】

《离骚》是屈原的生命告白。《七绝·屈原》或许就是毛泽东的革命宣言。毛泽东非常喜欢楚辞，尤其爱读屈原的《离骚》等作品，从青年读到晚年，不知道读过多少遍。

这首七绝诗，简短的四句话，就将屈原的才华、当时的世情，以及屈原在悲壮、悲愤中的行为表达得很清楚很明白。语言精练简洁、锋芒突出，是这首诗的最大特点。

"屈子当年赋楚骚，手中握有杀人刀。"开门见山地写出了屈原的才华，以及其坚强的战斗精神。屈原所赋的《离骚》，集中而突出地表现了他的爱国精神、政治见地以及精神追求。诗人将这篇文章誉为屈原的"杀人刀"，精准而又透彻。

"艾萧太盛椒兰少，一跃冲向万里涛。"这句话写出了屈原忧伤以及悲愤的所在，最后一句写出了屈原的悲惨命运。"艾萧"取自《离骚》："何昔日

毛泽东手迹（《离骚经》节录）

之芳草兮，今直为此萧艾也？"艾萧，即艾青，臭草，出自《离骚》，这是比喻奸佞小人。椒兰，申椒和兰草，皆为芳香植物，出自《离骚》，这里比喻贤德之士。孤独、绝望的屈原，最终只能"一跃冲向万里涛"。

毛泽东说："屈原的功勋并不是马上就得到人们的承认。那是后来过了不少日子，诗人的品格才充分显示出来，他的形象才真正高大起来。屈原喝的是一杯苦酒，也是为真理服务的甜酒。诗歌像其他创作一样，是一种精神创造。"毛泽东认为，《诗经》之后，"首屈一指"的诗人就是屈原，他称屈原为"第一位有创作个性的诗人"。

毛泽东在分析了屈原所处的时代和政治变迁使屈原最终遭到不幸的结论后，感慨道："是的，这些都发生在我的故乡湖南，发生在屈原殉难的土地——长沙。因为这缘故，屈原的名字对我们更为神圣。他不仅是古代的天才诗人，而且是一名伟大的爱国者：无私无畏，勇敢高尚。他的形象保留在每个中国人的脑海里。无论是国内国外，屈原都是一个不朽的形象。我们就是他生命长存的见证。"

由此，我们从毛泽东对屈原的崇高评价中，体会到他对屈原的真挚感情。

毛泽东
诗词品鉴

Mao Zedong Shici Pinjian
聆听一代伟人的诗意吟咏，感受他的豪情、壮志与深情……

◎ 七绝二首

纪念鲁迅八十寿辰

一九六一年

其一

博大胆识铁石坚，

刀光剑影任翔旋。

龙华喋血不眠夜，

犹制小诗赋管弦。

其二

鉴湖越台名士乡，

忧忡为国痛断肠。

剑南歌接秋风吟，

一例氤氲入诗囊。

——选自《毛泽东诗词集》，中央文献出版社一九九六年九月版

【创作背景】

鲁迅，原名周树人，字豫才。1881年9月25日，出生在浙江绍兴，我国伟大的文学家、思想家、革命家，是中国新文化运动的主将，是民族魂。

毛泽东历来对鲁迅的评价很高，1937年10月19日，在鲁迅逝世一周年之际，毛泽东在延安陕北公学举行的纪念会上做了《论鲁迅》的讲演。他指出，鲁迅的特点，一是他的政治远见，一是他的斗争精神，一是他的牺牲精神。1940年1月，毛泽东在《新民主主义》中说道："鲁迅是中国文化革命的主将，他不但是伟大的文学家，而且是伟大的思想家和革命家。鲁迅的骨头是最硬的，他没有丝毫的奴颜和媚骨，这是殖民地半殖民地人民最可宝贵的性格。鲁迅是在文化战线上，代表全民族的大多数，向着敌人冲锋陷阵的最正确、最勇敢、最坚决、最忠实、最热忱的空前的民族英雄。鲁迅的方向，就是中华民族

新文化的方向。"

1961年9月，在鲁迅诞辰80周年之际，毛泽东深切缅怀了这位伟大的文学家，作《七绝二首·纪念鲁迅八十寿辰》。

毛泽东曾经这样评价鲁迅："一点也不畏惧敌人对于他的威胁利诱与残害，他一点不避锋芒，把钢刀一样的笔刺向他所憎恨的一切，他往往是站在战士的血迹中坚韧地反抗着呼啸着前进。"

【诗词赏析】

《七绝二首·纪念鲁迅八十寿辰》的成功，既取决于毛泽东对古典诗词的深厚造诣，也取决于他对鲁迅先生作品和精神的深刻认识。

第一首诗慷慨悲怆、气壮情真，颂扬了鲁迅在黑暗的暴力面前，不避风险、屹然挺立、顽强抗争的精神，寄予了诗人对鲁迅的深深敬意。

"博大胆识铁石坚，刀光剑影任翔旋。"首句说明了鲁迅斗争精神的基础，博大精深的知识，有胆有识的智慧，铁石般坚硬的硬骨头精神，赞颂了鲁迅的刚强意志和坚定的立场。后句是说鲁迅面对国民党的白色恐怖，从容镇定的战斗状态和潇洒自如、灵活机巧的斗争艺术。

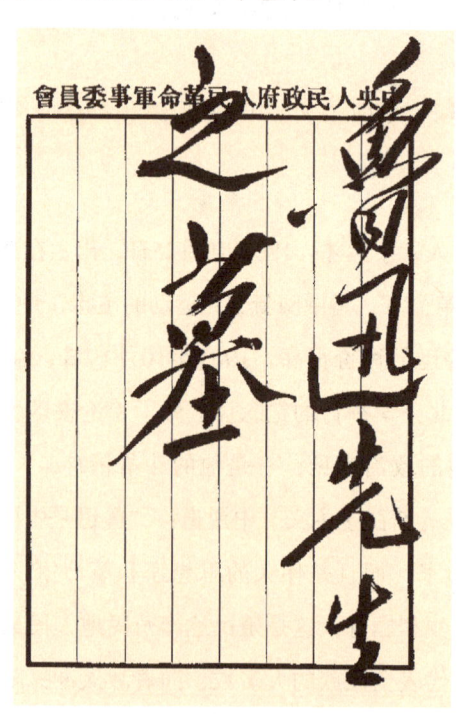

毛泽东手迹"鲁迅先生之墓"

Mao Zedong Shici Pinjian

毛泽东诗词品鉴

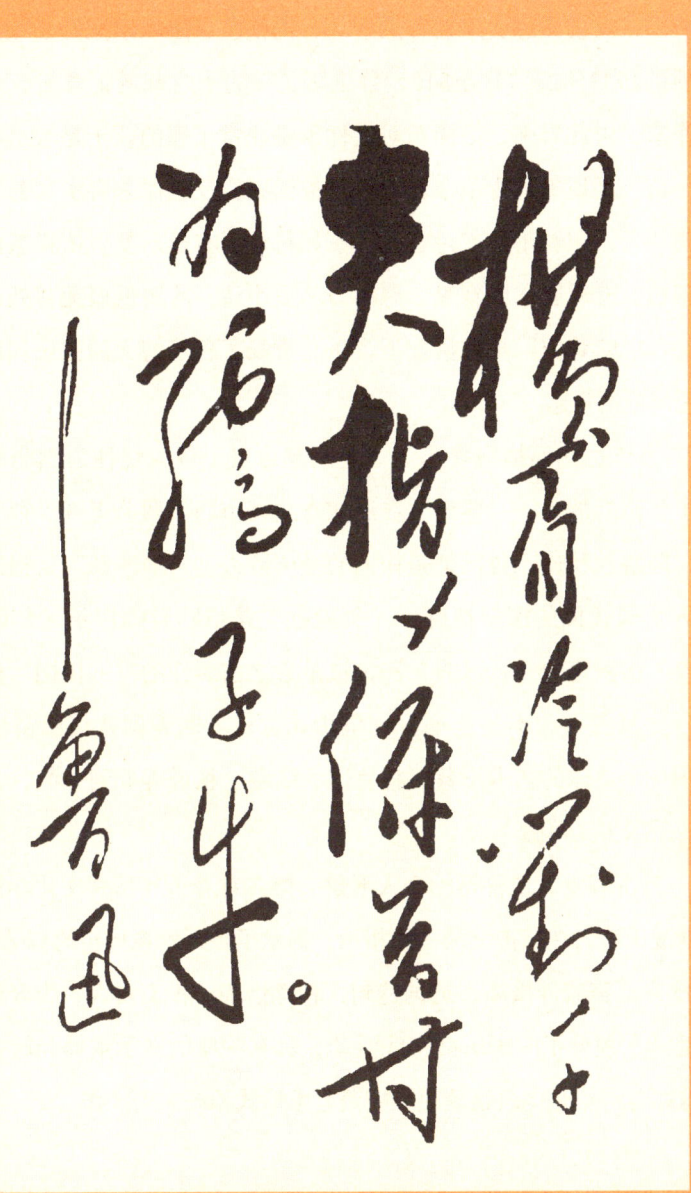

毛泽东手迹（鲁迅《自嘲》）

"龙华喋血不眠夜，犹制小诗赋管弦。"1931年2月7日，国民党反动派在上海龙华秘密杀害了包括左联作家联盟的柔石、胡也频、白莽、冯铿在内的革命青年23人，1月17日，柔石被捕的时候，袋里装有一份鲁迅和北新书店所订的合同，所以，反动派想要逮捕鲁迅。20日的夜里鲁迅全家搬到了花园庄旅馆，两年之后的1933年2月7日至8日，鲁迅写了《为了忘却的记念》，来纪念几个青年的作家。由此看来，毛泽东对这件事是非常了解的，于是写出了这件事。"犹制小诗"是说鲁迅为革命青年作家被国民党反动派杀害所写的《七律·无题》，其诗云："惯于长夜过春时，挈妇将雏鬓有丝。梦里依稀慈母泪，城头变幻大王旗。忍看朋辈成新鬼，怒向刀丛觅小诗。吟罢低眉无写处，月光似水照缁衣。""赋管弦"是说搭配上音乐。赞叹了鲁迅博大的胆识和以笔做刀与敌人誓死周旋的意志。

第二首诗是侧面描写鲁迅。"鉴湖越台名士乡，忧忡为国痛断肠。"首句描写了鲁迅的故乡。"鉴湖"在浙江省绍兴市西南两公里处，很多的名士出自这里，陆游、秋瑾、鲁迅都是伟大的爱国诗人，"痛断肠"是指这些伟大的爱国诗人忧国忧民的深挚情感。"剑南歌"是指陆游的诗集《剑南诗稿》。"秋风吟"指秋瑾的《秋风曲》和她被杀害之前所作的唯一供词"秋风秋雨愁煞人"。"氤氲"，本是指烟，这里指几位诗人的爱国诗篇感情浓郁。"诗囊"，用一个具体的艺术形象，将鲁迅、陆游、秋瑾等放到一起，是说他们都有深厚的爱国主义情感。

第一首诗着重表现鲁迅的个人形象，第二首着重在精神文化渊源上揭示鲁迅和其他爱国诗人在精神上的一脉相承，揭示了鲁迅思想战斗的基础。

毛泽东语言修养极高，遣词造句，精练恰当，古文古人，为今所用，出神入化。毛泽东领导了中国革命实践活动，具有深厚的文学素养和敏锐的艺术感染力，这两首诗正是他政治理想和完美艺术形式相统一的杰作。

Mao Zedong Shici Pinjian
倾听——代伟人的诗意吟咏，感受他的豪情、壮志与深邃……

◎ 七律

和郭沫若同志

一九六一年十一月十七日

一从大地起风雷，便有精生白骨堆。

僧是愚氓犹可训，妖为鬼蜮必成灾。

金猴奋起千钧棒，玉宇澄清万里埃。

今日欢呼孙大圣，只缘妖雾又重来。

——选自《毛主席诗词》，人民文学出版社一九六三年十二月版

附：郭沫若原诗

七律·看《孙悟空三打白骨精》

人妖颠倒是非淆，对敌慈悲对友刁。

咒念金箍闻万遍，精逃白骨累三遭。

千刀当剐唐僧肉，一拔何亏大圣毛。

教育及时堪赞赏，猪犹智慧胜愚曹。

【创作背景】

毛泽东对人们在思想上的错误认识，并不是严厉打压，而是用平和的语言，向对方传输正确的观点，以此改正对方在认识上的错误。

苏联赫鲁晓夫统治集团上台后，他们在苏共二十二大上反对斯大林的思想主张，这是现代国际共产主义运动分裂的开端。1959年9月后，苏美戴维营会谈后，赫鲁晓夫便采取了一系列的步骤恶化同中国共产党的关系。1960年7月，苏联撤走了援华的专家，撕毁了中苏合作的合同，挑起了中苏边境的纠纷，开始推行霸权主义。1961年10月，赫鲁晓夫召开了苏共二十二大，一个月后的11月17日，毛泽东便写下了这首《七律·和郭沫若同志》，给共产主义指明了斗争的策略。

《七律·和郭沫若同志》手迹

Mao Zedong Shici Pinjian

倾听一代伟人的诗意吟哦，感受他的豪情、壮志与深情……

聆听毛泽东诗词吟哦的声音，你将会从他创作的作品里，寻找到艺术家内心的冲动之旅，成过那些主宰着诗词创作的主题，让我们把自己的人融进毛泽东诗词中的主宰者。

郭沫若，中国现代的著名学者、文学家、社会活动家，原名郭开贞，1892年11月16日出生，四川乐山人。早年留学日本，接触了很多先进的思想，后弃医从文。中华人民共和国成立后，当选为中华全国文学艺术界联合会主席，历任政务院总理兼文化教育委员会主任、中国科学院院长、全国人民代表大会常务委员会副委员长等职，当选为第九、十、十一届中央委员，著作有《郭沫若全集》。

1961年10月25日，郭沫若作《七律·看〈孙悟空三打白骨精〉》，诗中历数了唐僧的罪状，认为唐僧应该"千刀万剐"。毛泽东在看了这首诗后，认为诗人将唐僧看做是敌人，这种观点是不正确的，"千刀万剐"也是不恰当的，于是便写了首和诗，告诫人们要敢于斗争，但同时应该善于斗争，正确区分两类不同性质的矛盾，团结大多数群众，最大限度地孤立敌人。1962年1月6日，郭沫若在读了毛泽东所作的和诗后，改正了自己的错误，于是又作一首和诗："赖有晴空霹雳雷，不教白骨聚成堆。九天四海澄迷雾。八十一香弭大灾。僧受折磨知悔恨，猪期振奋报涓埃。金睛火眼无容赦，哪怕妖精几度来。"这首诗送呈毛泽东后，毛泽东回信说："和诗好，不要'千刀当剐唐僧肉'了。对中间派采取了统一战线政策。这就好了。"由此可见一代伟人的伟大胸怀。

【诗词赏析】

本诗最大的特点是用借喻的方法，形象地写出了本诗的目的，寓意丰富，引人深思。

"一从大地起风雷，便有精生白骨堆。"自从风雷震动了大地，就有从白骨堆中变成的妖精。首联用神话小说的内容，写出了白骨精的生成，这一形象而生动的比喻，科学地概括了100多年前国际共产主义运动的斗争规律。"一从"、"便有"两个词相呼应，强调了事物之间的必然联系，自从马克思主义兴起后，就产生了反马克思主义的思想和势力，就像一堆腐朽的白骨化生出妖精兴风作浪一样。

"僧是愚氓犹可训，妖为鬼蜮必成灾。"和尚糊涂但是可以教育，妖精是鬼怪将必然带来灾难。"僧"是指剧中所说的唐僧，他错误地惩罚了斩妖除魔的孙悟空，三度放过白骨精。虽然他犯了错误，但这仅是因为他分不清敌友，误把白骨精当成了自己的朋友，受了敌人的蒙蔽和欺骗。但与此同时，唐僧其实也是个受害者，诗人的"愚"字，形象地写出了这一点。所以针对唐僧和妖精的不同本质，我们应该对他们采取不同的态度。

"金猴奋起千钧棒，玉宇澄清万里埃。"金猴王奋勇挥起金箍棒，澄清了天地的尘埃。戏中的白骨精虽然诡计多端，但是仍旧逃不出孙悟空的火眼金睛，最后的下场只能是粉身碎骨，其所制造的千里妖雾与灰尘被扫灭，天空变得一片澄清。诗人借助这个比喻，形容在共产主义运动的历史上，一些反马克思主义的思潮和势力只可能在一个时期气焰嚣张，他们终究会像白骨精一样，落得一个粉身碎骨的下场。

"今日欢呼孙大圣，只缘妖雾又重来。"今天我们要欢迎孙悟空这位齐天大圣，只因为妖魔鬼怪要重新到来。诗人借这个比喻，引到人们现在所处的社会，社会在此需要那些真正的马克思主义者，因为反马克思主义的思潮和运动又开始在社会上兴风作浪。人们希望真正的马克思主义者，能将社会上那些妖雾澄清，重新推动社会前进。

诗人用借喻的修辞手法，形象地写出了此诗的真正目的，含蓄地回应了郭沫若的诗，纠正了郭沫若在思想上的错误。

Mao Zedong Shici Pinjian

倾听一代伟人的诗意吟咏，感受他的豪情、壮志

与深情……

◎ 卜算子

咏梅

一九六一年十二月

读陆游咏梅词，反其意而用之。

风雨送春归，
飞雪迎春到。
已是悬崖百丈冰，
犹有花枝俏。

俏也不争春，
只把春来报。
待到山花烂漫时，
她在丛中笑。

——选自《毛主席诗词》，人民文学出版社一九六三年十二月版

【创作背景】

毛泽东自强不息、顽强奋斗的精神在三年困难时期体现突出。

1961年，我国处于三年困难时期和苏联背信弃义所带来的经济困难时期，国际上反华势力的叫嚣，使我国面临着前所未有的严峻考验。尽管遇到种种困难，在毛泽东和中国共产党的领导下，全国人民团结一致，自力更生，艰苦奋斗，用坚强的决心和毅力同一切敌对势力进行着抗争。毛泽东在这首词中，就是用梅花的形象来鼓励全国人民。

这首词写于帝国主义和称之为"修正主义者"攻击中国共产党最激烈的时候，毛泽东通过赞美梅花的高风亮节，以驳斥对方的污蔑。正如郭沫若说："主席的词写成于1961年11月，当时是美帝国主义和它的伙伴们进行反华大合唱最嚣张的时候，主席写出了这首词鼓励大家，首先是在党内传阅的，意思是

《卜算子·咏梅》手迹

希望党员同志们要擎得住，首先成为毫不动摇、毫不怕寒冷的梅花，为中国人民做出好榜样。斗争了两年多，情况好转了，冰雪的威严减弱了，主席的词才公布了出来。不用说还是希望我们继续奋斗，使冰雪彻底解冻，使山花遍地烂漫，使地上永远都是春天。"

在这首词的前面有个小序，"读陆游咏梅词，反其意而用之。"1961年，毛泽东在广州筹划即将召开的中央扩大会议，闲暇时，他读了陆游的《卜算子·咏梅》，受到了启发，联系当时的国际国内形势，于是有感而发，"反其意而用之"创作出了这首词。陆游是南宋著名的爱国诗人，在他的北伐主张失败后，他变得消极而颓丧，在内心满腔愁苦的情况下，写了这首词，以表示自己高尚的品格。

而毛泽东在写这首词的时候，却明显不同于陆游，与陆游那种孤寂悲观的笔调相反，在毛泽东的笔下，梅花在严寒中，美丽、坚贞、不屈不挠，不是发愁，而是微笑，不是孤傲，而是具有傲骨，一扫文坛上那种哀怨、颓唐、消极之气，写出了一种新的景观和气象，令人叹为观止。

【诗词赏析】

梅花，已经成为中国文人百写不厌的题材，文人审美情趣的不同、吟咏时的心境不同，会赋予梅花各自不同的象征和意趣。如宋代林和靖曾写道："疏影横斜水清浅，暗香浮动月黄昏。"他写出了梅花的清丽淡雅，寄托了他隐逸的情趣。清朝宋匡业写道："独立风前惟素笑，能超世外自归真。"写出了梅花的超凡脱俗，表明了他与世无争，超然物外的情思。同样，毛泽东笔下的梅花，同样也表达了他的情思，从中可以领略伟大领袖的心境和他不同于常人的情思。

"风雨送春归，飞雪迎春到。已是悬崖百丈冰，犹有花枝俏。"年复一年中，风雨送走了春天，但是漫天的大雪总是一次次地将春天迎接回来。哪怕是悬崖峭壁上结满了冰凌，面对如此酷寒，梅花仍然是一枝独秀，傲然挺拔。诗人用隆冬里依然盛开的梅花，来勉励自己，去安慰他人，应该向梅花学习，勇敢地接受挑战，去展示自己的俊俏。诗人的喻意是真正的无产阶级革命战士根本就不应该惧怕风吹雨打，革命的道路上充满了无数的困难和曲折，只有经历了这些，在风吹雨打的考验下，无产阶级战士才能锻炼得更加坚强，才能争取革命的胜利。"已是悬崖百丈冰，犹有花枝俏。"诗人用梅花自比，是说无产阶级革命战士不论在如何艰难的情况下，都应该坚持奋斗，坚持革命，而不向任何困难和挫折屈服。

"俏也不争春，只把春来报。待到山花烂漫时，她在丛中笑。"梅花虽然很俏丽，但是她从不争夺春的美，只是作为春的使者，向人们传达春的信息，当冬天逝去，春光遍野的时候，梅花独自隐藏在万花丛中发出欣慰的微笑。梅花，在诗人的眼中，梅花是一名斗士，在和严寒斗争后，只为了赢得春天，向人们通报春天的来临，而不是要争夺春天的美景。诗人之所以这样说，正好反击了国际上反华势力的污蔑，我们并不是像赫鲁晓夫等人说的那样，要在国际共产主义运动中争夺领导权，我们只是像梅花一样，向人们宣告未来的世界一定是共产主义普照的世界。

陆游的诗中同样有"不争春"一说，但是两人的含义却大不相同，陆游之所以"不争春"，是因为"一任群芳妒"，而诗人的"不争春"，是因为"只把春来报"。两种不同的思想境界，两种不同的人生态度在此表现突出。

诗人用"待到山花烂漫时，她在丛中笑"作结，将词的境界推向了高潮，梅花以自己的赤诚迎来了美好的春天，但是她却在春花烂漫时欣慰地藏在春色中。"丛中笑"，以传神之笔写出了梅花清丽脱俗，豁达大度的精神风采。从诗人自喻的角度，可以看出，梅花正表现了诗人崇高的品德和高尚的奉献精神。

毛泽东的这首词，结构精致，思想突出，使词的境界呼之欲出，是有咏梅词以来，前无古人的一篇。

Mao Zedong Shici Pinjian

聆听一代伟人的诗意吟咏，感受他的豪情、壮志与深博……

◎ 七律

冬 云

一九六二年十二月二十六日

雪压冬云白絮飞，
万花纷谢一时稀。
高天滚滚寒流急，
大地微微暖气吹。
独有英雄驱虎豹，
更无豪杰怕熊罴。
梅花欢喜漫天雪，
冻死苍蝇未足奇。

——选自《毛主席诗词》，人民文学出版社一九六三年十二月版

【创作背景】

1962年的中国，还处于困难时期，整个国家呈现一片颓废的局势，国际上反华潮流的攻击，令中国雪上加霜，但是作为领导人的毛泽东，却能在"坚冰"的背后，看到胜利的希望，对于反华势力的蔑视，在诗中表现突出。

1962年，从11月起，苏共的赫鲁晓夫就连续发表演说和文章攻击中国共产党，其追随者同样发表声明攻击中国共产党。

在我国遭受连续自然灾害，经济上出现失误的困难时期，赫鲁晓夫等人勾结帝国主义的各国反动派，乘机发起了反华浪潮，他们继续加紧逼债，企图将我国置于死地。在这样严峻的局势面前，中国共产党毫不畏惧，同反华势力进行了坚决的斗争。

毛泽东手迹"探梅"

这首诗是毛泽东在他69岁生日这天写的，充分表达了中国共产党在恶劣的形势下，仍然保持着坚强的斗志和必胜的信心。

【诗词赏析】

这首诗诗人借景抒情，托物言志，充分显示了一代伟人立足巅峰，不畏强暴，敢于和一切困难斗争、力挽狂澜的决心和勇气。诗人用这篇充满战斗激情又富有哲理的诗篇，为我们奏响了一曲高昂的时代乐章，指引着我们不断地向前。

"雪压冬云白絮飞，万花纷谢一时稀。"大雪低压着冬云，雪花纷飞，于是那些经不起严冬考验的花儿纷纷凋谢了，真正能同严寒斗争的花儿已经很少了，诗人通过对景象的描写，以此来象征当时严峻的国际形势。

"高天滚滚寒流急，大地微微暖气吹。"长空翻卷起湍急的寒流，大地吹送出暖暖的暖意。颔联的两句承接首联，通过对严冬自然景象的进一步描写，揭示出严峻的局面下仍然微露着春光。象征着在当时严峻的政治环境下，仍然存在着对抗"寒流"的丝丝暖气，而这正象征了革命春天的到来。

"独有英雄驱虎豹，更无豪杰怕熊罴。"唯有孤胆英雄能驱杀虎豹，也只有大豪杰才不会惧怕熊罴。颈联这两句，用形象的比喻，刻画了马克思主义者以及各国革命人民大无畏的英雄气概。

"梅花欢喜漫天雪，冻死苍蝇未足奇。"漫天大雪令梅花欢欣鼓舞，冻死苍蝇不足为奇。尾联这两句与首联是相互呼应的，将景物拟人化，形象逼真地写出了真正的无产阶级革命斗士敢于同恶势力作斗争的大无畏精神，越是在严峻的包围围攻中，越是像钢铁一样昂然挺立。诗人用"梅花"自比，象征了中华民族不屈的斗志。"冻死苍蝇未足奇"抒发了诗人对经受不住考验的人的蔑视。

整首诗抒情的气势雷霆万钧，再一次向人们展示出了诗人所特有的乐观的精神、磅礴的气势，对困难无所畏惧的坚强决心。

八连颂

一九六三年八月一日

好八连，天下传。为什么？意志坚。
为人民，几十年。拒腐蚀，永不沾。
因此叫，好八连。解放军，要学习。
全军民，要自立。不怕压，不怕迫。
不怕刀，不怕戟。不怕鬼，不怕魅。
不怕帝，不怕贼。奇儿女，如松柏。
上参天，傲霜雪。纪律好，如坚壁。
军事好，如霹雳。政治好，称第一。
思想好，能分析。分析好，大有益。
益在哪？团结力。军民团结如一人，
试看天下谁能敌？

——选自《解放军报》一九八二年十二月二十六日

【创作背景】

毛泽东对于党内的腐败现象、脱离群众的做法始终非常警惕，他很希望全党能够廉洁奉公，和人民群众打成一片，这首诗就是毛泽东特意写出来的诗，作为党和人民学习的榜样。

1963年4月25日，国防部发布命令，授予人民解放军驻上海某部八连"南京路上好八连"的光荣称号，号召全国官兵学习。6月30日，《解放军报》以前所未有的四个版块的篇幅，宣传了"南京路上好八连"的光荣事迹，当时的《解放日报》曾这样报道：

"人民解放军驻在南京路上的这个连队，是上海警备区某部八连。这个连队，进驻上海已有十年，驻在南京路上，也近三年了。这个连队，在党的教育之下，在南京路上值勤，一贯忠心耿耿，坚守岗位，身居闹市，保持俭朴的风

毛泽东手迹"英雄"

气，数年如一日，发扬了人民解放军的优良作风，获得了'南京路上好八连'的光荣称号，不愧为上海人民学习的榜样……

"崇高的理想使八连同志养成了崇高道德品质。他们在南京路上值勤，拾到人们遗失的财物是经常的事情。从1956年以来，全连拾金不昧的有四百四十多人次。这些失物能够找到原主的都送还原主。失主要打听战士的姓名，得到的往往是这样的回答：'这没有什么，你知道是一个解放军战士就行了。'在战士们的思想上，首先想到的总是人民解放军的荣誉，而不是个人的荣誉。这是何等崇高的美德……"

1949年，这个连队进驻上海南京路，帝国主义分子曾经预言，共产党进驻了上海，不久就会发霉、发黑、烂掉。然而，这个连队的官兵，虽然身居闹市，但是却一尘不染地保持着自己当初的本色。顶住了资产阶级所谓的"糖衣炮弹"的攻击，保持了人民解放军全心全意为人民服务的宗旨。

毛泽东在知道了"南京路上好八连"的事迹后，非常欣慰。为了能在全军起到领导带头作用，1963年8月1日，在建军节之际，毛泽东挥笔写下了这首《杂言诗·八连颂》。

【诗词赏析】

全诗共128个字，这首诗从八连写到了全军，扩展到了全国，高度赞扬了20世纪60年代全党和全国各族人民在中共中央的领导下，团结一致，万众一心，扭转困难局面的英雄气概。这首诗除了末尾两句外，都是每句三言，句子比较整齐，白话的语言，让这首诗更朗朗上口，易于传诵。

诗的开头对"好八连"进行了高度的赞扬："好八连，天下传。为什么？意志坚。为人民，几十年。拒腐蚀，永不沾。"

正是因为八连具有上面的这些好品质，所以诗人才说"因此叫，好八连"。然后毛泽东开始号召全党乃至全国的人民向好八连进行学习。"解放军，要学习。全军民，要自立。"接下来引出诗的中心，号召人民学习八连的什么方面。主要包括四个方面。

一、学习他们的大无畏精神，无所畏惧地进行社会主义事业。

二、树立全心全意为人民服务的思想，学习八连"自立"的精神，增强民族自尊心和自信心，不断在前进道路上取得胜利。

三、努力提高全军的军政素质，不仅要学习马克思主义的基本路线和方针政策，还应该和中央保持高度的一致，也就是在"政治""思想""分析"方面加强学习。

四、加强军民团结，"军民团结如一人，试看天下谁能敌？"要虚心向人民群众学习，尊重地方党政的领导，积极配合地方政府的工作。

这首诗亦骈亦散，明白如话，带有政论的性质，但又不是一般的宣传性作品，具有诗的艺术特质，适合军队的官兵们学习和阅读，更好地起到了宣传和教育作用。以三言为主的杂言诗形式，具有民歌、快板诗的民族化、大众化和通俗化的风格，既具有形象性，又具有哲理性，是一篇具有永恒生命力的诗篇。

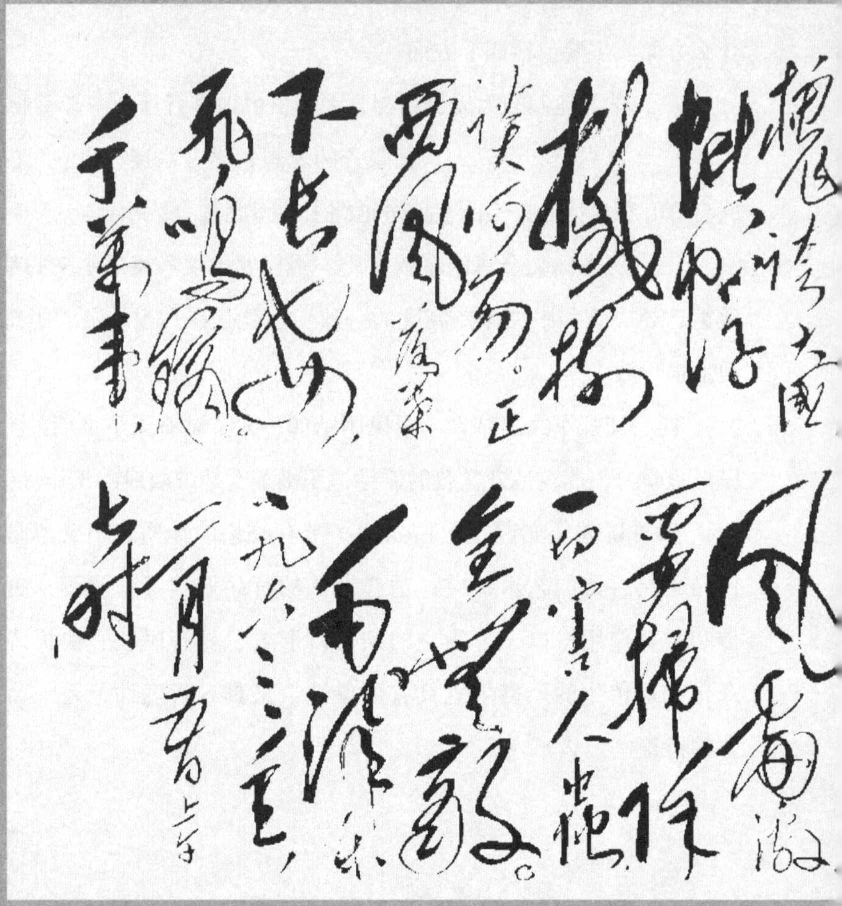

《满江红·和郭沫若同志》手迹

Mao Zedong Shici Pinjian

◎ 满江红

和郭沫若同志

一九六三年一月九日

小小寰球，有几个苍蝇碰壁。嗡嗡叫，几声凄厉，几声抽泣。蚂蚁缘槐夸大国，蚍蜉撼树谈何易。正西风落叶下长安，飞鸣镝。

多少事，从来急；天地转，光阴迫。一万年太久，只争朝夕。四海翻腾云水怒，五洲震荡风雷激。要扫除一切害人虫，全无敌。

——选自《毛主席诗词》，人民文学出版社一九六三年十二月版

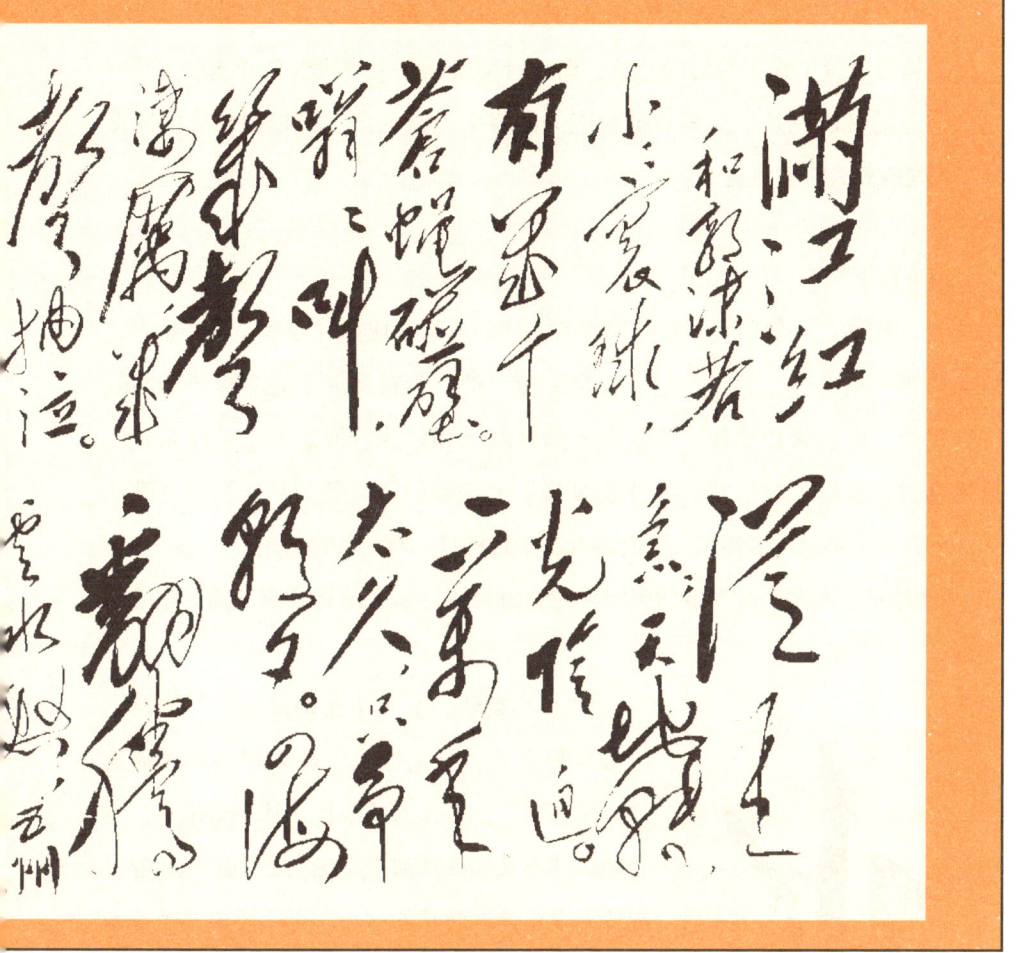

【创作背景】

　　毛泽东在中国最严峻的形势下，同敌对势力的坚决斗争，不断鼓舞人民同一切反华势力进行对抗。

　　20世纪五六十年代，世界局势动荡，国际共产主义运动中的思想分歧不断加剧、激化。1962年，中苏矛盾加剧，赫鲁晓夫利用强权意志指挥欧洲其他社会主义国家的政党围攻中国，中国与苏联正式决裂。苏联报刊接二连三地发表文章攻击中国，我国的报纸和杂志同样不断发表文章进行反击。

　　1958年的"大跃进"运动，给中国造成了很大的经济损失。国外，美苏采取了敌视中国的政策，与此同时，在台湾的蒋介石认为抓住了机会，于是不断对中国大陆及沿海进行骚扰。

　　"沧海横流，方显出英雄本色"，面对来自苏联的滚滚寒流，以毛泽东为首的中国共产党人高举马克思主义的旗帜，与国际上的反共、反华、反社会主义的势力进行了毫不妥协的斗争。而这首词就是在大规模的公开战前夕写就的。这首词可以说是一篇声讨赫鲁晓夫的檄文，是共产主义增强斗志的冲锋号，也是鼓舞人心的宣言书。

【诗词赏析】

诗词唱和，一般而言，应与原作有密切的关系，比如《和柳亚子先生》，是对柳亚子提出的《感事·呈毛主席》而言的，曾对柳亚子先生提出的归隐进行规劝，内容紧扣原作，而这篇《满江红·和郭沫若同志》是毛泽东在广州视察时，看到了1月1日，《光明日报》上登载的郭沫若为新年写的《满江红·一九六三年元旦书怀》，深有感触，于1月9日，写下的这首词。

这首词是诗人针对当时的国际敌对势力封锁打压中国有感而发的，意境壮阔雄浑，气势庞大。

"小小寰球，有几个苍蝇碰壁。"开篇，诗人气势不凡，下笔惊人。诗人将地球说成是"小小寰球"，在伟人的眼里，从宇宙来看，整个地球并不大，在银河系中更是小小的一部分。在诗人眼里地球尚且如此小，更不要说几个苍蝇了。与地球相比，苍蝇就更微不足道了。在这里诗人将赫鲁晓夫之流比作是苍蝇，一语道破了赫鲁晓夫之流的渺小虚弱的本质。"有几个"说明赫鲁晓夫之流只是几个而已，只是一小撮。"碰壁"形象地写出了他们的走投无路。

"嗡嗡叫，几声凄厉，几声抽泣。"这几个渺小的苍蝇，碰得头破血流，发出嗡嗡的叫声。"嗡嗡叫"比喻赫鲁晓夫之流已经走投无路，但是仍做垂死挣扎状，声嘶力竭地叫嚷，对坚持马克思主义原则立场的中国共产党进行无耻的污蔑和谩骂，但他们的这些叫嚷，仅仅是如苍蝇般的嗡嗡叫，叫声时而凄惨，时而哭泣抽噎，

Mao Zedong Shici Pinjian

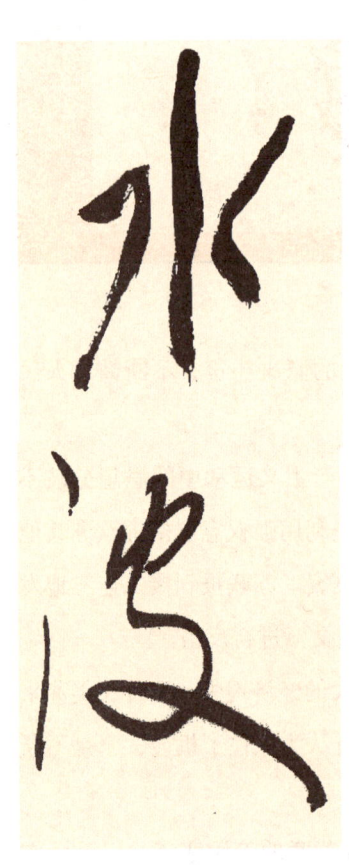

毛泽东手迹"水波"

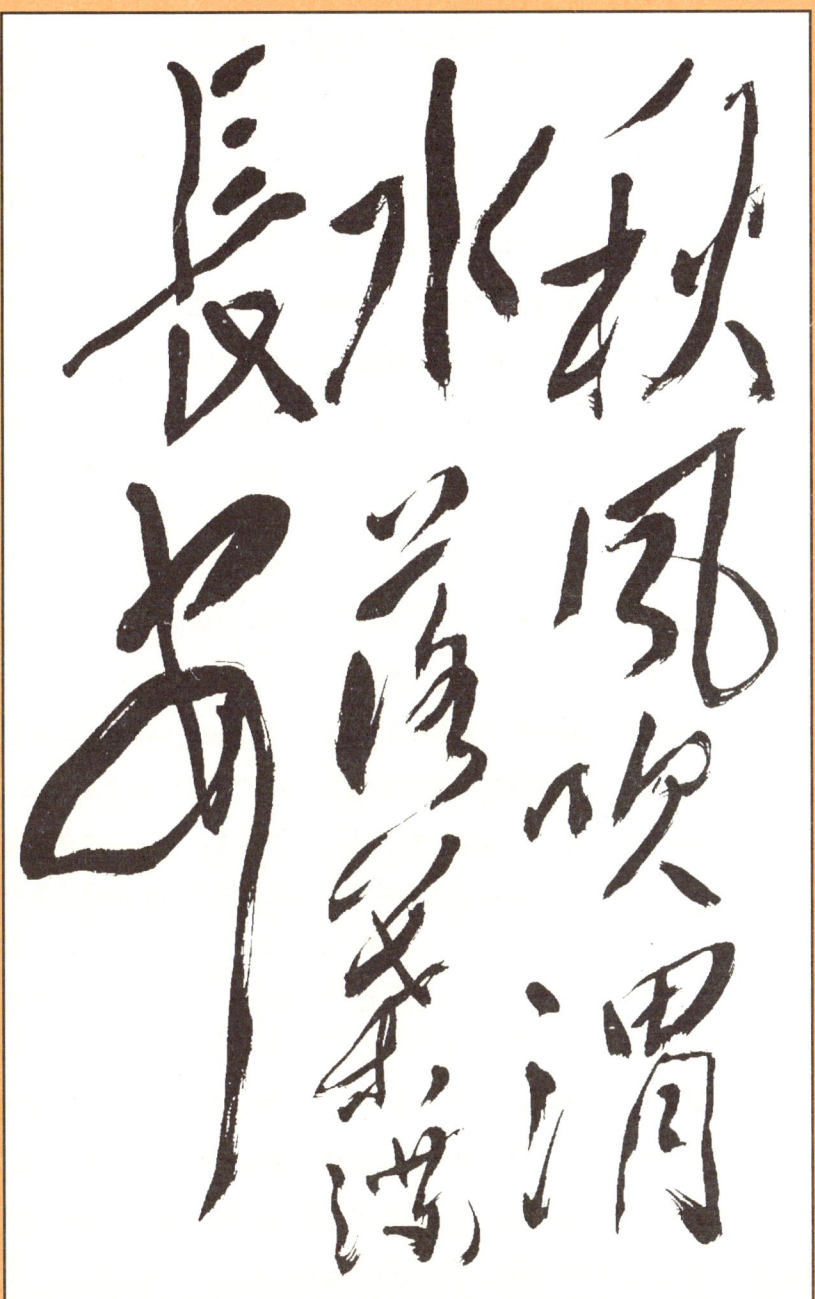

秋风吹渭水，落叶满长安

毛泽东手迹（贾岛《忆江上吴处士》）

可见他们内心的恐惧。有气无力的哭声，可见这帮人的悲惨至极。

"蚂蚁缘槐夸大国，蚍蜉撼树谈何易。正西风落叶下长安，飞鸣镝。"小小的蚂蚁，藏在大槐树下自夸为大国，大蚂蚁要撼动树木谈何容易。正是秋风吹下的落叶扫荡长安，万箭齐鸣。诗人在这里用蚂蚁比喻苏联的赫鲁晓夫统治集团。化用了"南柯一梦"的故事，诗人用比兴的手法，化古典为今用。用唐代李公佐所写的《南柯太守传》中的"大槐安国"的故事比喻"苏修美帝及其走狗"，预示着他们的下场就是和那些小蚂蚁一样不得好死。"蚍蜉撼树谈何易"化用了唐代诗人韩愈《调张籍》中的第二句："蚍蜉撼大树，可笑不自量。"以此来讥讽国际反华势力，妄想撼动中国共产党这棵大树，简直就是异想天开。"正西风落叶下长安，飞鸣镝。"借用了唐朝人贾岛《忆江上吴处士》一诗中的"秋风生渭水，落叶满长安"两句，贾岛诗的原意是写秋天来临时，靠近渭水城的凄凉景象。长安是古代封建帝王的都城，代表着反动派的大本营和堡垒，诗人在这里喻指着赫鲁晓夫集团将要从他们的权力宝座上掉下来。"飞鸣镝"喻指着我们已经发出了全面的攻击信号。反映了当时的中国人民已经开始公开发表各种文章，如飞箭一般刺向敌人。

"多少事，从来急；天地转，光阴迫。"多少事情啊，向来都非常着急，天地都在运行，每天时间都在不停地流逝，时间紧迫啊。"急、转、迫"三个动词，宛如铜锣，诗人在这里想到了他从青年时代到投身革命直到现在，多少岁月已经过去了，但是还有很多事情需要去做，他感到了时间的紧迫感。这也暗示着，共产党不能坐失良机，而是应该抓紧时间和赫鲁晓夫之流作斗争，这是当务之急，刻不容缓。同时这也为诗人后来抒发自己的感情埋下了伏笔。

"一万年太久，只争朝夕。"一万年的时间实在是太长了，应该分秒必争。联系当时的政治背景，可以明了诗人的真正含义，当时赫鲁晓夫之流在中国共产党的猛烈反击下乱了阵脚，于是喊出"停止公开论战"的口号，企图策划发动新的阴谋。诗人在当时的情况下高瞻远瞩，对当时的保守观点"斗争可以慢慢来"予以了严肃的批判：我们和敌人绝没有妥协的余地，应该及时地、加紧地、坚决地与之斗争。"只争朝夕"是一种精神，鼓励督促人民积极地投入战斗。

"四海翻腾云水怒，五洲震荡风雷激。要扫除一切害人虫，全无敌。"天

Mao Zedong Shici Pinjian

与深博……

聆听一代伟人的诗意吟咏，感受他的豪情、壮志

地翻覆，云海翻腾，世界在风雷中震荡不已，要扫除所有的牛鬼蛇神，绝无半个敌手。全词最后发出了"要扫除一切害人虫"的气壮山河的号召，集中表达出全世界人民拥有钢铁般的意志和决心，强大的力量，说明共产党领导下的无产阶级战士是所向无敌的，人民的事业必定会胜利。

纵观全词，这首词的主要特色可以体现在以下方面：

一、比喻形象生动

这首词运用了很多的比喻，如"苍蝇""嗡嗡叫""蚂蚁""蚍蜉""大树"等，诗人用形象的描绘，刻画了十分生动的形象，将赫鲁晓夫之流描写为渺小无益而又不堪一击的形象，这是十分准确且生动的，让人一看到这种形象就会非常厌恶。用蚂蚁自夸大国的比喻，写出了赫鲁晓夫之流狂妄自大的可笑形象。

二、活用典故

诗人在写这首词的时候，运用了很多的典故，但是在运用这些典故的时候，诗人并没有停留在原来的典故含义上，而是古为今用，赋予了新的含义。如借南柯一梦的典故写出了赫鲁晓夫之流的愿望最终会是虚幻一场，痴心妄想而已，根本就无法成为现实。

毛泽东诗词赏析

◎ 七律

吊罗荣桓同志

一九六三年十二月

记得当年草上飞，
红军队里每相违。
长征不是难堪日，
战锦方为大问题。
斥鷃每闻欺大鸟，
昆鸡长笑老鹰非。
君今不幸离人世，
国有疑难可问谁？

——选自《人民日报》一九七八年九月九日

【创作背景】

毛泽东谦逊、对战友高度评价的崇高品格在对罗荣桓的悼念中，显现突出。

罗荣桓是久经考验的共产主义战士，坚定的马克思主义者，伟大的无产阶级革命家、政治家和军事家，是中国人民解放军和中华人民共和国的缔造者之一，中华人民共和国的元帅，是党和国家的卓越领导人。

罗荣桓，1902年出生于湖南省衡山县，1927年加入共产主义青年团，随即加入中国共产党，参加了湘赣边界的秋收起义。土地革命战争时期，任工农革命军第一军一师一团特务连党代表，中国工农红军第四军十一师三十一团营党代表，第二纵队党代表，红四军政治委员，红一军团政治部主任，江西军区政治部主任，红军总政治部巡视员、动员部部长，红八军团政治部主任，红一军团政治部副主任，红军大学一科政治委员，中国工农红军后方政治部主任。抗日战争时期，任八路军一一五师政治部主任、政治部委员，山东军政委员会书记。解放战争时期，任东北民主联军副政治委员，东北军区副政治委员，东北野战军政治委员，第四野战军第一政治委员，中共中央华中局第二书记，华中军区、中南军区

《七律·吊罗荣桓同志》手迹

第一政治委员。

　　1949年，中华人民共和国成立后，任第四野战军第一政委，参与指挥平津战役，主持和平解放北京的工作。新中国成立后，任人民解放军政治部主任兼解放军政治学院院长，被中央军委授予元帅军衔，历任最高人民检察署检察长、人民革命军事委员会主席、全国人大常委会副委员长、国防委员会主席。罗荣桓对党和国家作出了突出的贡献，但是因为长期抱病工作，积劳成疾，于1963年12月6日，在北京逝世，享年61岁。

　　噩耗传来时，毛泽东正在中南海颐年堂召开中央政治局会议，听到噩耗，毛泽东非常悲痛，起立带头为罗荣桓默哀，并亲自到医院与罗荣桓的遗体告别。在之后的几天，毛泽东哀思绵绵，很少说话，有时服用了大量的安眠药仍无济于事，在这种情况下，毛泽东写下了这首《七律·吊罗荣桓同志》，以表达自己对罗荣桓的深切悼念之情。

【诗词赏析】

　　毛泽东是一代伟人，作品众多，但是真正意义上的悼亡诗其实就此一篇。这是唯一一首标明"吊罗荣桓同志"的吊唁诗，字里行间充斥着诗人对逝者的哀悼和怀念之情。

　　"记得当年草上飞，红军队里每相违。"首联诗人回忆了罗荣桓早年在疆场上驰骋的英姿，以及他们两个以前总是不在一起工作的情形。首句是形容罗荣桓的英勇善战。"草上飞"化用的是黄巢的诗句"记得当年草上飞"，诗人用词来暗示罗荣桓在秋收起义及井冈山割据时的机敏灵活，英勇神速。"每相违"，在这里是说罗元帅在战场上奋勇杀敌，所以，诗人不能经常碰到他，于是在战斗的年代，两个人相见一面是很困难的。这里也反映出了他们之间渴望见面但是不能相见的心情，由此，可以让人们体会到他们之间真挚的友谊、深厚的感情。

　　"长征不是难堪日，战锦方为大问题。"在这里诗人缅怀了罗荣桓对革命战争所作出的重大贡献。诗人再一次乐观地回忆了当时共同经历过的革命的艰难困苦。与解放战争辽沈战役中的锦州战斗相比，长征并非最难以忍受的岁月。在这里诗人不提罗荣桓在长征中所取得功绩，而是重点描述攻打锦州的战斗。攻打锦州的战斗是辽沈战役中的关键一战，1948年，毛泽东决定首先在东北战场上，与国民党军队进行战略决战。当时，东北敌人困守着长春、沈阳、锦州三个孤立的地区。究竟先打哪座城池，毛泽东在《关于辽沈战役的作战方针》中，做了明确的指示和部署，要求我军先集中兵力攻打锦州。但是东北野战军司令员林彪想先攻打长春。作为东北野战军政委的罗荣桓，同林彪进行了坚决的斗争，执行了毛泽东先打锦州的指示。果然，这一战役取得了大胜，势如破竹地拿下了三大战役的第一个大战役。罗荣桓不仅在长征中功劳显著，在辽沈战役中，更是功不可没。诗人用"长征"和"战锦"的事例，概括了罗荣桓对革命战争所作的突出贡献。

"斥鷃每闻欺大鸟，昆鸡长笑老鹰非。"只能在地上跳一跳的小雀还想讥笑高飞于天的大鹏鸟，只能在地上走一走的小昆鸡，还想嘲笑展翅腾空高飞的雄鹰。诗人用"斥鷃""昆鸡"来比喻那些反对革命的小人，而将罗荣桓比作是"大鸟""老鹰"，用卑微的家伙的自不量力来反衬罗荣桓崇高而伟大的形象。

"君今不幸离人世，国有疑难可问谁？"尾联中诗人一方面悼念友人，一方面是痛失良将，这是党和国家的损失，最后一句，将罗荣桓提升到了一个非常高的位置，日后处理国家各种疑难棘手的问题时，我该去找谁商量呢？这并不是说国家真的没有人请教了，而是为了强调罗荣桓对党和国家的突出贡献，是对他贡献的高度评价。

通读此诗，我们可以发现本诗有两个最大的特点：

一、直抒胸臆，感情深厚，感染力强

诗人用朴素的语言道出了逝者在早年的生活经历，朴素的话语，蕴藏了诗人深厚的感情，如"红军队里每相违"简单明了地反映出了诗人和逝者在部队里工作，却很难见面的情况，字里行间都透露着他们深厚的情谊。

二、比喻恰当、对比鲜明

诗人在讲述罗荣桓的崇高和伟大时，用了两个对比鲜明的例子，用"斥鷃"的自不量力来反衬"大鸟"的伟大，用"昆鸡"的狂妄来反衬"老鹰"的崇高形象，这些都更有力地突出了罗荣桓的崇高形象。

贺新郎·读史

一九六四年春

人猿相揖别。只几个石头磨过，小儿时节。铜铁炉中翻火焰，为问何时猜得？不过几千寒热。人世难逢开口笑。上疆场彼此弯弓月。流遍了，郊原血。

一篇读罢头飞雪，但记得斑斑点点，几行陈迹。五帝三皇神圣事，骗了无涯过客。有多少风流人物？盗跖庄蹻流誉后，更陈王奋起挥黄钺。歌未竟，东方白。

——选自《红旗》一九七八年第九期

【写作背景】

20世纪60年代初的中国，已经基本上克服了困难，经济逐步走上正常的发展轨道，国家建设也出现了新的繁荣景象，新中国显得生机勃勃。

我们都知道诗人一生酷爱读书，尤其是中国历史书，古典文学、哲学等，无不广泛涉猎。《二十四史》、《资治通鉴》曾是他百读不厌的著作。他不仅自己爱读书，也爱与别人谈书，号召其他高级干部也要多读书。

毛泽东曾对斯诺回忆说："我订了一个自修计划，每天到湖南省立图书馆去看书。我非常认真地执行，持之以恒。我这样度过半年时间，我认为对我极有价值。每天早晨图书馆一开门我就进去。中午，只停下来买两块米糕吃。这就是我每天的午饭。我天天在图书馆读到关门才出来。"

毛泽东在长期坚持中所积累的阅读量，常人无法与之相比。他曾通读《尚书》、《春秋》、《左传》、《二十四史》、《资治通鉴》、《历朝纪事本末》、《清史稿》等。就在逝世的一年前他还两次读了《晋书》。他不仅喜读正史，还喜读诸如"演义"、"笔记小说"之类的野史。他提倡读史的目的不是因循守旧，而是从中吸取历史经验教训，指导今天的斗争。他早在《新民主主义论》中指出："我们必须尊重自己的历史，决不能割断历史，但是这种尊

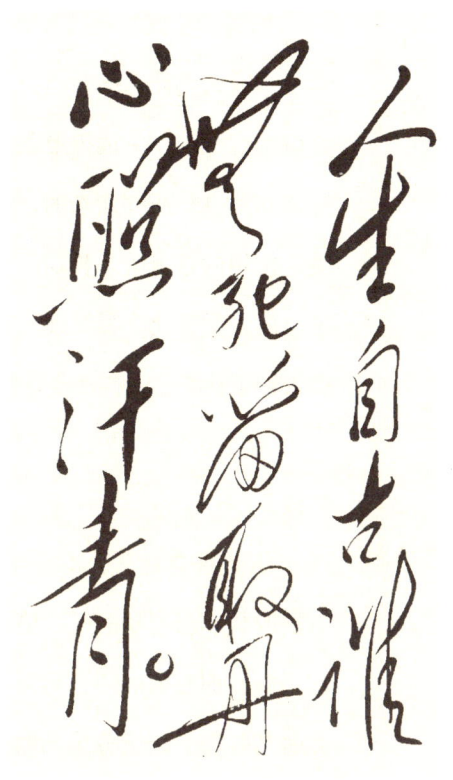

重，是给历史以一定的科学地位，是尊重历史的辩证法的发展，而不是颂古非今，不是赞扬任何封建毒素。"毛泽东这首《贺新郎·读史》也就是他自己这方面理论的一个实践。

1963年年底到1964年年初这个时期，国内外的斗争形势是非常复杂的，正需要人们用历史分析的方法来指导当前尖锐而复杂的斗争。毛泽东用自己的实践给人们上了重要一课。

【诗词品鉴】

《贺新郎·读史》这首词是理论思维与形象思维辩证统一的典范。这首词中典型的艺术形象魅力，给人以丰富的想象空间，领略其中的精妙之处。

上阕概括叙述人类从原始社会到封建社会的发展历史。

第一大层（第一至六句）叙述人类社会发展史中的几个阶段。

第一小层（第一句）写人类社会的开始，引出下文。

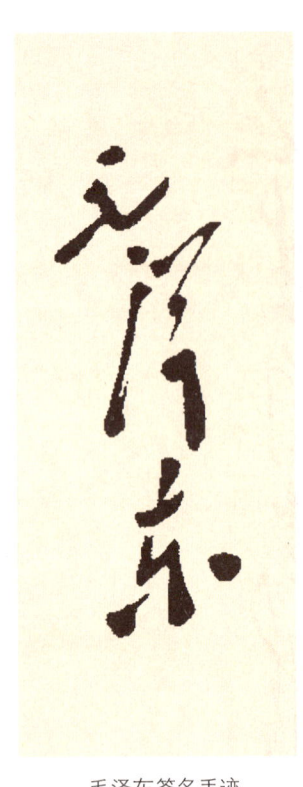

毛泽东签名手迹

这首词全篇写的是人类社会发展的历史，因此第一句写人类社会的开始，就有领起全篇的作用。这里用"揖别"一词很形象，说明人类是由猿类经过长期的进化演变而来的，在这个进化过程中，起决定作用的是劳动。长期的劳动使猿的手足有了分工，向人类进化，最终使人类和猿类彻底分离。人类告别了猿类，人类社会开始了。

第二小层（第二、三句）写人类社会的原始阶段。

人类社会最开始处于原始阶段。这个阶段分旧石器时代和新石器时代，第二句用"石头磨过"概括了新、旧石器时代，写得很形象化。第三句"小儿时节"是一个十分生动的比喻，因为原始社会这个阶段就是人类社会发展的一个幼年时期。这两句使人读起来有诙谐幽默之感，饶有兴味。

第三小层（第四、五、六句）写人类社会发展，进入阶级社会。

人类社会的第一个阶级社会是奴隶社会。这个社会在生产上的基本特征是使用青铜制造的生产工具，社会上出现了剥削，形成奴隶与奴隶主的阶级对立。封建社会已经进步到使用铁制的工具，剥削形式改变，农民与地主的阶级矛盾不断深化。这两个社会所使用的工具不管是青铜器还是铁器，都要用火炉进行冶炼铸造。所以"铜铁炉中翻火焰"一句便形象地说明人类社会的发展在原始社会之后，先后进入了奴隶社会和封建社会两个阶级社会的阶段。但是问这两个阶段在中国是什么时候开始的呢？在史学界有许多争论，其中对两个阶段的分界时间有西周、春秋、战国、秦始皇统一六国、东汉、魏晋等多种说法。"为问何时猜得"一句中的"猜"就是指人们正在研究摸索，还没有得到确切的结论。但不管怎样"猜"，这两个阶段只不过几千年罢了。第六句"不过几千寒热"就用借代的方法对此作了说明。

第二大层（第七至十句）描述阶级社会中阶级斗争激烈和悲惨的景象。

第一小层（第七、八句）写激烈的阶级斗争给人们带来了苦难。

在几千年的阶级社会里，人与人之间是怎样的景况呢？"难逢开口笑"形象地描写出人们的神态，表现出人们内心的痛苦。为什么这样痛苦呢？就因为阶级矛盾、民族矛盾激化，战争频繁。"上疆场彼此弯弓月"一句便形象描写出当时社会的本质。毛泽东用典型概括的方法，展现了阶级社会中你死我活的残酷斗争。

第二小层（第九、十句）写激烈的阶级斗争的悲惨后果。

激烈的阶级斗争产生了什么后果呢？这一小层的两句："流遍了，郊原血。"六个字既写尽了战争的激烈程度，也写尽了战争的悲惨景象。由于战争的连绵不断，杀人如麻，尸积如山，致使殷红的鲜血流遍了广大的郊外原野，真是惨不忍睹。

下阕对中国社会发展历史记载进行简要评述。

第一大层（第一至五句）对一些史学家肆意改写历史感到气愤。

第一小层（第一、二、三句）写读罢历史只觉得气愤。

"一篇读罢"不能理解为"读罢一篇"，这里的"篇"不是物量词，而是动量词。上述的人类社会发展史或中国社会发展史的许多内容，不是单单"一篇"就能包括得了的。"篇"有首尾完整记载的意思。在毛泽东的手迹中，这个"篇"字是从"遍"字改成的。这里的"一篇"是"读"的状语。"一篇读罢"应该理解为完整读了一遍的意思。"头飞雪"指头上的白发直竖，像飞了起来，它形象描绘出气愤的样子。为什么完整地读了一遍历史却令人感到气愤呢？就因为那些所谓史家，把一部几千年的中国社会发展的阶级斗争史搞得支离破碎。"但记得斑斑点点，几行陈迹。"这里形象地说明，那些史学家

毛泽东诗词赏析

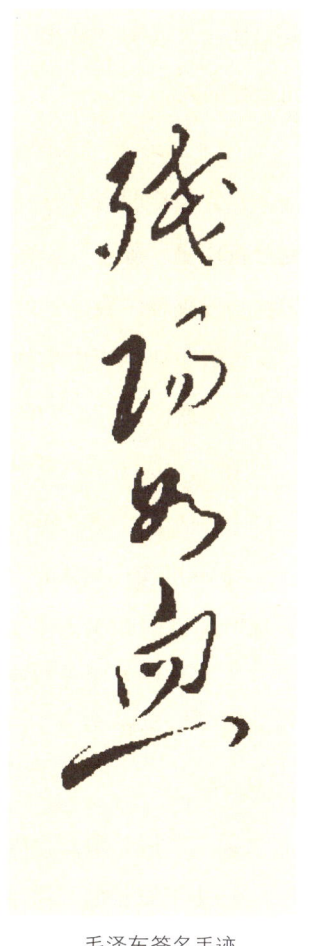

毛泽东签名手迹

的史著，留给读者的只是点点滴滴、不系统、不完整的印象。就因为他们没有用马克思主义的辩证唯物论和历史唯物论的立场、观点和方法去进行著述，因而不能客观地系统地去阐述和分析中国社会发展的历史进程，更不能很好地揭示出中国社会发展及阶级斗争的规律。

第二小层（第四、五句）指出一些虚假的不真实的历史记载欺骗了不少读者。

三皇五帝是中国古代传说中的人物，但一些所谓史家却把他们说成是真实的历史人物，并把有关他们的传说说成是正史，说他们是历史上最有才能最贤明的君主，最神圣的英雄。"神圣事"指的就是这些怪事。当然这种不真实的记载，在那些史家的著述中还有很多，这里写"五帝三皇"只是举其中的典型事例来说明一般。"事"就是指这一类的事。这一类弄虚作假的事，往往就是欺骗了许许多多的读者。当然不是所有的读者都会被欺骗，毛泽东在这里把被欺骗的读者称为"过客"，也就是把那些人云亦云、偏听偏信的人，视作平庸而愚蠢的人。

在下阕的第一大层，毛泽东便给人们指出了应该如何正确对待历史"陈迹"。它包括两方面，一方面要求史家要用历史唯物论的观点，客观正确地研究分析历史"陈迹"，在著述中准确、公正、系统地阐述历史，从而揭示出中国社会发展及阶级斗争的规律，不要用虚假错误的东西欺骗读者；另一方面，要求读者也要用历史唯物论的立场、观点、方法去阅读历史、了解历史，从而总结经验教训，受益其中，不要成为无所作为的"过客"。

第二大层（第六至十句）指出历史上真正的风流人物。

第一小层（第六句）转入对历史上真正英雄的评述。

上一层指出错误的历史记载宣扬了虚假的英雄，这一层用"有多少风流人物"的设问句引出了关于历史上真正英雄的评述。"风流人物"指在历史上对一个时代有很大影响的杰出英雄人物。真正的英雄必须对推动社会历史的发展起促进作用，人民群众就是真正的英雄，所以这一层设问的答案是不言而喻的。

第二小层（第七、八句）举出历史上风流人物的一些典型。

历史上真正的"风流人物"不少，这一小层举出了一些典型来作说明。先举出中国奴隶社会的两个人民群众的代表人物——盗跖和庄蹻，他们带领奴隶起义，对解放奴隶，促进生产力的发展，推动社会前进，有很大功劳，所以被人民群众歌颂、赞美、流芳于后世。接着，又举出了中国封建社会秦末农民起义的领袖陈胜，他率领起义军攻入陈县以后，被拥戴为张楚王。"奋起挥黄钺"就是指他和吴广率领被征发戍边的农民群众，起义反秦的历史事件。他们的起义动摇了秦朝统治，促使秦朝覆亡，起到了推动历史前进的作用，他们才是历史上真正的英雄，真正的风流人物。

毛泽东签名手迹

第三小层（第九、十句）数风流人物还看今朝。

"歌未竟"说明历史上真正的英雄的确是很多的。要是一一加以歌颂是歌颂不完的。尤其是现在"东方白"了，天亮了，新的历史进程到来了，中国革命胜利了，中国进入了社会主义社会，这是中国历史的一个崭新阶段。中国人民是新中国的主人，是社会主义新时期的真正英雄，无数的中国人民将在新的历史上成为真正的风流人物。正如毛泽东在《沁园春·雪》那首词中所说的，"数风流人物，还看今朝"！

全篇的特点是：

一、小中见大，通俗形象地揭示了重大的历史内容

小中见大，通俗形象地揭示重大的历史内容，是这首词的一个重要特点。例如"只几个石头磨过"是生活中常见的一些细小的事情，但它既通俗又形象地反映出了人类社会发展的一个重大时期——石器时代生产的特征，揭示出原始社会的普遍生产情景。又如"小儿时节"用婴儿时期这样一段极短的时间，去说明原始社会是人类发展的一个极幼稚的阶段这一历史内涵，显得恰到好处。再如"铜铁炉中翻火焰"，用铜器与铁器的生产过程中的一个环节，反映出奴隶社会中的两个历史时期，使人感到形象鲜明，平易好懂。

二、概括力极强。这首词的另一个重要特点就是概括力极强。

人类社会的最初阶段——石器时代经历了300多万年，却只用了"只几个石头磨过，小儿时节"两句，明确而概括。从人猿分离，人类诞生，经过原始社会，进入阶级社会，又从阶级社会进入社会主义社会，这一漫长的人类社会发展历程，全词仅用了115个字便概括了。一个"血"字概括了阶级斗争的尖锐性、残酷性。一个"歌"字概括了对中国历史上真正风流人物的赞歌。一个"白"字更高度概括了中国共产党领导全国人民，进行长期英勇顽强的斗争，夺取了建立新中国的伟大胜利。

◎ 七绝

贾 谊

贾生才调世无伦，
哭泣情怀吊屈文。
梁王堕马寻常事，
何用哀伤付一生。

——选自《毛泽东诗词集》，中央文献出版社一九九六年九月版

【创作背景】

　　毛泽东一生都很欣赏贾谊的才华，赞赏他非凡的才能和政治理想，同情他壮志未酬的不幸遭遇，毛泽东爱才、惜才的心理展露无遗。

　　青年时代的毛泽东就很推崇屈原和贾谊，在他与罗章龙交友初次见面时，两人就谈到对屈原、贾谊的评价。毛泽东在送给罗章龙的诗中，曾这样说道："年少峥嵘屈贾才。"

　　贾谊是西汉的政论家、文学家，世称贾生。初期的时候，曾被汉文帝召为博士，当时的贾谊只有20岁。他提出了一套改革政治法制的主张，但是未被重用，于是被迁为太中大夫。不久，贾谊因为遭到朝廷上他人的排挤，而被贬为长沙王太傅，在渡过汨罗江时，乃作《吊屈原赋》自喻。后来又作梁怀王太傅，但是因为梁怀王坠马而死，贾谊觉得自己没尽到责任，于是为此常常哭泣，一年多后就死了，只有33岁。

　　毛泽东在潜心读史的时候，写了两首关于贾谊的诗，可见毛泽东对贾谊的钟爱。

　　1958年4月27日，毛泽东给他的秘书田家英写了一封信，信中就提到了贾谊。

家英同志：

　　如有时间，可一阅班固的《贾谊传》。可略去《吊屈》、《鹏鸟》二赋不阅。贾谊文章大半亡失，只存见于《史记》的二赋二文，班书略去其

《过秦论》，存二赋一文。《治安策》一文是西汉一代最好的政论，贾谊于南放归来著此，除论太子一节近于迂腐以外，全文切中当时事理，有一种颇好的气氛，值得一看。如伯达、乔木有兴趣，可给一阅。

毛泽东

四月二十七日

【诗词赏析】

在文学史上，写贾谊的诗很多，如李商隐的"可怜夜半虚前席，不问苍生问鬼神"，是说汉文帝不重视贾谊，来反衬自己的怀才不遇。毛泽东从另一个角度写出了自己对贾谊的感慨。

"贾生才调世无伦"首句诗人给予了贾谊很高的评价，他的才华、见识在汉文帝的时候是没有人可以相比的。

"哭泣情怀吊屈文"，是说贾谊在长沙路过汨罗江的时候，想到屈原的忠而见疏，联想到自己的悲惨遭遇，于是做了一首吊祭屈原的文章——《吊屈原赋》。

"梁王堕马寻常事"是说贾谊在做汉文帝之子梁怀王的太傅时，梁怀王不小心从马上摔下来摔死了，这本是件很平常的事，但是贾谊却非常自责，非常忧伤，于是一年多后抑郁而死，仅有33岁。

"何用哀伤付一生"，这句是诗人对贾谊的叹息，何必因为过分哀伤而献上自己的生命呢？毛泽东在《读〈初唐四杰集〉批语》中，曾赞叹贾谊的历史学和政治学，只可惜"英俊天才，惜乎死得太早了"。

◎ 七律

咏贾谊

少年倜傥廊庙才，
壮志未酬事堪哀。
胸罗文章兵百万，
胆照华国树千台。
雄英无计倾圣主，
高节终竟受疑猜。
千古同惜长沙傅，
空白泪罗步尘埃。

——选自《毛泽东诗词集》，一九九六年九月版

毛泽东诗词赏析

【创作背景】

毛泽东在对贾谊的评价上，赞叹他非凡的才能，有远见的卓识，但是为他的轻生感到痛惜，爱惜人才的心理再次得到体现。

毛泽东在写了七绝《贾谊》之后，又创作了这首《咏贾谊》，这两首诗都创作在"文化大革命"前夕。

在发布了"五一六通知"以后，"文化大革命"就已经拉开了帷幕，正式开始了。从批吴晗的《海瑞罢官》，到批"三家村"，再到批彭罗陆杨。6月1日，《人民日报》发表社论《横扫一切牛鬼蛇神》，把矛头指向了所谓的"反动学术权威"，打击面迅速扩大，虽然毛泽东曾让周恩来列出一部分名单，保护了小部分的民主人士和著名学者，但是仍有很多的党政干部和知识分子受到了不小的打击和批判。毛泽东在这一时期，曾经写过《七律·有所思》对"文化大革命"的初期情况进行了思考之外，他又写了这两首赞咏贾谊的诗。毛泽东的主要思想还是爱惜人才，上面关于贾谊的诗着重在慨叹贾谊的一生，后面这首诗，主要是歌咏贾谊。

　　"少年倜傥廊庙才，壮志未酬事堪哀。"首联第一句写出了贾谊的才华。贾谊在18岁的时候已经能诵读诗书，善文章，在20岁的时候，就成为博士。"倜傥"，卓异，不同寻常。司马迁曾在《报任安书》中说道："古者富贵而名摩灭，不可胜记，唯倜傥非常之人称焉。""廊庙"，比喻朝廷，"廊庙才"比喻能担负国家重任的人。第二句写出了贾谊的悲惨人生，最终没能实现他的治国宏图。"壮志"指伟大的志向。"酬"是实现。一个"哀"字，写出了诗人对贾谊人生的同情。

　　"胸罗文章兵百万，胆照华国树千台。"颔联写出贾谊的才能和志向。"文章"在此指贾谊所富有的才华，《后汉书·韩棱传》中："肃宗尝赐诸尚书剑，唯此三人持以宝剑……寿明达有文章，故得汉文。""兵百万"，比喻贾谊的治国策略好像将军的领兵韬略，能指挥百万军队。"胆照华国树千台"，贾谊曾经主张，削弱诸侯王的势力，加强中央集权。"胆照"写出了贾谊对国家的忠心和忠诚。"华国"，指的是华夏，即汉王朝。"树千台"喻指众多的诸侯国。汉代时，曾设立三台，尚书为中台，御史为宪台，谒者为外台。贾谊认为，建立众多的诸侯国，削弱它们的势力，加强中央集权，使得各诸侯王无力对抗朝廷，以达到巩固汉朝的目的。

　　"雄英无计倾圣主，高节终竟受疑猜。"出类拔萃的贾谊也没有说服英明的汉文帝，他高尚的情操，终究还是受到了人们的怀疑和猜忌。颈联写出了贾谊的不幸所在。"雄英"，是说贾谊在朝廷

毛泽东签名手迹

毛泽东诗词品鉴

Mao Zedong Shici Pinjian

倾听一代伟人的诗意吟咏，感受他的豪情、壮志与深情……

中出类拔萃。语出三国曹植《大司马曹休诔》："年没弱冠，志在雄英。高揖名师，发言有章。""圣主"在这里指的是汉文帝。"高节"在此指的是贾谊高尚的情操。这里诗人概括地描述了贾谊在朝廷做官，不断受到排挤，而遭到贬斥的过程。其实汉文帝在早期的时候是重用贾谊的，贾谊的很多意见和措施在开始的时候得到了采纳，还出现了历史上的"文景之治"，这说明汉文帝还是一位"明主"，但是在其他大臣的排挤下，汉文帝未能坚持自己的观点，继续信任贾谊，而是听信了其他大臣的谗言，将贾谊贬斥了。

"千古同惜长沙傅，空白汨罗步尘埃。"几千年来，人们一直在诉说着贾谊的故事，他步了投汨罗江屈原的后尘。尾联写出了贾谊悲惨的结局。"长沙傅"，在这里指的是贾谊。"空白"，徒然说。"汨罗"指的是汨罗江，湘江的支流。战国时期的诗人屈原，忧愤国事，而被流放于此，因为自己无法挽回楚国的命运，而最终投汨罗江而死。"步尘埃"就是步后尘的意思。贾谊因为梁怀王之死，心情抑郁，最终忧郁而死。诗人在这里说的是贾谊和屈原的命运相似，终生壮志未酬。

总之，这首诗通过对贾谊一生的描写，赞扬了贾谊的才华横溢、远见卓识，对他悲惨的结局，诗人表现了无限的惋惜之情，这表现了诗人的惜才意识。

毛泽东诗词赏析

◎ 水调歌头

重上井冈山

一九六五年五月

久有凌云志，重上井冈山。千里来寻故地，旧貌变新颜。到处莺歌燕舞，更有潺潺流水，高路入云端。过了黄洋界，险处不须看。

风雷动，旌旗奋，是人寰。三十八年过去，弹指一挥间。可上九天揽月，可下五洋捉鳖，谈笑凯歌还。世上无难事，只要肯登攀。

——选自《诗刊》一九七六年一月号

【创作背景】

井冈山革命根据地是毛泽东一手建立起来的，在中国革命取得胜利后，毛泽东再次登上井冈山。在这里他感慨万千，一腔的壮志豪情、不为艰难所困的精神气概，全都蕴藏在了这首诗中。

井冈山革命根据地是中国革命的摇篮，1927年，毛泽东率领秋收起义的工农红军，在井冈山建立了第一个农村革命根据地，并且再次点燃了工农红军武装夺取政权的烈火，开始了农村包围城市的革命道路。就是通过这条道路，中国革命取得了最终的胜利。

新中国成立后，社会主义革命和建设使得井冈山发生了很大的变化，从湖南长沙，经韶山、安源、三湾、宁冈，直达茨坪的公路已经畅通，毛泽东重上井冈山就是选择的这条路线。毛泽东先游览了黄洋界，再次重游了当时的战争遗迹。过了黄洋界，毛泽东就到了当年的根据地中心茨坪，茨坪是当时革命根据地的政治、军事和经济中心，如今，已经发生了翻天覆地的变化，而且还在此地建起了井冈山革命烈士塔和井冈山革命博物馆。

《水调歌头·重上井冈山》手迹

看到了井冈山翻天覆地的变化后，毛泽东内心非常感慨。他将自己的感受用诗抒发了出来，这就是《水调歌头·重上井冈山》，歌颂了井冈山旧貌换新颜的建设成就，既回顾了当年的历史，又展望了未来，激励全国人民发扬井冈山的革命精神，不断推进我国的建设事业。这首诗在1976年元旦，正式在报刊上发表。

【诗词赏析】

这首词采用了叙事、写景、抒情、议论相结合的方法，既为人们提供了美好的审美对象，也为人们提供了广阔的审美空间。

全词如行云流水般舒畅，写景抒情、情景交融，语言明丽畅快，是一首格调清新、气势磅礴、意境深远的杰作。

"久有凌云志，重上井冈山。"诗人第一次登上井冈山是在1927年10月，而再次登上井冈山则是在1965年。新中国成立后，毛泽东很想再次攀登井冈山，但是因为工作的繁忙，直到1965年，才实现了这个梦想。"凌云志"在此是双关语，诗人第一次登上井冈山时，是为了开创革命根据地之志，现在诗人再次登上井冈山，则是为了开拓新远程之志。

"千里来寻故地，旧貌变新颜。"真挚地表达了诗人对井冈山和革命老区人民的深情厚谊。"千里"可见诗人此次的行程之远，"故地"道出此地是诗人的魂牵梦萦处。"旧貌变新颜"写出新中国成立后的井冈山变得如此壮美，换了一副崭新的容貌。

"到处莺歌燕舞，更有潺潺流水，高路入云端。"诗人所看到的景色是如此的让人心神荡漾，莺歌燕舞下，潺潺的小溪流过，修建的公路高入云端，视觉和听觉的描写，为读者展现了新时代井冈山的新容貌，让人激动。"高路入云端"既写出了井冈山的高峻，也暗示了社会主义革命所取得的成就。

"过了黄洋界，险处不须看。"这句话充分体现了诗人所特有的豪壮情怀，黄洋界是井冈山上的五大哨口之一，也是最为险要的哨口，登上黄洋界，诗人想起了当年的黄洋界保卫战，想起了"敌军围困

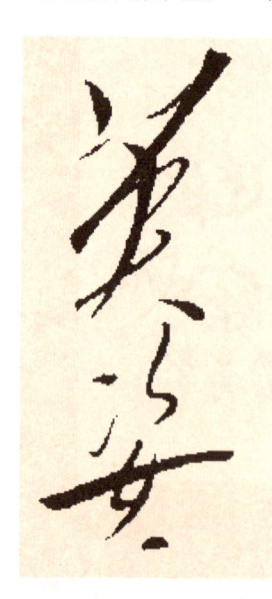

毛泽东手迹"英姿"

毛泽东诗词品鉴

Mao Zedong Shici Pinjian

聆听一代伟人的诗意吟咏，感受他的豪情、壮志与深情……

万千重，我自岿然不动"、"黄洋界上炮声隆，
报道敌军宵遁"的场景。诗人在此表达的是，在
井冈山这种极端艰苦下经过锻炼的我们，还有
什么困难不能克服，还有什么高峰不能攀越。
"不须看"，既是对困难的蔑视，也是对未来
和前途的自信和乐观。

"风雷动，旌旗奋，是人寰。"诗人用雄
壮的词，将当年激烈的战争场面形象地刻画了
出来。

"三十八年过去，弹指一挥间。"包含着
丰富的历史及感情内涵，诗人两次登上井冈山，
前后时间相距38年，38年的时间在一个人的历史
上是多么悠久啊，多么漫长啊，但是放在宇宙的
历史上看，只不过是一瞬间的事儿。就在这38
年的时间里，我国发生了巨大的、令人喜悦的
变化。

"可上九天揽月，可下五洋捉鳖，谈笑凯歌
还。"这句话充满了理想主义色彩，进一步写出了
诗人敢于斗争，争取胜利的豪迈情怀。"可上九天
揽月"借鉴了李白《宣州谢朓楼饯别校书叔云》中
的"俱怀逸兴壮思飞，欲上青天揽明月"。诗人化
用这句话，抒发了自己的伟大情怀。诗人在此所表
达的真实意思是：虽然时间短暂，但是由于我国人
民掌握了马克思主义真理，团结奋斗，我们一样可
以上天摘月，可以下水捉鳖，取得辉煌的成就，在
谈笑之间，我们唱着凯歌，从容归来。这句话正是
诗人对自己的真实写照，对于一代伟人，毛泽东在
面对困难的时候，从来都是镇定自若，岿然不动，
这句话形象地写出了他的气度和风采。

"世上无难事，只要肯登攀。"这是作者

毛泽东签名手迹

毛泽东诗词赏析

对于重登井冈山的最大感受，是此词的核心。作为全词的收束语，同样充斥着诗人的轻松和自信，从艺术形象得出了哲理般的结论，这充分显示了诗人在创作上的造诣和功底。

　　毛泽东作为一代伟人，他的诗词同样气度不凡，宏大的气魄，从容的气度，是他在文学创作上的优势，也是一种定式。这首词和其他诗词的豪迈有所不同，这首词多了几分轻松。口语、谚语的使用，使得语言既如白话，又蕴涵思想和哲理。词的境界更加开阔，内容更加丰富，审美韵味也跟着提高不少。

Mao Zedong Shici Pinjian
倾听一代伟人的诗意吟咏，感受他的豪情、壮志与柔情……

◎ 念奴娇

井冈山

一九六五年五月

参天万木，千百里，飞上南天奇岳。故地重来何所见，多了楼台亭阁。五井碑前，黄洋界上，车子飞如跃。江山如画，古代曾云海绿。

弹指三十八年，人间变了，似天渊翻覆。犹记当时烽火里，九死一生如昨。独有豪情，天际悬明月，风雷磅礴。一声鸡唱，万怪烟消云落。

——选自《毛泽东诗词选》，人民文学出版社一九八六年九月版

毛泽东诗词赏析

【创作背景】

这首词创作于1965年5月下旬，是在诗人写完《水调歌头·重上井冈山》后吟成的，这首词的创作背景和《重上井冈山》的背景一样，不过选用的词牌名不同而已。

【诗词赏析】

"参天万木，千百里，飞上南天奇岳。"首先诗人为我们描绘了一幅井冈山美丽的风景画，春末夏初的井冈山一派生机勃勃，欣欣向荣的景象。"飞上南天岳"可见诗人的雄伟壮志和宽阔的胸襟，面对高山，再次唤起了诗人的斗志，"飞"字让人体会到了诗人的英俊风采。"千百里"和《水调歌头·重上井冈山》提到的"千里来寻故地"相照应。

"故地重来何所见，多了楼台亭阁。五井碑前，黄洋界上，车子飞如跃。"这是诗人在游览过去闹过革命的地方。除了风景依旧外，多了楼台亭阁。在五井碑的前面，在黄洋界上，车子疾驰。诗人想起曾经在这里发生过的

浴血奋战，看到如今已换了新颜，怎么能不欣喜。与《水调歌头·重上井冈山》中所发的感慨一样，新旧的对比，更让诗人感到了井冈山的巨变，抒发了诗人的赞美之情。

上阕的最后一句话，更突出了诗人对今昔的感慨。

"弹指三十八年，人间变了，似天渊翻覆。"38年的时间，在人类的历史长河中不过像弹一下手指一样的短暂，但是从个人和中国革命的历史看却发生天翻地覆的变化，中国由过去的殖民半殖民的国家变成了人民当家做主的社会主义国家，同诗人在《浪淘沙·北戴河》中所写的一样"换了人间"。诗人在此用"天渊翻覆"来比拟，悲壮雄伟。

"犹记当时烽火里，九死一生如昨。"看到今日的美景，勾起了诗人对井冈山革命战斗的回忆。敌人不断地围剿，红军战士在枪林弹雨中和敌人进行对抗，九死一生的经历至今记忆犹新，让人难以忘却。

毛泽东签名手迹

毛泽东诗词品鉴

Mao Zedong Shici Pinjian

倾听一代伟人的诗意吟咏，感受他的豪情、壮志与深情……

"独有豪情，天际悬明月，风雷磅礴。"用两个形象的比喻，将当年的革命豪情形象化了，感人至深。"一声鸡唱，万怪烟消云落。"用隐喻的手法将革命的胜利比喻为雄鸡的长鸣，所有的妖魔鬼怪在破晓的黎明中，不断地烟消云散。结尾两句，形象有力，含义无穷，富有韵味。

这首词景中有情，情中有景，今昔对比，真实形象而感人，不失为传诵的佳作。

◎ 七律

洪　都

一九六五年

到得洪都又一年，
祖生击楫至今传。
闻鸡久听南天雨，
立马曾挥北地鞭。
鬓雪飞来成废料，
彩云长在有新天。
年年后浪推前浪，
江草江花处处鲜。

——选自《人民日报》一九九四年十二月二十六日版

毛泽东诗词赏析

【创作背景】

　　毛泽东在晚年，意识到自己的年龄已高，希望无数红军用生命打下来的事业，能够继续传承下去，希望革命的事业能够后继有人，此诗就是毛泽东对革命的展望。

　　洪都，是指南昌，隋、唐、宋三代曾以南昌为洪州治所，又为东南都会，因而得名。在中国革命的历史上，南昌曾写下了辉煌的诗篇。1927年8月1日，中国共产党领导的南昌起义，打响了武装反抗国民党反动派的第一枪，诞生了第一支人民军队。

　　这首诗写于1965年，我国的社会主义建设当时已取得了辉煌的成就，三年困难时期已经过去，正在总结经验，制定新的社会主义建设的方针和政策。这年12月，毛泽东在上海主持了中央政治局扩大会议，之后到达了杭州，在南昌停留了一日，这首诗即为此时所作。

　　南昌的革命史，让毛泽东想起了中国的昨天、今天和明天。毛泽东在青少年时期就立志报国，在南方经历了数十年的风雨，后来率领红军走过万里长征，打败日本侵略者，推翻了蒋家王朝的统治，建立了新中国。如今他已年逾古稀，但是他并不满足自己所取得的这些成就，还想干一番大事业。他期待自己艰辛打拼下的事业能够后继有人。

　　缅怀着昔日的革命史，感想着今日，毛泽东不禁开始畅想美好的未来，于是，他吟成了这首《七律·洪都》。

【诗词赏析】

　　"到得洪都又一年，祖生击楫至今传。"新中国成立后，毛泽东曾多次到达过南昌，继1964年到达南昌后，这一次诗人又一次踏上南昌，所以谓之"又"。"祖生"，东晋名将祖逖。公元304年，匈奴进犯中原。公元313年，祖逖率兵北伐。祖逖率部曲百余家北渡长江，船至江心，祖逖击打船桨发誓说："祖逖不能清中原而复济者，有如大江！"后世经常用中流击楫来形容有志之士报效祖国的决心。诗人在这里用这一典故就是含有他要报效祖国、改造社会的决心。

　　"闻鸡久听南天雨，立马曾挥北地鞭。"颔联中诗人化用了祖逖和刘琨闻鸡起舞的故事。《晋书·祖逖传》中："祖与司空刘琨俱为司州主簿，情好绸缪，共被同寝。中夜闻荒鸡鸣，蹴琨觉曰：'此非恶声也。'因起舞。"诗人用"闻鸡久听南天雨"来概指在南方的革命岁月，用"立马曾挥北地鞭"指北方的革命斗争岁月。两句在此可视为互文，南方同样有挥鞭，北方同样有闻鸡起舞的经历。诗人用这两句话，抒发了自己的雄心壮志，表达了要把伟大的社会主义事业推向前进的崇高理想。

Mao Zedong Shici Pinjian

聆听一代伟人的诗意吟咏，感受他的豪情、壮志与深情……

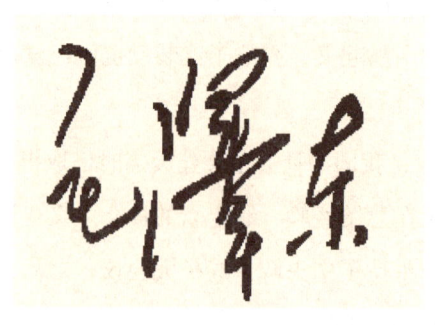

毛泽东签名手迹

"鬓雪飞来成废料，彩云长在有新天。"此时诗人已是72岁的高龄，不能不承认老之将至的现实。但是好在"彩云长在有新天"，由此我们可以看出诗人虽然感觉到自己老了，但是他并未因此就表现出消极无奈的情感，而是"老骥伏枥，志在千里"。

"年年后浪推前浪，江草江花处处鲜。"这句话是从"长江后浪催前浪，浮世新人换旧人"演化而来。毛泽东是彻底的唯物主义者，承认生老病死、新陈代谢的自然法则，无所畏惧。革命的接班人正像长江"年年后浪推前浪"一样，不断地涌现出来，年轻有为，生机勃勃。诗人对未来红色江山的存在充满信心，很有鼓舞力，使得昔年的表达，更形象、更生动。

毛泽东诗词赏析

◎ 念奴娇

鸟儿问答

一九六五年秋

　　鲲鹏展翅，九万里，翻动扶摇羊角。背负青天朝下看，都是人间城郭。炮火连天，弹痕遍地，吓倒蓬间雀。怎么得了，哎呀我要飞跃。

　　借问君去何方？雀儿答道：有仙山琼阁。不见前年秋月朗，订了三家条约。还有吃的，土豆烧熟了，再加牛肉。不须放屁，试看天地翻覆。

——选自《诗刊》一九七六年一月号

Mao Zedong Shici Pinjian
聆听一代伟人的诗意吟咏，感受他的豪情、壮志与深情。

【创作背景】

　　毛泽东对于国际上反华势力的嚣张，非常鄙视，他自己也通过文章表达对他们的讽刺。在这首词中，他通过鲲鹏和蓬间小雀的问答，再次讽刺了赫鲁晓夫之流。

　　毛泽东的这首词基本上是运用问答形式来表现的。所以，用"鸟儿问答"来作为题目。

　　苏共二十二大之后，中苏关系急剧恶化，双方的矛盾集中表现在伊犁动乱、古巴导弹危机、中印边界冲突、苏联背信弃义地撤走援华专家、中苏边境冲突、以苏联为中心的东欧各国在杂志和报纸上不断地恶言攻击中国。

　　帝国主义和修正主义的夹击，迫使中国作出有力的回应。毛泽东主张"反帝反修"，中共在1962年开始反击，并向苏联正式宣战。1964年，我国试爆了第一颗原子弹，同期赫鲁晓夫被迫退出历史舞台。而赫鲁晓夫的继承人继续执行其前任的错误路线，他们的理论主张和实际行动给国际共产主义运动

《念奴娇·鸟儿问答》手迹

造成了极大的危害。但毛泽东始终对革命保持乐观和信心。

1965年5月，为了鼓舞全国人民的斗志，毛泽东写下了这首《念奴娇·鸟儿问答》。这首词借鲲鹏和蓬间雀的形象和故事，表现了马克思主义者和修正主义者对待革命的不同态度和观点，歌颂了马克思主义者革命的坚定和崇高理想，批判了修正主义者的卑微渺小。

毛泽东借这首词，形象地反映了当时的斗争形势，斥责了赫鲁晓夫之流及其继承者的种种谬论，揭露了其丑恶嘴脸。同时也表达了中国共产党的坚定态度和对革命必胜的信心。

【诗词赏析】

在毛泽东众多的诗词中，《念奴娇·鸟儿问答》是唯一一首寓言诗，而且是政治寓言诗。这首诗集中表现了诗人的乐观主义精神和幽默的性格。

"鲲鹏展翅，九万里，翻动扶摇羊角。"鲲鹏展翅高翔，飞上万里高空，上下翻飞着盘旋扶摇。这句话形象地描写出了鲲鹏展翅翱翔、飞上万里苍穹的情景。诗人化用了庄子《逍遥游》中的鲲鹏形象，古为今用，但是诗人在此却另有所指，可谓谙熟经典，化用的典范。

"背负青天朝下看，都是人间城郭。"鲲鹏背向长空，朝下面鸟瞰，眼睛所及之处都是人世间的大小城郭。此时诗人仿佛化身成了鲲鹏，高瞻远瞩，气势磅礴，在空中吐纳风云，大有"四海翻腾

毛泽东
诗词品鉴

Mao Zedong Shici Pinjian

倾听——代伟人的诗意吟咏，感受他的豪情、壮志与深情……

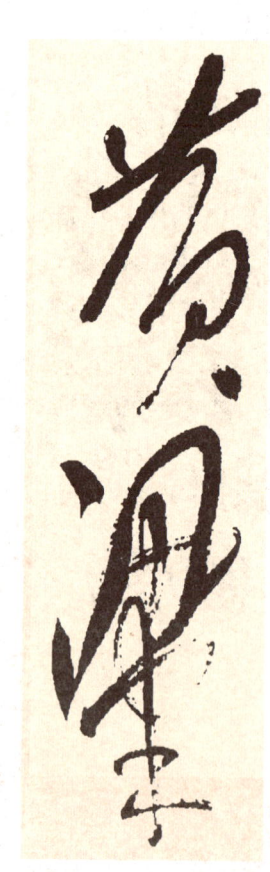

毛泽东手迹 "黄粱"

云水怒，五洲震荡风雷激”的气势。

"炮火连天，弹痕遍地，吓倒蓬间雀。"炮火连天轰鸣，弹痕满地，吓坏了丛中的麻雀。当时的世界正是炮火连天的年代，整个世界处于大震荡、大分化、重分组的时期，从1963到1965年，毛泽东前后发表了6个支持世界革命人民正义斗争的声明。通过对"蓬间雀"的描写，反映出了赫鲁晓夫之流的胆小怯弱的本质。他们在帝国主义战争面前，魂飞魄散，卑躬屈膝，甚至要用第三世界国家的利益去做交易。

"怎么得了，哎呀我要飞跃。"这句话形象地写出了蓬间雀仓皇逃跑的惨相。诗人借此形象展现了赫鲁晓夫之流害怕革命、害怕战争的丑恶嘴脸，刻画出了他们惊慌失措的丑态。

通过解读，我们可以知道诗的上阕主要描写出了鲲鹏飞上高空，看到的人间景象，同时看到蓬间雀仓皇逃跑的情景。

"借问君去何方？雀儿答道：有仙山琼阁。"鲲鹏问道：你想飞到哪儿去？麻雀答道：飞去有仙山琼台的地方。这有力地讽刺了赫鲁晓夫所说的"没有武器、没有军队、没有战争"的"三无"世界是虚伪的，他们所鼓吹的和平主义不过是一剂毒药罢了。

"不见前年秋月朗，订了三家条约。还有吃的，土豆烧熟了，再加牛肉。"难道你不知道去年秋天的时候，我们订了三家条约吗？还有吃的呢，烧熟的土豆，再加进牛肉。三家条约，是指1963年7月至8月，苏联与美英两国在莫斯科签订的《禁止在大气层、外层空间和水下进行核试验条约》。这个条约的本质是想剥夺其他国家为抗拒少数核大国的核讹诈而进行核试验的权利，进而维护几个核大国的垄断地位。赫鲁晓夫统治集团的目的是想限制中国发展核力量。当时中苏两大党进行的停止论战、消除分歧、实现团结的会谈刚结束，中国为打破核垄断而研制的核武器即将成功，中苏曾签订过友好同盟条约，考虑到这三方面的因素，苏联要签订"三家条约"，应该征求中国的意见，但是苏联却背着中方签订了这个条约，苏联的根本目的是巩固自己超级大国的垄断地位，保持其核讹诈的手段，剥夺中国拥有自

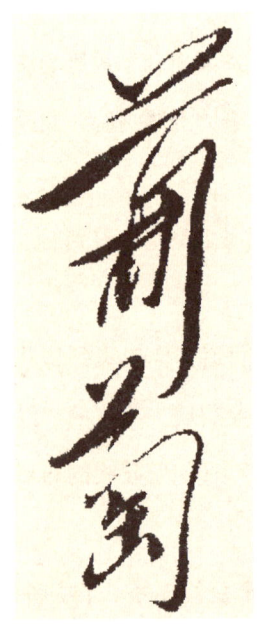

毛泽东手迹"葡萄"

卫武器的权利。1964年10月16日，我国成功爆炸了第一颗原子弹，就在这一年，赫鲁晓夫被迫下台了。"三家条约"不会创造出真正的和平而美好的环境，它仅仅是超级大国为争霸世界，镇压民族解放运动的一块遮羞布而已。

"还有吃的，土豆烧熟了，再加牛肉。""土豆烧牛肉"是赫鲁晓夫在苏共二十二大上向苏联人民夸下的海口："在20年内我们将基本上建成共产主义社会。"但是他所说的共产主义社会并不是马克思主义所说的消灭阶级与阶级的差别，而是他自己独特发明的，即把无产阶级争取人类解放、实现共产主义说成是"一盘土豆加牛肉的好菜"，他这是对无产阶级事业的公然扭曲，是对马克思主义的无耻背叛。在这里诗人对赫鲁晓夫给予了辛辣的讽刺。

"不须放屁，试看天地翻覆。"最后诗人借鲲鹏的语气对蓬间雀斥责，诗人用这两句话做结尾，将赫鲁晓夫的话称为是屁话，用雷霆万钧之势给苏修以当头棒喝。很多人曾对最后一句话争议很大。不管怎样，将"不须放屁"四个字入诗的，迄今为止只有毛泽东一人，他不会瞻前顾后，忐忑不安，而是君子坦荡荡的心胸。迄今为止，没有人具有他这样的气魄。

总起来说，这首词具有以下特点：

一、现实主义和浪漫主义相结合

诗人用蓬间雀比喻赫鲁晓夫之流的卑微怯弱，害怕战争，用鲲鹏比喻展翅高空，迎接战争的无产阶级，又从两者的对话中，将内容进一步扩展和深化，使这首词具有更大的感染力。

二、引用典故，托陈出新

这首词是寓言体，因为他借用了庄子《逍遥游》中关于大鹏与斥鷃（同斥鹨）的寓言故事，但是诗人在化用这则寓言的时候，却赋予了其新的含义，将鲲鹏作为被歌颂和赞扬的对象，这样的推陈出新使得寓言具有了新的生命力。"仙山琼阁"在古代神话中比喻美好的仙境，但是在这首词中，却代表了赫鲁晓夫所扬言的荒诞神话，以及他们所谓的"土豆加牛肉"的"幸福"世界。

三、对比鲜明

诗人在描绘鲲鹏鸟的时候，说它乘风展翅，搏击长空，鸟瞰大地，但是在描绘蓬间雀的时候，则说它被炮火吓得惊慌失措，四处逃避，用两个鲜明的形象写出了真正的无产阶级革命战士和赫鲁晓夫之间的对比，对无产阶级给予了热情的歌颂和赞扬，而对赫鲁晓夫等伪无产阶级则给予了辛辣的讽刺。

四、语言精练，通俗易懂

在这首词中，毛泽东非常注意用语的精练和简洁，描述天下大乱，硝烟弥漫，诗人仅用"炮火连天，弹痕遍地"便形象地表现了所有的战争场面，既通俗易懂，又含有了深刻的内容。在描述蓬间雀惊慌失措的样子时，诗人并没有说夺路而逃，四散飞走，而是说"怎么得了，哎呀我要飞跃"，口语化的句子将小鸟的情态描写得非常逼真。"还有吃的，土豆烧熟了，再加牛肉"这个浅显的句子中，包含了诗人对赫鲁晓夫的辛辣讽刺，直逼要害。

毛泽东诗词赏析

◎ 七律

有所思

一九六六年六月

正是神都有事时，
又来南国踏芳枝。
青松怒向苍天发，
败叶纷随碧水驰。
一阵风雷惊世界，
满街红绿走旌旗。
凭阑静听潇潇雨，
故国人民有所思。

——选自《毛泽东诗词集》，中央文献出版社一九九六年九月版

【创作背景】

毛泽东壮心不已，晚年依然想有所作为的性格在《七律·有所思》中表现明显。

1966年，姚文元的《评新编历史剧〈海瑞罢官〉》，掀起了"文化大革命"的前章。

5月25日，北京大学聂元梓等人的大字报《宋硕、陆平、彭珮云在文化革命中究竟干些什么？》这张大字报立即引起了纷争。6月1日，毛泽东在杭州看到了这张大字报，提笔批示："此文可以由新华社全文广播，在全国各报刊发表，十分必要，北京大学这个反动堡垒从此可以开始打破。请酌办。"当晚中央人民广播电台播出了这张大字报，如同一个炸雷，震惊了全中国。

从1956年赫鲁晓夫反斯大林以来，毛泽东就一直在思考一个问题：中国会去向何方？他担心中国"党变修"、"国变色"，无数先烈用鲜血和生命换来的红色江山有毁于一旦的危险，因此，他要用"文化大革命"这种唯一能"解决问题的方式"，"打倒阎王，解放小鬼"，要揪出"睡在身边的赫鲁晓

夫",他决心再谱写一篇奋斗诗篇。

6月15日,毛泽东离开杭州,途经长沙,于17日到达韶山,在"西方的那个山洞"里住了11天,就是在这期间,毛泽东写下了这首《七律·有所思》。

【诗词赏析】

这首诗反映了诗人在中国革命发展的重要历史关头的复杂心境,诗人所思的是故国和人民。这首诗写得比较含蓄,要联系当时诗人所处的时代环境进行解读。

"正是神都有事时,又来南国踏芳枝。"神州的首都北京当时正在经历一系列的重大事件,如5月召开的中央政治局扩大会议,5月16日有毛泽东在杭州主持制定的"五一六通知"。"又来南国踏芳枝"并非指踏青游览,诗人在此表现的是自己置身事外,静观其变。

"青松怒向苍天发,败叶纷随碧水驰。""青松""败叶"阵线分明,是对"文化大革命"的正面描述,分别指革命的小将和走资派。

"一阵风雷惊世界,满街红绿走旌旗。"颈联的首句是指"文革"的兴起及其影响,后面的一句描写出了当时"文革"初期的景象,气势宏大而形象。

"凭阑静听潇潇雨,故国人民有所思。"尾联情景交融,耐人寻味。

毛泽东签名手迹

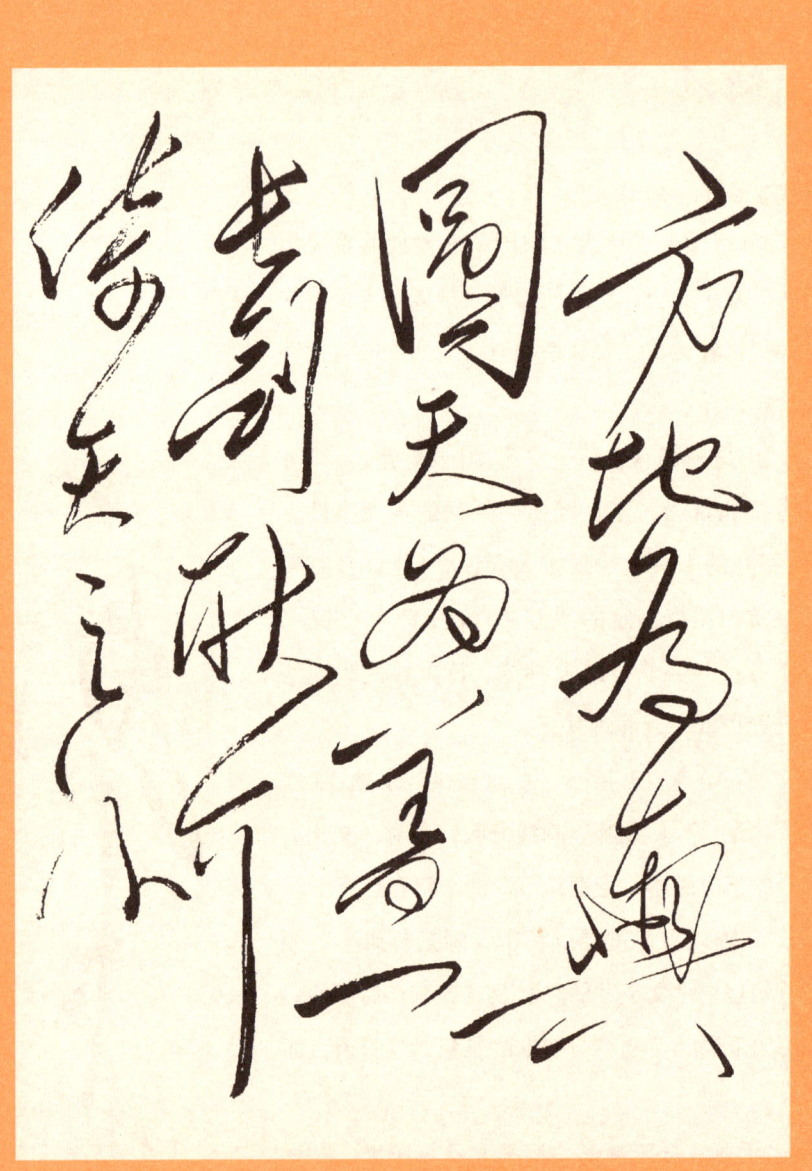

Mao Zedong Shici Pinjian

倾听一代伟人的诗意吟咏，感受他的豪情、壮志
与深情……

毛泽东手迹（宋玉《大言赋》）

毛泽东谈古诗词

Mao Zedong Shici Pinjian

倾听一代伟人的诗意吟咏，感受他的豪情、
壮志与深情……

探究毛泽东诗词的创作之源，欣赏诗词的深情内韵，学习抒发情怀的巧妙之技，通过熟悉毛主席诗词的创作之
路，让我们更多的人继承和发扬来自中华传统文化的魅力！

（一）毛泽东读诗词的方法

有人说，毛泽东诗词是他戎马生涯的艺术，这应该只说对了一半。他的才情诗情也源自前人艺术的厚土。毛泽东读诗词不是简单地读，而是研。光是自己批注不够，毛泽东喜爱研读古代诗话论著，一部清版的《随园诗话》共16册，每册他都详尽地读过。他还经常和同时代的诗人、学者研讨古诗词，以此总结诗词创作经验。严谨、赋予真情并学以致用，可以说是毛泽东读古诗词的路子。

"不动笔墨不读书"

"不动笔墨不读书"是毛泽东多年坚持的习惯。几十年来，毛主席每阅读一本书，一篇文章，都在重要的地方划上圈、杠、点等各种符号，在书眉和空白的地方写上许多批语。有的还把书、文中精当的地方摘录下来或随时写下读书笔记或心得体会。毛主席所藏的书中，许多是朱墨纷呈，批语、圈点、勾画满书，直线、曲线、双直线、三直线、双圈、三圈、三角、叉等符号比比皆是。仅他勾画过的《唐诗别裁集》就多达6部，《唐诗三百首》有5部，《古诗源》有5部，《词综》有4部。在这些他所读过的诗著中，批注自是随处可见，还有各种有着"特殊"含义的圈、点、勾、画等标记。据说，毛泽东所读过的诗，在诗的各处都会用不同的标注表示不同的感情和意图。所以，有时在一页书里，不同标记、不同颜色的笔迹纷呈，大圈套着小圈，直线加着曲线，密密麻麻。一首诗，就是一次知识与情感的神交，反复中不断细致，揣摩中不断深化。

在毛泽东读过的诗中，对唐诗所注的标记最多，可见毛泽东对唐诗的重视和喜爱程度。了解毛泽东的人都知道毛泽东最爱读三李（李白、李贺、李商隐）的诗。在中南海毛泽东故居图书管理小组工作过的张贻玖曾作出了这样的统计，在毛泽东圈画过的约600首唐诗中，"三李"的作品就占了约三分之一。对待著名诗人或者自己喜爱的诗人，毛泽东习惯反复欣赏，所以在这些他读过的诗上都会有他不同时期的批注。有时读到动情处，他还会情不自禁地放歌吟诵。这一番与古人的心神交融后，他也总会有一些独特的感受，从"好"、"略好"简洁的一两个字到洋洋洒洒几百字乃至上千字，文字和符号记录的是他阅读中国古代诗词的心路历程。

"先钻进去，再爬出来"

"要受点影响才好，要先钻进去，深入角色，然后再爬出来。"这是毛泽东阅读古典诗词时发出的感慨。除了经常写批注，反复阅读以外，毛泽东会特别熟读、背诵自己喜欢的古典诗词。因此，毛泽东常常在著作中旁征博引，在日常谈话中更是对古诗词脱口而出，朗朗背诵。这也印证了中国自古以来便流行着的说法，"熟读唐诗三百首，不会作诗也会吟"。早在就读于湖南省立第一师范时，他就下苦功熟读并背诵唐诗、宋词。那时毛泽东就表现出不同一般的勤奋、刻苦和对古代诗词的热衷。每天，他总比别人睡得晚，起得早，伴着暮色，迎着晨曦，高声诵读古诗词，不断积淀着自己的古典文化知识。在井冈山时，他可以全部背诵《唐诗三百首》，直至80多岁的时候，他仍能整段地背诵《西厢记》中的曲词。据毛泽东身边的人介绍，毛泽东有时会用手击节，合着节拍高声背诵南宋爱国词人陈亮的《念奴娇·登多景楼》："危楼还望，叹此意，今古几人曾会？鬼设神施，浑认作、天限南疆北界。一水横陈，连冈三面，做出争雄势……"因为这首主张统一、反对分裂的词引起毛泽东的极大共鸣。他也经常高声背诵岳飞的《满江红》："怒发冲冠，凭栏处，潇潇雨歇。……"这些百字以上的词，他能清晰地记住，毛泽东背诵诗词的功底可见一斑。

从上面的描述不难看出，毛泽东读诗不是简单地读，更像是一场情感的盛宴。在反复读，遍遍品，勤背诵中寻找与古人情感与认知上的共鸣。毛泽东研习古诗词的一些基本的方法是可以为我们所借鉴的：第一，读古诗词要反复揣摩其中的字、词、句；第二，可以形成自己固有的批注方式；第三，要理解古诗词所描写的意境，并与之产生共鸣；第四，多背诵古诗词。

（二）毛泽东对诗词的态度

读诗是生活的一部分

　　毛泽东一捧起心爱的古诗词，往往手不释卷，全神贯注地品读，外界事务往往很难打断他。在1958年的中央工作会议期间，毛泽东不顾安危挑灯看《离骚》的故事为大家所津津乐道：1月18日凌晨南宁，毛泽东正在灯下看书。空军雷达部队发现国民党飞机向南宁飞来。警卫请他速进防空洞。毛泽东则手一挥："我不去，要去你们去，把蜡烛点着！国民党的炸弹扔到我脚底下它就不敢响！我什么时候怕过他们？"蜡烛点燃了，毛泽东继续看书，看得聚精会神，仿佛什么都没发生，也不会发生似的。

　　毛泽东不但自己读诗、背诗、吟诗，还经常教导身边的工作人员读诗。他从自己的工资中拿出钱来给他们买来书包、笔墨、字典、作业本和课本，每人一套，要他们学文化。并经常检查他们的作业。一次，他在检查卫士封耀松默写的白居易《卖炭翁》诗时，他用手指着其中一行问："这句怎么读？"封耀松念："心忧炭贱愿天寒。"毛泽东说："你写的是忧吗？哪里伸出一只手？你写的是扰，扰乱的扰。怪不得炭贱卖不出价钱，有你扰乱么。"接着又问，"这句怎么念？"封耀松说："晓驾炭车辗冰辙。""这是辙吗？到处插手，炭还没卖就大撤退，逃跑主义，你这是撤退的撤。"他就是这样严肃又不失幽默，极具耐心地教导别人去学诗、读诗。

"我之所意"与诗人之"志"相结合

　　品读诗词，王国维主张"意逆在我，志在古人"。毛泽东对待古诗词就表

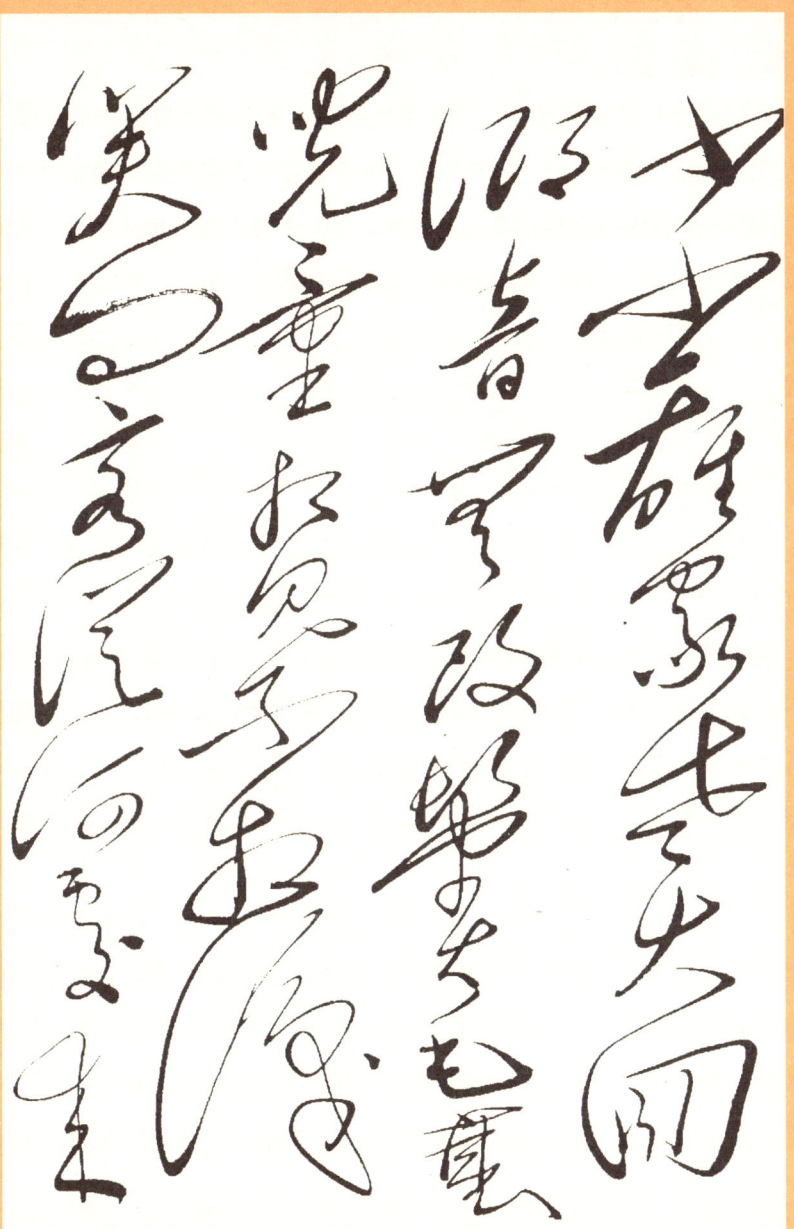

毛泽东手迹（贺知章《回乡偶书》）

现出"我"和"诗志"结合。这是一种严谨、负责任的态度。

古诗词言简意赅，某些词都是经过深度推敲而得，而每一诗词的创作并非偶然所得，必是一定情境下的产物，有其一定的历史背景和创作环境。毛泽东深谙此理。他对于诗词的理解不仅从字面上考虑，而且查阅大量书籍，寻找史实支撑，更是从世态常情、个人性格进行体会。

我们可以从他和刘少奇的一次争论中看出毛泽东严谨的读诗态度。1957年，当时国家正遭到严重的经济困难，刘少奇在谈及解决职工两地分居这个问题时，引用了唐代诗人贺知章的《回乡偶书》中的诗句，他认为诗中反映出唐朝像贺知章这样曾经担任高职务的官员，做官都不带眷属。毛泽东听说这件事以后，以为这种解读难以成立。但他并没有马上谈出自己的看法，而是仔细翻阅了有关贺知章情况的一些笔记小说及别的诗话资料，以及详细记载贺知章情况的《全唐诗话》、《唐书·文苑·贺知章传》等书籍篇章，最后才断定将《回乡偶书》一诗作为佐证古代官吏禁带眷属的材料是缺乏"充分证明"的，后来毛泽东还专门给刘少奇写信谈贺知章是否携带眷属的问题，他在信中写道：

前读笔记小说或别的诗话，有说贺知章事者。今日偶翻《全唐诗话》，说贺事较详，可供一阅。他从长安辞归会稽（绍兴），年已八十六岁，可能妻已早死。其子被命为稽司马，也可能六七十了。"儿童相见不相识"，此儿童我认为不是他自己的儿女，而是他的孙儿女或曾孙儿女，或第四代儿女，也当有别户人家的小孩子。贺知章在长安做了数十年太子宾客等官，同明皇有君臣而兼友好之遇。他曾推荐李白于明皇，可见彼此惬洽。在长安几十年，不会没有眷属。这是我的看法。……唐朝未闻官吏禁带眷属，整个历史也未闻此事。所以不可以'少小离家'一诗便作为断定古代官吏禁带眷属的充分证明。自从听了那次你谈到此事以后，总觉不甚妥当。请你再考一考，可能你是对的，我的想法不对。睡不着觉，偶触及些事，故写了这些，以供参考。

这段你来我往的"考证"故事，我们不仅可以体味到毛泽东与刘少奇谈诗论词的私交和爱好，更是深切感受到毛泽东对治学的严谨态度。

毛泽东致刘思齐书信手迹

读古诗词是为了用古诗词

毛泽东不仅读古诗词，还经常在生活中用古诗词。毛泽东爱《楚辞》大家是知道的，他经常引用其中的词句解释问题或抒发情感。1958年1月中旬，中央工作会议在广西南宁召开。会议期间，毛泽东批示印发《离骚》给与会者。在1月16日的讲话提纲中，他说学《楚辞》，要先学《离骚》。在1月21日结论提纲中，又用《离骚》中的词句来说明文件写作中的"概念"和"判断"的问题。

从中国传统文化特别是诗词文赋中，可以吸取养料，加强修养，直面人生，这是毛泽东品读古诗的过人之处。1950年11月，参加抗美援朝志愿军的毛岸英英勇牺牲。消息传来，毛泽东十分悲痛，却以惊人的毅力忍住丧子之痛，依旧关怀身边的亲人，劝勉他们早日从悲痛中恢复过来。1959年8月，中共八届八中全会在庐山召开。毛泽东在繁忙的会议间隙，亲笔写信给儿媳刘思齐，将李白《庐山谣寄卢侍御虚舟》一诗中的四句"登高壮观天地间，大江茫茫去不还。黄云万里动风色，白波九道流雪山"录于信中，以此勉励儿媳。他甚至在信里劝慰刘思齐："愁闷时可以看点古典文学，可起消愁破闷的作用。"

毛泽东对古诗词是热爱的，因着这份爱，他在生活中处处运用古诗词，言简意赅而又生动活泼。他更是把这种热爱带给身边的人，带到周围的环境中，形成一种良好的读诗用诗的氛围。更难能可贵的是他对古诗词研究严谨的态度，不一味相信单个资料，不人云亦云，不作无材料支撑的论述和判断。这就是毛泽东读诗的态度。

Mao Zedong Shici Pinjian
倾听一代伟人的诗意吟咏，感受他的豪情、壮志与柔情……

（三）毛泽东对古诗词的运用

巧化诗句，妙笔生花

毛泽东对古诗词的运用首先体现在他自己的诗词上。我们读毛泽东诗词，从中可以看到里面有不少古诗词的影子。毛泽东认为古代诗歌反映了丰富的社会生活，不少又是人们耳熟能详的，因此他经常引用其中的一些词句，或把名言妙句很自然地融入自己的诗词中，或者引用来说事明理，不仅增添了诗的韵味，还能很生动、精确地表达意思，可谓一举两得，堪称古为今用的典范。

毛泽东借用的古诗人的词句，以浪漫主义风格的居多。如李白的、屈原的、李贺的，等等。这是与毛泽东自己的风格分不开的。我们知道，毛泽东的诗词多是气势磅礴、联想丰富，当属豪放派的，那么他所喜欢的、熟悉的、借用的，也是豪放风格的为多了。如唐诗人李贺《将进酒》中的"桃花乱落如红雨"中的"红雨"，进入了毛泽东的《七律·送瘟神》，"红雨随心翻作浪"。另外如"东临碣石有遗篇"（《浪淘沙·北戴河》）、"正西风落叶下长安"（《满江红·和郭沫若同志》）、"可上九天揽月"（《水调歌头·重上井冈山》）……里面都有古诗词的影子。

毛泽东的妻子杨开慧1930年被反动派杀害。毛泽东曾在给亲友的信中沉痛地说"开慧之死，百身莫赎"，并将她称为"我的亲爱的夫人"。30年后的1957年，毛泽东写下了《蝶恋花·答李淑一》，在词中称杨开慧为"骄杨"。1962年9月1日，毛岸青、邵华要求父亲把这首词抄录给他们以作留念时，毛泽东爽快地答应了，并将"我失骄杨君失柳"一句，手书为"我失杨花君失柳"，当岸青夫妇以为是父亲笔误时，毛泽东神色凝重地说："称'杨花'也很贴切。"《蝶恋花·答李淑一》本是一首"悼亡"词，毛泽东却使之升华成为一曲忠魂颂，字里行间寄托着毛泽东对亡妻和为新中国献出宝贵生命的所有革命烈士的悼念。

很显然，毛泽东在诗中活用的古诗句，不会是他临要用了才从脑中去苦苦搜索的，更不会是盲目地从古诗堆中去寻找的。他之所以能自如地运用古诗句，是因为他对古代诗歌是非常熟悉的，并且也是深深地领会了原诗的意味的。因此放在自己的诗中也便天衣无缝了，要表达什么内容，自然而然地就跳出一个句子来了，从而使词的含义更深刻，意境更开阔。这就告诉我们，读别人的诗文多了，往往也就能不知不觉地把人家的精髓学习过来。

以诗传情，以诗言志

毛泽东不仅在自己的诗词创作上巧用古诗，还能在各种场合的谈话和行文中，将诗词信手拈来，巧妙地说明问题，自然、含蓄而又洒脱地表达思想感情，令人拍手叫绝。毛泽东对历代诗词的古为今用，可谓到了一个出神入化的奇妙境界。

1935年，贵州土城，红军与国民党军队激战。由于敌我力量悬殊，形势已发展到对我军十分不利的局面。紧急关头，朱德毅然决定亲临火线指挥作战。"欢送朱总司令上前线"，这是毛泽东带头喊出的口号，他还集合了军委纵队的同志们列队欢送朱德。朱德激动地说："不必兴师动众，不必兴师动众，礼重了，礼重了。"毛泽东随即回道："理应如此，理应如此。桃花潭水深千尺，不及你我手足情嘛。祝总司令多抓俘虏，多打胜仗。"大家都看得出来，在这里引用了唐朝诗人李白《赠汪伦》诗的最后两句"桃花潭水深千尺，不及汪伦送我情"，但略加作了改动。面对敌强我弱、作战不利的危急情况，毛泽东巧易"桃花潭水深千尺，不及汪伦送我情"为"桃花潭水深千尺，不及你我手足情"，与朱德道别，珍贵的革命同志情跃然纸上。

不仅如此，毛泽东在与外宾谈话时，也常常引用诗词。赫鲁晓夫是在1956年2月14日至25日举行的苏联共产党第二十次代表大会开始上台的。他上台后，推行大国沙文主义政策，公开挑起中苏论战，把意识形态分歧扩大到国家关系上，企图使中国外交政策服从于苏联全球战略的需要。1956年11月，毛泽东接见苏联驻华大使尤金，他随兴吟诵了两句诗："万里长城今尚在，哪见当年秦始皇。"这两句诗正是巧化了林翰在《诫子弟》中"万里长城今犹在，不见当年秦始皇"的诗句。诗句原意是告诫"子弟"不必为一角墙与他人冲突，没有必要为一角墙或几尺地争吵。改动后的诗句，不仅更为明白直接，语气较强烈，表现了毛泽东处理国际事务的落落大方的宽容态度，而且是用历史事实表明，早在2200多年以前，中国就是高度统一的封建大国，令人惊叹的巍峨的万里长城至今雄峙东方！在这里，充分展现了毛泽东的英雄豪气、豪迈胸襟，也充分显示了毛泽东高超的外交艺术。

诗教人生

除了在国家大事上妙用古诗词以外，毛泽东还经常运用中国传统诗词这一文学样式来启发和教育子女。作为一位慈祥的父亲和长者，在难得的政务之余，他关心着孩子们的学习与生活，关注着他们的成长和进步。

李讷是毛泽东的小女儿，在毛泽东所有的子女中，她是唯一一个在他身边长大的孩子，毛泽东对她自然疼爱有加。1958年年初，当时还在读书的李讷突发急性阑尾炎，手术以后诱发伤口感染，连续发烧。毛泽东语重心长地安慰她："害病严重时，心旌摇摇，悲观袭来，信心动荡。这是意志不坚决，我也常常如此。"他鼓励女儿："再熬几天，就可完全痊愈。怕什么？我的话是有根据的。为你的事，此刻我尚未睡，现在我想睡了，心情舒畅了。诗一首：青海长云暗雪山，孤城遥望玉门关。黄沙百战穿金甲，不破楼兰终不还。这里有意志。知道吗？"毛泽东在这里引用的唐诗充满了戍边将士誓保边疆、破敌而回的豪迈气概，他借以劝勉女儿面对病痛和困难要有坚强的意志和必胜信心，始终保持乐观主义精神。企盼之意、舐犊之情，不禁让人动容。

1960年邵华和毛泽东次子毛岸青喜结连理。有一段时间，邵华的身体不好，在处理家庭和学业的关系上也遇到了问题，情绪十分低落。毛泽东得知这个情况后，于1962年6月3日在视察途中给她写信，嘱咐她："要好生养病，立志奔前程，女儿气要少些，加一点男儿气，为社会做一番事业，企予望之。《上邪》一篇，要多读。余不尽。"《上邪》为汉乐府诗，诗曰："上邪！我欲与君相知，长命无绝衰。山无陵，江水为竭，冬雷震震，夏雨雪，天地合，乃敢与君绝！"主人公这份海枯石烂而心意不改的坚贞着实令人动容。毛泽东以其渊博的学识，在诗词歌赋方面深厚的造诣巧妙地向儿媳传达了一个为人处世的道理。信中数语，句句力透纸背，字字体贴入微。这封信使邵华深受感动，精神大振，身体也好起来了，顺利完成了学业，毛岸青、邵华夫妇相濡以沫，携手到老。

毛泽东对古诗词的运用驾轻就熟，已完全融入自己的知识体系和生活当中。这和他长期积累是离不开的。一方面，他直接吟诵某句古诗词以表达某种情怀或解释某件事；另一方面，在自己的作品中，毛泽东或直接引用或化用古诗词为其添色。虽然只是一个字或词的变动，甚至有的是直接引用某句或几句古诗词，但都被毛泽东赋予了新的时代内涵和自我情感，所以也更能打动人。

Mao Zedong Shici Pinjian

倾听一代伟人的诗意吟咏，感受他的豪情、壮志与深情……

（四）看毛泽东从"读诗"到"评人"

毛泽东对古代诗词的偏爱让他对这些钟爱的作品的作者颇有研究，因为他认为可以从一个诗人的诗词中读出他的风格和性情。古往今来，青史留名的诗人词人可谓浩如星辰，但是毛泽东认可、欣赏的却很寥寥。简单概括，可以用10个字：诗最爱三李，词最合稼轩。

三李自然指的是李白、李贺和李商隐。李白的浪漫飘逸，李贺的奇艳瑰丽，李商隐的沉思缜密，都为毛泽东所欣赏。我们提到过，毛泽东圈画过的约600首唐诗里，"三李"诗约占了三分之一。

稼轩是南宋词人辛弃疾的号。他有着强烈的爱国主义思想和战斗意志，这一点与毛泽东不谋而合。他的词作"大声镗鞳，小声铿鍧，横绝六合，扫空万古，自有苍生所未见"，已成为中国文学史上的瑰宝。后世每当国家、民族危急之时，辛弃疾的词成为不少作家精神动力的源泉。毛泽东对辛弃疾词作中激荡着的英雄豪气十分赞赏。郭沫若也曾为辛弃疾之墓撰写挽联："铁板铜琶继东坡高唱大江东去，美芹悲黍冀南宋莫随鸿雁南飞。"

诗最爱三李

在毛泽东最喜欢的唐代诗人中，李白是最著名的一位。毛泽东对李白的许多诗作都称得上倒背如流，他身边常带着诸如《唐诗别裁集》、《唐诗三百首》等录有李白诗歌的唐诗选本。在《毛泽东手书选集·古诗词卷》里，我们也可以隐约看到毛泽东对李白的偏爱，其中收有毛泽东手书李白的十多首诗作，这样的数量在毛泽东手书古人作品中是比较罕见的。

毛泽东很喜爱李白的诗歌，不仅表现在他个人对此的痴迷，还体现在他经常推荐周围的人去读李白的诗歌。他曾经推荐当时身处逆境的儿媳刘思齐品读

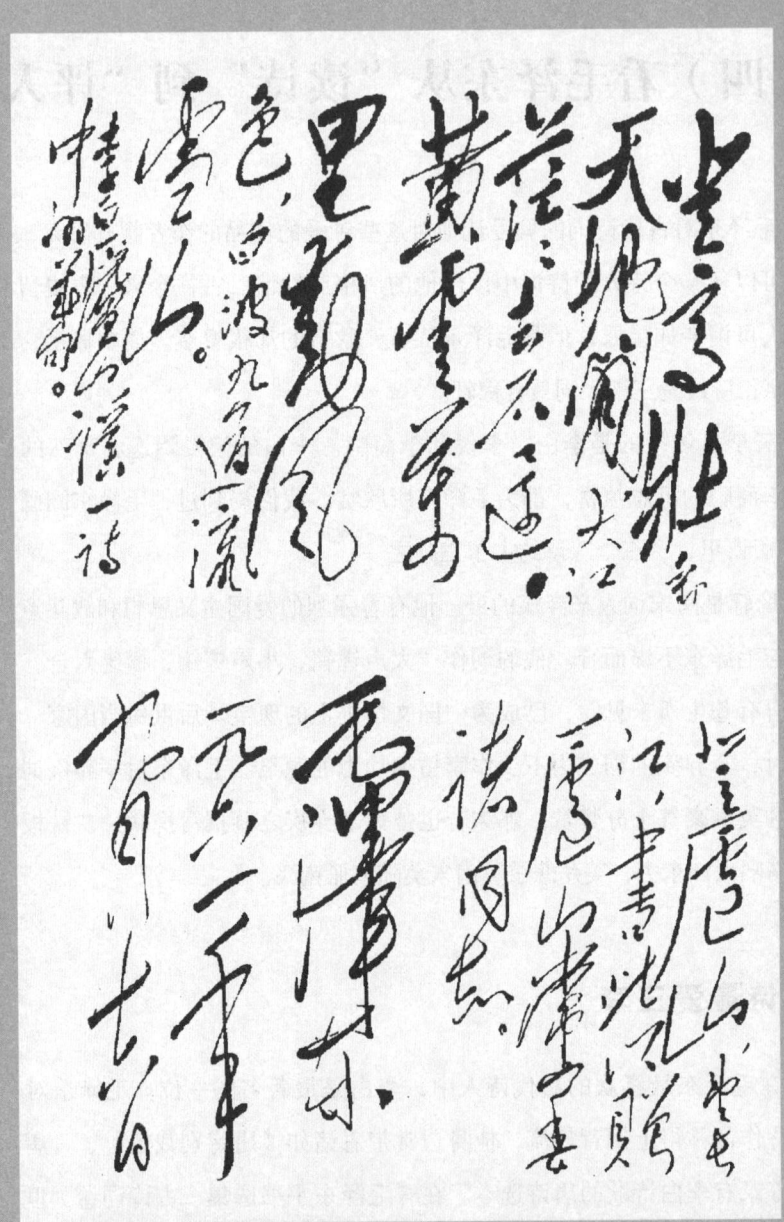

毛泽东手迹（李白《庐山谣寄卢侍御虚舟》句）

李白的《庐山谣寄卢侍御虚舟》，以此引导她乐观生活、开阔胸襟，从毛岸英去世的悲痛中走出来。1961年9月16日在庐山，毛泽东又将这首诗书赠党中央常委诸同志一读。

毛泽东对李白诗歌的喜爱首先源于李白在诗歌上的成就。他曾对身边工作的一位同志说："李白的《蜀道难》写得很好……这首诗主要是艺术性很高，谁能写得有他那样淋漓尽致呀，他把人带进祖国壮丽险峻的山川之中，把人们带进神奇优美的神话世界，使人仿佛到了'难于上青天'的蜀道上面了。"毛泽东对李白的很多名作都有过批注，例如《梁甫吟》、《古风五十九首》、《庐山谣寄卢侍御虚舟》，等等。毛泽东认为"李白的诗，文采奇异，气势磅礴，有脱俗之气"，从总体上高度评价了李白在诗歌上取得的艺术成就。

虽然毛泽东对李白很喜欢，但他仍然坚持一分为二地看待人与事。他多次批评李白诗词的消极之处，认为李白"尽想当官"、有"道士气"，诗歌中不时流露出及时行乐、放浪形骸以及理想破灭时的消极遁世思想，在李白的价值观中，"做大官"的意识也很浓。例如李白在《代寿山答孟少府移文书》中说："申管、晏之谈，谋帝王之术。奋其智能，愿为辅弼。使寰区大定，海县清一。"他的名诗《梁甫吟》也表现了他对功名利禄的渴望与追求，这些都是不为毛泽东赞同的。

作为唐朝杰出的诗人之一，李贺浪漫主义的诗风与李白颇为相似。毛泽东阅读并圈画了多本李贺的诗集，如《李长吉歌诗集》、《李长吉集》、《李昌谷诗集》、《李昌谷诗选》等，根据相关统计，李贺至今传世的诗大约有240首左右，而毛泽东有过圈划的就有80余首之多，一些诗词的圈点甚至达五六次之多。

关于李贺的死，毛泽东是十分惋惜的，每每提及历史上年轻有为的人物时，毛泽东总是想到李贺，说他是"英俊天才"，却才多命短，"死时二十七"，"惜乎死得太早了"。1965年7月，在毛泽东写给陈毅的信中，他说道："李贺有很少几首五言律外，七言律他一首也不写。李贺诗很值得一读，不知你有兴趣否？"毛泽东还时常向身边的工作人员介绍李贺，说他"专门作鬼怪的诗"，其作品"是鬼诗，不是人诗"。由此可见，毛泽东十分欣赏李贺那富于想象、浪漫奇崛的诗风。

毛泽东喜爱读李贺的诗，还有一个原因，就是他很欣赏李贺不满封建统

303

毛泽东谈古诗词

治、不迷信封建帝王的叛逆精神。李贺在《金铜仙人辞汉歌》中写道"茂陵刘郎秋风客，夜闻马嘶晓无迹"，在《苦昼短》中写道"刘彻葬陵多滞骨，嬴政梓棺费鲍鱼"，诗中敢于称汉武帝为"刘郎、刘彻"，直呼秦始皇为"嬴政"，正是表现了作者的这种勇气。在1958年的成都会议上，毛泽东曾经以李贺举例，号召与会人员振奋精神，破除迷信。他说"中国的儒家对孔子就是迷信，不敢称孔丘，李贺就不是这样，对汉武帝直称其名。"

毛泽东也很喜爱李商隐的诗。李商隐是晚唐时期的诗人，他的诗集李白、李贺的浪漫主义与杜甫等人的现实主义于一身，在吸收他们诗风的同时，形成了自己的特色，有鲜明的个性特征和独特的艺术风格。毛泽东对李商隐的好多作品都能熟背如流。1975年6月，毛泽东白内障的眼疾已经很严重，无法进行阅读。于是有关部门安排北京大学中文系的芦荻老师为毛泽东读书。根据她后来回忆，有一次她给毛泽东读李商隐诗的时候，不巧读错了一个字，聚精会神听诗的毛泽东立即纠正了她的错误。由此可见，就算到了晚年，疾病缠身的毛泽东对李商隐的诗歌依旧十分熟悉，这是难能可贵的。

毛泽东到河南新乡地区视察工作，与当时担任沁阳县委第一书记的赵汉儒谈话。毛泽东问赵汉儒说："沁阳是李商隐的故乡，李商隐的诗写得好哇，我很喜欢他的诗！雍店这个村还有吗？李商隐就是这个村的！"赵回答说："这个村现在叫新店。"毛泽东饶有兴趣地接着说："应该叫新店，叛匪火烧雍店，叫新店好，好！"

毛泽东不仅关注，甚至还参与到了李商隐诗歌的研究中。关于李商隐名篇《锦瑟》中的"锦瑟"一词的释义，一直是有争议的。对于苏东坡的"适、怨、清、和"说和其他几种不同的解释，毛泽东都做了密集的圈画。1965年6月，毛泽东和著名作家刘大杰聊起了李商隐的"无题"诗，毛泽东意味深长地说："无题诗要一分为二，不要一概而论"。1975年8月，刘大杰在修改其《中国文学发展史》时，对于如何定位李商隐的无题诗产生了困惑，想起与毛泽东的谈话，他马上给毛泽东写信请教，他在信中问道："关于李义山的无题诗，说有一部分是政治诗，也有少数是恋爱诗，这样妥当吗？"几个月后，毛泽东回复道："李义山无题诗现在难下定语，暂时存疑可也。"

毛泽东诗词品鉴

Mao Zedong Shici Pinjian

倾听一代伟人的诗意吟咏，感受伟岸的豪情、壮志与深情……

毛泽东手迹（李商隐《筹笔驿》句）

毛泽东谈古诗词

词最合稼轩

才华横溢的辛弃疾以不羁之才、英雄豪杰之手段，专力写词，一生创作了600多首词，其数量和质量在两宋词人中都名列榜首。他在中国词史上，异军突起，自开奇响，于剪红刻翠之外，屹然树立起独领词坛、雄视百家的豪放词风。

作为杰出诗人的毛泽东，对词怀抱着"偏于豪放，不废婉约"的欣赏兴趣，因此，他对辛弃疾的词作特别喜爱，格外关注。在他故居藏书中，他所阅读的历代词人作品中，圈画得最多的是辛词，大约有98首。有一部1959年中华书局影印出版的《稼轩长短句》，共有4册，每册的封面上，他都用粗重的红铅笔画着读过的圈记。另外，在他经常翻阅的几部《词综》里，也是反复圈画了辛弃疾的词。对于稼轩词，毛泽东不仅喜爱阅读、欣赏，而且还善于从中吸取其创作经验，借鉴其艺术技巧。

辛弃疾的词常给人以慷慨悲歌、激情飞扬的感觉。他总是以炽热的感情与崇高的理想来拥抱人生，更多地表现出英雄的豪情与悲愤。毛泽东对辛弃疾的词都很欣赏。1964年，毛泽东在同周培源、于光远的一次谈话中就谈到了辛弃疾的《木兰花慢·可怜今夕月》这首词："事物在运动中。地球绕太阳转，自转成日，公转成年。哥白尼的时代，在欧洲只有几个人相信哥白尼的学说，例如伽利略、开普勒，在中国一个人也没有。不过宋朝辛弃疾写的一首词里说，当月亮从我们这里落下去的时候，它照亮着别的地方。"

1957年3月20日，毛泽东乘坐飞机恰好路过镇江上空，一时间颇有感慨，随兴向身边工作人员聊起辛弃疾的《南乡子》，还特别说"京口即镇江"，最后还意犹未尽地书写了这首词，这与毛泽东的诗词风格是密切相关的，他的大部分诗词正如辛弃疾的《南乡子》一样，充满了气魄，可谓慷慨激昂、豪迈壮观。

1975年5月3日，毛泽东亲自主持召开在京的政治委员参加的政治局会议，这也是毛泽东的政治生涯中最后一次亲自主持召开的政治局会议。在会上，他引用辛弃疾的《南乡子·登京口北固亭有怀》中"天下英雄谁敌手？曹刘。生子当如孙仲谋"的诗句，称赞孙权"是个能干的人"。他还提议叶剑英当场背诵了全首词。毛泽东评价说："天下英雄谁敌手？曹刘。当今惜无孙仲谋。此

Mao Zedong Shici Pinjian

毛泽东诗词品鉴

倾听一代伟人的诗意吟唱，感受他的豪情、壮志与柔情……

人（指叶剑英）有些文化，他看不起吴法宪。就是吴法宪不行。"这段话有3点值得体味。一是毛泽东有意把"生子当如孙仲谋"改为"当今惜无孙仲谋"，似乎生出了人才匮乏的感慨；二是让叶剑英背诵辛词，当众流露出"此人有些文化"的欣赏之情；三是称道叶剑英看不起吴法宪，肯定了叶剑英在对待林彪集团的这个"大关节"上，头脑清醒，立场坚定。

从诗人认识诗是一种很好的读诗方法。了解一位诗人身处的时代背景、性格特点、身世经历，以及政治态度、人生观、价值观，对于分析他的作品肯定是有帮助的。所以毛泽东对三李、辛弃疾的作品分析得都十分透彻，而且十分客观，并没有因为个人的喜好而影响判断。

毛泽东谈古诗词

Mao Zedong Shici Pinjian

倾听一代伟人的诗意吟咏，感受他的豪情、壮志

与深情……

聆听毛泽东诗词的作品之编，体现浓深情的豪咏。字字行间情深的谈之之处，

捕捉一代之情，让我们采身入感受毛泽东诗人情怀和中华民族文化的魅力。

毛泽东手迹（杜甫《江南逢李龟年》）

毛泽东谈现代诗词

Mao Zedong Shici Pinjian

倾听一代伟人的诗意吟咏,感受他的豪情、
壮志与深情……

探究毛泽东诗词的创作之源,欣赏诗词的深情内涵,学习抒发情怀的巧妙之技,通过熟悉毛主席诗词的创作之
路,让我们更多的人继承和发扬来自中华传统文化的魅力!

（一）毛泽东对现代诗词的态度

现代诗词是指从五四运动开始到新中国成立以来的诗词。中国现代诗歌的主体新诗是适应时代的要求发展而来，它的内容往往接近群众的现实生活，借用较为直白的白话文表达诗情，以打破旧体诗格律形式的束缚。

众所周知，毛泽东对旧体诗词有很深的研究，对李白、李贺、李商隐的诗和辛弃疾等人的词更是爱不释手，连到外地视察，都要随身携带一些旧体诗词，其本人所创作的诗词也多为旧体诗。由此，一些人可能觉得毛泽东本人并不喜欢现代诗，他对于旧体诗词的爱好远超过了现代诗词。事实并非如此，毛泽东在着迷于前者的同时，也充分肯定了现代诗词的存在价值，他认为现代诗词在中国诗歌的发展中应是"主体"，甚至不赞成在青年人中去提倡旧体诗词。

Mao Zedong Shici Pinjian

倾听一代伟人的诗意吟咏，感受他的豪情、壮志与深情……

旧体诗的改革与新体诗的萌发

1957年《诗刊》创刊，杰出诗人、著名作家臧克家出任主编。毛泽东在给《诗刊》的《关于诗的一封信》中，除了对《诗刊》拟发表他多年以来创作的十几首旧体诗词表示同意外，还写了一段评价现代诗词地位的话："《诗刊》出版，很好，祝它成长发展。诗当然应以新诗为主体，旧诗可以写一些，但是不宜在青年中提倡，因为这种体裁束缚思想，又不易学。这些话仅供你们参考。"

其实，这只是毛泽东比较现代诗词和旧体诗词的部分内容。后来，臧克家撰写著作《毛泽东和诗》中，又转引了毛泽东的另一段话："旧体诗词源远流长，不仅像我这样的老年人喜欢，而且……中年人也喜欢。我冒叫一声，旧体诗词要发展要改革，一万年也打不倒。因为这种东西，最能反映中华民族和中国人民的特性和风尚，可以兴观群怨嘛，怨而不伤，温柔敦厚嘛……"

可见，毛泽东并不赞成对于旧体诗词的笼统否定。他并不认为旧体诗词从此就要放入古董箱，在他看来旧体诗词有着深厚的文化底蕴，可以经过一定的"改革"而获得"新生"，并且"一万年也打不倒"。仔细思考一下，毛泽东的这种判断是颇有道理的。因为，他不仅仅立足于文学作品的内容，还从作品形式、中国人的审美观念上来阐发旧体诗词的生命力，这无疑具有相当的说服力。

其实，无论是强调现代诗词在诗歌发展中的主体地位，还是对旧体诗词的"不抛弃不放弃"，我们可以看到两者是互为补充的，体现了毛泽东在新中国诗歌发展格局方面十分重要的战略设想。关于他的这种构思，我们可以解读为新体诗和旧体诗都要发展，但应以新体诗为主。作为读者，他有自己的选择，作为国家领导人和深谙文学发展规律的诗人，他具有更为深刻、高远的眼光。

毛泽东对现代诗词的关注可以追溯到延安时期。当时，担任延安鲁迅艺术学院编译部主任的肖三喜作新诗，毛泽东不止一次地品读肖三的诗作，并鼓励他写出更多、更好的作品。在毛泽东著名的《新民主主义论》中，他对五四以来的中国新文化运动给予了充分的肯定，其中也包含了对现代诗词成就的认可。毛泽东深知现代诗词具有形式自由、束缚较少、容易习作的特点，把它作为诗歌创作的"主体"是符合历代诗歌变革的规律的。虽然他曾经也认为"用白话写诗，几十年来，迄无成功"，但不能否认的是，他始终对现代诗的探索怀有很大的期许。

（二）看毛泽东评现代诗词的发展

自五四运动以来，在诗歌界，关于中国现代诗词的发展方向，一直是争论不休、探索不止的话题之一。有的人主张自由体，也有人提倡格律体。现代诗词如何与广大群众的实际生活相联系，为人们喜闻乐见，品读欣赏，成为诗歌界长期以来所关注、所不能释然于心的一个重大"情结"。对中国现代诗发展的方向，毛泽东一直也在思索。在《毛泽东和诗》一书中，臧克家引用了毛泽东的一段话："现代诗的改革最难，至少需要五十年。找到一条大家认为可行的主要形式，确是难事。一种形式经过试验、发展，直到定型，是长期的，有条件的。譬如律诗，从梁代沈约搞出四声，后又从四声化为平仄，经过初唐诗人们的试验，到盛唐才定型。"

浪漫主义与现实主义相结合的发展之路

此后，关于现代诗的发展问题，毛泽东逐渐形成了明确的思路。1958年，他在成都的一次会议发言中说："中国诗的出路，第一是民歌，第二是古典，在这个基础上产生出新诗来。形式是民歌的，内容是浪漫主义和现实主义的对立统一，太现实了就不能写诗了。"在1965年7月写给陈毅论诗的信中，毛泽东也表达了类似的观点："将来趋势，很可能从民歌中吸引养料和形式，发展成为一套吸引广大读者的新体诗歌。"

总的来看，毛泽东的这些想法为新体诗的发展提出了三个问题：首先，如果要改革现代诗，就应当找到一条"大家认为可行的主要形式"，或"一套吸引广大读者的新体诗歌"；其次，现代诗的发展离不开一定的根基和依托，而这种基础具体来说就是民歌和古典诗歌，在这些基础上去谋求未来的发展；最后，内容与形式相区别，现代诗要表现的内容应当是

Mao Zedong Shici Pinjian

倾听——代伟人的诗意吟咏，感受他的豪情、壮志与深情……

探究毛泽东与中华民族之间、古与今、诗境与心境的交汇与交融，追寻其灵魂与中华民族之间、古与今、中华优秀文化融合的心灵之旅……让我们与伟人共同走进中华优秀文化的殿堂！

毛泽东诗词品鉴

"浪漫主义和现实主义的对立统一"，形式上可以是民歌的，或"从民歌中吸引养料和形式"。

　　毛泽东关于现代诗如何发展的三点建议是密切联系的。换句话说，虽然现代诗的表现形式丰富多彩，不拘一格，但应当有一套为人们喜闻乐见、广为接受的"主要形式"；现代诗尽管不同于民歌和古典诗歌，但它仍然要留意从民歌和古典诗歌中去汲取艺术营养，以它们为发展创新的基础；最后，现代诗既不可太现实主义，也不能过于浪漫主义，应当实现两者的巧妙结合。

毛泽东谈现代诗词

（三）毛泽东评价现代诗词的标准

无论是古代诗词，还是现代诗，其在历史上的地位，后人对其的评价，不只取决于量，更重要的是质。诚然，诗要有一定的形式，但仅仅具有诗的形式并不一定称得上好诗，正因为如此，历代诗人和诗论家都极端重视对诗"美"的探求，毛泽东也是如此。他在给陈毅论诗的信中曾经对诗美的本质有一些论述，这对于纠正评价现代诗词，提醒诗人提高诗作的质量有着重要的启发意义。

形象思维不能丢，新体诗作有讲究

这封信在点评完陈毅的一些诗作之后，接着指出："诗要用形象思维，不能如散文那样直说，所以比、兴两法是不能不用的。赋也可以用……据此可以知为诗之不易。宋人多数不懂诗是要用形象思维的，一反唐人规律，所以味同嚼蜡。"这里，我们不难发现，毛泽东反对诗、文不分的情况，他认为诗的特质在于不但要综合运用形象思维，而且要重视比、兴的表现手法，这些看法对于现代诗来说无疑是非常实用的。

毛泽东不仅关注现代诗词的内容，而且格外重视现代诗词的形式。关于诗的表现形式，毛泽东有许多经典的论述，作为一位诗人，他的很多想法都是在诗词的创作实践中总结出来。简单来说，毛泽东诗词和毛泽东的诗学主张对诗的表现形式上的追求可以归纳为以下几个方面。

首先，句式讲究整齐，应当有韵。综观毛泽东自己创作的诗词，整齐的句式是其诗词的一大特点，在用韵方面也恪守词韵的分部，因此他的诗词读起来并不费力，反而朗朗上口，既有恢宏的气势，也容易识记。毛泽东在总结自己的实践经验和对古代诗歌发展规律认真分析的基础上给现代诗谋划了一个大致的创作规范："现代诗应当精练，大体整齐，押大致相同的韵。"1957年1月，毛泽东在约见诗人袁水拍、臧克家时，又谈到了现代诗的内在形式结构问题，他说："关于诗，有三条：精练，有韵，一定的整齐，但不是绝对的整齐。"在谈话中，他还提出"要编一本现代诗韵，使大家有所遵循"。这些意见对现代诗的发展有着重要的指导作用。

其次，诗词要有意境，讲究含蓄。毛泽东认为写诗的前提是要怀抱"诗意"。他说"诗不能每人都写，要有诗意，才能写诗"，"诗贵意境高尚，尤贵意境之动态，有变化，才能见诗之波澜"。他主张诗要有深远、新颖的意境。作为国家的领袖和杰出的诗人，他总是站在时代的前列，站在时代的制高点上，高瞻远瞩，思考的都是中国革命、世界前途的重大问题，因此毛泽东所作的诗词往往高屋建瓴，从全局、大处、未来着眼，笔下所反映的是轰轰烈烈的大事业，所表现的是整个中华民族吞吐宇宙的气概和叱咤风云的英姿，抒发的是亿万人民的壮志豪情。与此同时，毛泽东认为写诗不能过于直白，"不能如散文那样直说"，应当讲究含蓄一些。他自己在进行诗词创作中也是这么去做的，堪称这方面的典范。毛泽东最为著名的现代诗词之一——《沁园春·雪》本是要"反封建主义，批判二千年封建主义的一个反动侧面"的，却只是写"惜秦皇汉武，略输文采；唐宗宋祖，稍逊风骚。一代天骄，成吉思汗，只识弯弓射大雕"。乍一看风马牛不相及，仔细玩味，却发现在含蓄中透出极强的现实主义色彩。事实证明，毛泽东的这些诗学主张是符合诗歌创作艺术规律的，应当作为现代诗努力的方向之一。

再次，善于形象思维，巧妙运用赋、比、兴等手法。毛泽东作诗一贯善用形象思维，讲求比、兴等手法的综合运用。《七律·长征》仅用不到60个字就描述了长征中的种种壮举，其中"五岭逶迤腾细浪，乌蒙磅礴走泥丸。金沙水拍云崖暖，大渡桥横铁索寒"，寥寥28字便把长征路上红军遭遇到的艰难险阻以及战士们面对这些苦难不为所动、英勇斗争的情景栩栩如生地表现出来了。除此之外，比、兴等修辞手法在毛泽东的诗词中也颇为常见，北国的雪也好，南国的秋也罢，不论是战地的黄花，还是傲立雪霜的梅花，都带有明显的比、兴痕迹。例如《贺新郎·读史》，毛泽东之所以能用100余字便描绘出一部马克思主义的社会发展史，其中的奥妙就在贴切地运用形象思维和比、兴手法。毛泽东关于诗要用形象思维，要用赋、比、兴的见解为很多曾经疑虑和困惑的诗歌创作者提供了答案，使他们纷纷摒弃从前那种概念化、标语化的创作思路，迈向了通往真正诗歌艺术的康庄大道。

最后，要注重"两结合"的创作方法。"两结合"主要是说现实主义与浪漫主义相结合，这是毛泽东大力提倡的社会主义文艺的创作方法。这种创作方法是毛泽东在总结历代文学发展史上现实主义和浪漫主义传统经验的基础上，结合鲜明的时代特色最终提出的。毛泽东本人的诗词也是按照这个思路，在新的历史条件下，自觉依据和运用"两结合"的艺术方法从事诗词创作的结果。他总是充满激情地表达革命和建设的远大理想，诗词中充满了革命英雄主义和乐观主义精神。综观毛泽东的诗词，往往给人以鼓舞的力量，可以从不同的角度感受到理想的强大推力，即使是在"白色恐怖"的时代、"万花纷谢"的时刻，毛泽东都能够十分巧妙地将现实与理想融合为一体。毛泽东对"两结合"方法的重视和应用，一方面对于传统的现实主义和浪漫主义而言，赋予了它们新的生命，另一方面也为这类艺术形式的应用作出了典范，较好地回答了如何处理生活与艺术之间的关系问题。这些对于推进现代诗的创作具有很强的借鉴意义。

总之，毛泽东在其创作实践基础上提出的诗学主张，为现代诗的创作和发展指明了方向，这种典范作用及其产生的深远影响并不仅限于过去和现在，更加指向未来。

毛泽东
诗词品鉴

Mao Zedong Shici Pinjian

倾听一代伟人的诗意吟咏，感受他的豪情、壮志与深情……

（四）看毛泽东评现代诗人

现代诗一般不拘泥格式和韵律，也称为"白话诗"。毛泽东的现代诗虽不多见，相较于古诗，对现代诗的喜欢程度要小很多。但他关注现代题材和生活，对现代诗也十分重视。在现代诗人中，鲁迅是毛泽东最敬重的人物之一。

甘做鲁迅的学生

据鲁迅的学生冯雪峰回忆，1933年年底，他进入当时的江西中央苏区，在中共中央党校临时担任教务长，因此与毛泽东渐渐有了交往。对鲁迅心仪已久的毛泽东了解了冯雪峰与鲁迅的关系之后，在一次交谈中对冯雪峰说："今晚不谈别的，只谈鲁迅好不好？"其喜爱鲁迅之情可见一斑。1971年11月20日，在武汉的一次谈话中，毛泽东就曾公开且"张扬"地表达过对鲁迅的敬仰。他说："鲁迅是中国的第一个圣人，中国第一个圣人不是孔夫子，也不是我，我是圣人的学生。"他还经常对人说："我跟鲁迅的心是相通的。"

毛泽东喜爱鲁迅诗词中那种自由表达自己思想的形式。正如郭沫若评价的那样，鲁迅先生无意做诗人，偶有所做，每臻绝唱。鲁迅的诗多为散文诗，富有诗的意境和激情，又往往含有哲理，不追求押韵。长征到达陕北之后，环境相对安定、物质相对优裕，这时的毛泽东有机会在《集外集》中广读鲁迅的诗。但是这时的毛泽东并没有大量接触鲁迅的作品。他真正开始大量阅读鲁迅的诗作是在1938年8月《鲁迅全集》20卷本编辑发行之后。所以，毛泽东将鲁迅称为"圣人"是他与《鲁迅全集》朝夕相处几十年之后的肺腑之言。

鲁迅的七律《自嘲》是毛泽东最为推崇的作品。毛泽东在延安文艺座谈会上的讲话中高度评价出自《自嘲》的"横眉冷对千夫指，俯首甘为孺子牛"一联，认为"应该成为我们的座右铭"。毛泽东曾多次书写此联。1945年10月在延安时书写过，1958年12月在武昌应著名粤剧表演艺术家红线女之请求，再次书写，现在传世的墨迹正是这一幅。经毛泽东的弘扬，这首诗已经被视作鲁迅关于自己的人格自画像，成为概括鲁迅精神的最为精辟的语言。郭沫若在20世纪60年代初这样评价此联："虽寥寥十四字，对方生与垂死之力量，爱憎分明；将团结与斗争之精神，表现具足。此真可谓前无古人，后启来者。"

鲁迅的诗往往侧重从政治上的阐发观点，也正是这个特点吸引着作为政治家的毛泽东。毛泽东在1961年10月7日书赠日本访华的朋友们鲁迅七绝一首："万家墨面没蒿莱，敢有歌吟动地哀。心事浩茫连广宇，于无声处听惊雷。"毛泽东还向日本朋友介绍了这首诗的创作背景："这一首诗，是鲁迅在中国黎明前最黑暗的年代里写的。"毛泽东觉得这首诗对于不熟悉汉字的日本朋友来说很难理解，于是建议他们去"找郭沫若翻译一下"。随后，郭沫若将鲁迅的诗翻译成日文，同时又译成了新体诗："到处的田园都荒芜了，普天下的人都面黄肌瘦，应该呼天撞地，号啕痛哭，但是，谁个敢咳一声嗽？失望的情绪到了极点，怨气充满了整个宇宙。谁说这真是万籁无声呢？听，有雷霆的声音怒吼！"

显然，这不是一般的书赠，而是与当时的国际斗争密切相关（毛泽东曾以曹操的《龟虽寿》书赠日本政治家石桥湛山）。1935年，鲁迅将这首无题诗赠与日本的社会评论家新居格时，当时的中国在三座大山的压迫之下，民不聊生，在苦难中正在酝酿着解放运动，鲁迅的用意是"希望来访的（日本）客人不要以为'无声的中国'真正没有声音"。

虽然还是这首诗，同样是送给日本朋友，但是毛泽东写赠这首诗的用意和当年的鲁迅大有不同，恰恰是这种目的上的差异显示了二十几年的天变地异。根据郭沫若的分析，毛泽东写赠这首诗的目的是："日本人民在美帝国主义和日本垄断资本主义勾结的情形下受着苦难，举行了轰轰烈烈地反对'日美安全条约'全国性的统一行动。即使运动有时在低潮时期，但要求独立自由、和平、民主的日本人民是在酝酿着更惊人的霹雳。"

在生活中运用诗词，是毛泽东一贯的做法。鲁迅的作品字词中透出刀锋的犀利，但又随处可见自嘲式的幽默和机智。毛泽东对鲁迅诗的熟悉和赞赏，在生活中有时往往显示雍容的气度。1975年，毛泽东的眼疾进一步恶化，不得不选择摘除白内障。为他做手术的大夫叫唐由之。为主席做摘除手术，即使医

毛泽东诗词品鉴

Mao Zedong Shici Pinjian

倾听一代伟人的诗意吟咏，感受他的豪情、壮志与深情……

术再为精湛，也难免有些紧张。毛泽东善解人意地与他闲聊起来，以放松他的情绪。当得知大夫的姓名后，毛泽东笑着说："你这名字是从鲁迅的诗句来的吧！"随后情不自禁地吟诵起鲁迅在1933年所作的七绝《悼杨铨》。由于事情来得比较突然，唐大夫一时紧张没有听清毛泽东所朗诵的内容，于是请求毛泽东将诗在纸上写出来。那时的毛泽东由于眼疾的影响，几乎已经看不见东西。在这种情况下，他在随手撕下的工作手册散页上用铅笔写下了熟悉的诗句："岂有豪情似旧时，花开花落两由之。何期泪洒江南雨，又为斯民哭健儿。"在场的工作人员无不钦佩毛泽东的幽默和博识，唐由之更是将毛泽东书写的诗句视为至宝。手术进行得很顺利。事隔几天，唐由之将毛泽东手书诗句的散页精心装裱带给毛泽东，让他辨认。毛泽东很高兴，还颇有兴致地在册页的封面上写下了"学黄鲁直"几个字，并随手在这行字下划了两条直线。这是为什么呢？原来鲁直是黄庭坚的字。他是江西诗派的鼻祖，尤工行书和草书的书法大师。毛泽东由读鲁迅诗而想及"鲁直"，由自己写的字想到书法和书法家，足见其惊人的记忆力和聪慧。

毛泽东敬重鲁迅，但二人诗的风格却有所不同。鲁迅多作格律诗，沉郁深远。毛泽东好为长短句，豪放雄壮，这多少和性格有关。有时，毛泽东会改写鲁迅诗句以表达自己的现实情怀。七律《亥年残秋偶作》是鲁迅作于1935年的一首悲壮沉郁的述怀之作，颈联为"老归大泽孤蒲尽，梦坠空云齿发寒"，毛泽东将其改写为"喜攀飞翼通身暖，苦坠空云半截寒"，意境迥异，真实反映出毛泽东读鲁迅诗时的感兴。

虽然鲁迅和毛泽东诗格有别，但两人在诗论方面有着相当接近的见解，特别是对诗体的流变及其发展前景的看法。这也许正是毛泽东所说的"我跟鲁迅的心是相通的"一个方面吧。鲁迅曾在致友人的信中表示："我以为内容且不说，新诗先要有节调，押大致相近的韵，给大家看容易记，又顺口，唱得出来。""诗没有形式，要易记、易懂、易唱、动听，但格式不要太严。要有韵，但不要依旧诗韵，只要顺口就好。"鲁迅先生的这两段话，是他对新诗的形式上的要求。但他后来坦言：白话要押韵而又自然，是颇不容易的，我自己实在不会做，只好发议论。他曾夸张地说过："一切好诗，到唐已被做完，此后倘非能翻出如来掌心之齐天大圣，大可不必动手，然而言行不能一致，有时也诌几句，自省亦殊可笑。"可见，就个人而言，在表情达意上他还是更为倾向于旧体诗。

无独有偶，毛泽东也强调现代诗应押大致相近的韵，易记，易唱。他在1965年7月致陈毅的信中写道："将来趋势，很可能从民歌中吸引养料和形式，发展成为一套吸引广大读者的新体诗歌。"这与鲁迅的设想如出一辙。当然，毛泽东个人的创作同样还是更为倾向于旧体诗。虽然在理论上提倡新诗时，他说旧体诗"束缚思想"，"不宜在青年中提倡"，但在实际创作中却鲜有现代诗，而多为格律严谨的旧体诗词。这一点也和鲁迅一样。两位心意相通的诗人，虽然个人的喜好强烈，但却不影响对诗体整体发展前景的判断。看来，他们心意相通的不仅是对诗的见解，还有判断是非和处理问题的方法，乃至处世的哲学。

与将帅诗人陈毅的诗交

在对现代诗词的评述中，除了鲁迅以外，毛泽东阅读、点评最多的恐怕要数陈毅元帅了。从1928年4月毛泽东和陈毅在井冈山相见算起，在此后几十年的峥嵘岁月中，他们不仅结下了深厚的战斗友谊，而且谈诗论文，彼此唱和，抒发着浪漫的诗人情怀。这无论是在中国革命史还是诗词史上，都是值得回味的一笔。

虽然毛泽东比陈毅年长8岁，但是他们开始尝试写作诗词的时间却是颇为相近的。据史料记载，毛泽东在1921年写的《虞美人·枕上》："堆来枕上愁何状，江海翻波浪，夜长天色总难明，无奈披衣起坐数寒星……"是他的第一首词作，而陈毅的第一首绝句，也是在这年听了母亲讲述家庭遭遇时写的随感。那时的他们互不相识，天各一方，但共同的理想似乎在冥冥中招手，诗词成为两位伟人心灵交映的桥梁。

最早引领陈毅学习中国诗词的是他的父亲及他的几位老师，由于家庭教育和周围的生长环境都富于文学艺术气息，在少年时代陈毅就倾心于文学。然而时代的大潮并没有让他沿着文学的道路走下去，而是把他推向了武装斗争，参加了南昌起义，最后上了井冈山。也是从那时起，陈毅与毛泽东成了诗友，每有闲暇，两人便在一起交流论文，吟咏中国诗词。

陈毅一手拿枪，一手握笔，在血与火的斗争中，写下了许多壮丽的诗篇，例如《赣南游击词》、《梅岭三章》，等等，这些诗词大气磅礴，荡气回肠，独辟古今词章之蹊径，成为伟大革命家抒情言志的绝唱。陈毅的这些名篇深受毛泽东的喜爱，他张口就能背得出："断头今日意若何？创业艰难百战多。此去泉台招旧部，旌旗十万斩阎罗……"

1957年1月，毛泽东应《诗刊》相关负责人的邀约，在其创刊号上发表了自己的近二十首旧体诗，并就时下的诗歌创作发表了一些意见，他认为："诗当然应以新诗为主，旧诗可以写一些，但是不宜在青年中提倡，因为这种体裁束缚思想，又不易学。"当时，陈毅正在广州养病，他对毛泽东新进发表的这些诗词爱不释手，反复吟咏。为了响应毛泽东关于诗词创作的号召，他陆续整理了自己几十年前的旧作，如《赣南游击词》、《赠同志》等，其后发表在《解放军文艺》上。

毛泽东虽然日常工作十分繁忙，但是他对陈毅的诗词创作依然很关注，并且对陈毅的诗给予了很高的评价。有一次，毛泽东对身边的工作人员说："陈毅的诗豪放奔腾，有的地方像我。陈毅有侠气，爽直。"在陈毅和毛泽东之间，切磋诗词章赋是必不可少的内容。而其中最为人们所熟知的，便是1965年7月毛泽东为陈毅改诗的一段佳话。

1964年，陈毅出国访问，这期间写了许多诗章，却很少在公共媒体上发表，毛泽东注意到了这种情况，便主动询问陈毅。陈毅看到主席如此关注自己的诗作，十分感动，回答说："一年来，我走访了近20个国家，随手写了十几篇诗，现在还没有定稿，等改好之后，我想呈送主席，请主席大笔斧正，不知行不行？"毛泽东听罢，爽快答应下来。1965年春，陈毅将加工修改后的《六国之行》共7首诗呈寄给了毛泽东。同年7月，毛泽东复信陈毅，在信中，毛泽东对诗歌创作和中国诗歌的前景发表了许多深刻的见解，他指出："诗要形象思维，不能如散文那样直说，所以比、兴两法是不能不用的……宋人多数不懂诗是要用形象思维的，一反唐人规律，所以味同嚼蜡。以上随便谈来，都是一些古典。要作今诗则要用形象思维的方法，反映阶级斗争与生产斗争，古典绝不能要。但用白话写诗，几十年来，迄无成功。民歌中倒是有一些好的。将来趋势，很可以从民歌中吸引养料和形式，发展成为一套吸引广大读者的新体诗歌。"毛泽东在这封信中提出的关于现代诗词如何发展的观点与陈毅的想法不谋而合。他十分珍爱这封信，平时经常翻阅，甚至在他晚年的重病期间，每次住院都要把这封信随身携带，也正是在病房里，他的家人才第一次看到了这封信。

1972年1月6日，将帅诗人陈毅走完了他的一生。中央决定在1月10日下午3点为陈毅举行追悼会。当时，毛泽东的健康状况也不乐观，饱受疾病的折磨，但本来应当午睡的他突然决定参加陈毅的追悼会。他来到八宝山，向鲜红党旗覆盖下的陈毅的骨灰盒深深地三鞠躬。他紧握着陈毅夫人张茜的手，动情地说："我也来悼念陈毅同志，陈毅同志是个好人，是一个好同志……"随后，有一首《沁园春·步咏石韵悼念陈毅同志》广为流传，很多人都把它当做"毛泽东未发表诗词"之一："星陨朔方，天地失色，山海无光。是人杰盖棺，丹心一片，诗豪绝笔，青史千行……"不管这首词是否为毛泽东所作，但他和陈毅的诗中真情必将载入史册。

（五）毛泽东诗词与现代诗

　　由于毛泽东深谙中国传统文化，所以他创作的诗词深深植根于传统文化之中。虽然诗歌形式比较传统，但是往往能表达出来新的内容和意境，具有强烈的民族风格和时代气息。因此，一定意义上讲，很多毛泽东诗词都是现代诗，因为其在"思想内容上、时代精神上、遣词造句上，都具有极大的亲和力"，它"贴近生活、贴近群众、贴近时代"，善于用现代人的语言和观念，表达现代人的思想、意志和情感，一方面表现了现代人的社会生活，另一方面也使毛泽东的诗词达到了一个新的高度。

古为今用生巧妙

　　在诗词创作过程中，毛泽东经常以古体诗的形式来表述现代题材或者内容。用古典的形式写现代内容往往是诗词创作比较难的部分。对于许多人来讲，一提到古代，就是"闲行阡陌上，万里碧云长"，"半斜夕阳下，醉卧古松旁"，要写现代题材就离不开"万丈高楼从地起"，"车水马龙运输忙"。反观毛泽东创作的诗词，其中最成功的一点就是克服了古为今用的难题，用古体诗及大量的典故描写现代题材与内容。例如"神女应无恙，当惊世界殊"、"忽报人间曾伏虎，泪飞顿作倾盆雨"，还有很多诸如"岁岁重阳，今又重阳，战地黄花分外香"、"雄关漫道真如铁"等战争题材的诗词。

　　在描写现代题材上，毛泽东为了生动、形象地表现现代内容与思想，经常借用别人的古体诗句，有一些古典诗词的正统派认为这样的做法属于"诗词抄袭"，但实际上这种借用佳句的做法有许多神妙之处，虽然借古，但重点在于说今，以古说今是毛泽东十分擅长现代诗的一大特点，往往能取得非常好的表述效果。如《浣溪沙·和柳亚子先生》中"一唱雄鸡天下白"源于唐代诗人李贺的"雄鸡一声天下白"，此处对李贺的原文进行了一定修改，并且给予了新的时代意义，大体上是说：马克思列宁主义在中国一经传播，广大人民便在中国共产党领导下团结起来，进行英勇斗争，取得了伟大胜利，成立了中华人民共和国，变黑暗为光明。实际上，毛泽东此词，缘起仅是一次民族歌舞晚会，柳亚子先生原词，也同样兴致淋漓地写了它，却只是限于歌颂领袖一人，而毛泽东的词则把百年苦难，万方腾欢，整个祖国的风云雷雨，全部收摄起来，上下片形成鲜明的对比，表达了中华人民共和国成立的空前盛况，令人鼓舞，催人奋进。再如毛泽东的《沁园春·雪》一词中，列举了5位有名的封建帝王，秦皇汉武、唐宗宋祖、成吉思汗，诗人对他们的文韬武略一一评说之后，认为他们都"俱往矣"，把重点放在评今，在全篇的末尾一语道破"数风流人物，还看今朝"，曾经的英雄人物都已经成为历史，数一数那些饱读诗书，驰骋疆场的人物还得看今天的革命英雄，宣告着工农无产阶级主宰祖国壮丽河山命运的即将到来。这样的现代诗词写作手法、艺术构思把毛泽东"忆古说今，重在评今"的思想推向极致。

可见，毛泽东在适用典故上博取众家，不拘一格。他用象征、比喻的手法强化表意抒情的效果，通过现代诗词这样一个形式自然贴切、真实生动地描绘了现代题材与内容。

白话新诗好感悟

除了诗词的题材比较现代以外，毛泽东的一些词句也特别口语化，用白话语言抒写新时代的新景象。在井冈山、中央革命根据地时，毛泽东创作诗词时尤其注重使用百姓不陌生的、大众化的、比较能反映当时社会情况与时代精神的语言，如"红旗"、"国际歌"、"山下"、"敌人"、"风云"，等等，借以抒发他对工农红军、对人民革命的爱，以及对革命理想的执著与坚定，具有很强的感染力与震撼力。新中国成立以后，毛泽东依然重视诗词语言的口语化。比如他于1961年写的诗《为李进同志题所摄庐山仙人洞照》中的两句"天生一个仙人洞，无限风光在险峰"，就是完完全全的白话文，读起来通俗易懂，和我们平常说的口语基本没有什么不同，很容易理解。还有毛泽东赠与彭德怀的那两句非常著名的诗："谁敢横刀立马？唯我彭大将军。"乍看起来，好像不是诗句，倒像是在很随意地在和身边的人聊天一样。又如毛泽东的杂言诗《八连颂》，"好八连，天下传。为什么？意志坚。为人民，几十年。拒腐蚀，永不沾。因此叫，好八连。解放军，要学习。全军民，要自立。不怕压，不怕迫。不怕刀，不怕戟。不怕鬼，不怕魅。不怕帝，不怕贼。……"这是毛泽东在主张"发展现代诗"时，试写的一首新体诗。他用地地道道的白话文，把人民解放军某部的干部、战士身居闹市，一尘不染，勤俭节约，克己奉公，热爱人民的品行描绘得栩栩如生，如在眼前。

总之，在毛泽东继承和发展我国诗词艺术，特别是现代诗词的过程中，相比前人，他作出的最大贡献之一，是不断倡导和探求诗词的审美理想和审美规律。毛泽东本人的诗词正是在继承传统基础上善于创新的典范。不管是在语言、题材、风格抑或写作目的、表达的思想情感上，毛泽东诗词都凸显了新体诗的典型特征，其诗词堪称矗立在中国诗林中的一株摩天大树，是中国现代诗词百花园中的一朵奇葩，对我国现代诗的创作和发展具有重要的启示作用。

毛泽东谈现代诗词

诗词小知识

贺新郎：词牌的名称，如《毛泽东诗词集》中的《沁园春》、《菩萨蛮》、《西江月》、《采桑子》、《如梦令》、《减字木兰花》、《蝶恋花》、《念奴娇》、《浣溪沙》、《浪淘沙》、《满江红》、《虞美人》等都是词牌名。"词"原来是配有曲调的唱词，后来发展成为一种特殊的文学体裁。

沁园春：词牌名。相传东汉大将军窦宪仗势夺走沁水公主的园林，后人写词咏唱其事，歌名便是《沁园春》，以后依其格式填写的词都称"沁园春"。

菩萨蛮：词牌名，又叫"子夜歌"、"花间意"、"重叠金"等。唐宣宗大中年间，女蛮国派遣使者前来进贡，她们身上披挂珠宝，头上戴着金饰帽子，或梳着高高的发髻，颈部还有各式各样的项圈，号称为"菩萨蛮"队，当时教坊就因此制成《菩萨蛮曲》，后来据此填词，便形成"菩萨蛮"这一词牌。

西江月：词牌名。是唐代教坊根据李白《苏台怀古》中的"只今惟有西江月，曾照吴王宫里人"一句得来的名为"西江月"的曲调，后来填入了词便形成这个词牌。清代从敦煌发现的唐代琵琶谱有此曲调却没有词。这个词牌后来又名"江月令"、"步虚词"、"壶天晓"等。

清平乐：词牌名。清乐和平乐都是汉代乐府的曲调名，但清平乐这个词牌的曲调并不是把清乐和平乐两个曲调合并起来，而是另外创制

Mao Zedong Shici Pinjian

新的曲调，借用清乐、平乐的名称合起来命名而已。宋王灼的《碧鸡漫志》上说李白有应制（即遵照皇帝命令而写的）清平乐四首，相传是这一词牌得名的由来。"清平乐"的别名为"忆梦月"、"醉东风"等。

采桑子：词牌名。又名"丑奴儿"、"伴登临"、"忍泪吟"、"罗敷歌"等。唐代教坊的大曲中有《采桑》、《杨下采桑》等曲调，"采桑子"这一词牌名便由此而来。

如梦令：词牌名，是五代时期后唐的庄宗（即李存勖）创制的曲调，本名"忆仙姿"，因词中有"如梦，如梦，残月落花烟重"的句子，便改称"如梦令"，后来又名"宴桃源"、"无梦令"、"如意令"等。

减字木兰花：词牌名，是"木兰花"曲调的一种变体。"木兰花"字数有56个，"减字木兰花"则减至44个字，因此得名。"减字木兰花"又名"天下乐令"、"木兰香"、"金莲出玉花"等。

蝶恋花：词牌名。唐朝教坊制曲时本名"鹊踏枝"，宋朝晏殊改称"蝶恋花"，后来又名"凤栖梧"、"卷珠帘"、"一箩金"等。

渔家傲：词牌名。它是宋代流行曲调，宋著名词人晏殊填入此调，词中有"神仙一曲渔家傲"之句，因此得名，又名"游仙咏"、"荆溪咏"等。

十六字令：词牌名。"令"就是"小令"，是词的一种类别，一般指短小的近似民歌的抒情性的小曲，名称来自唐代的酒令。"十六字令"是"小令"的一种，全词只有16个字，故称之。

忆秦娥：词牌名，它首先见于黄升的《唐宋诸贤绝妙词选》，其中一首被认为是李白所作的词中有"秦娥梦断秦楼月"一句。这个词牌由此得名，又名"秦楼月"、"双荷叶"、"蓬莱阁"、"碧云深"等。

念奴娇：词牌名。它借用唐朝玄宗天宝年间著名歌女念奴的名字命名。宋代苏轼用这词牌填成《念奴娇·赤壁怀古》一首，首句为"大江东去"，名声大振，所以这一词牌又称"大江东去"，此外又名"醉江月"（由苏轼词末句"一樽还酹江月"得名）、"壶中天慢"、"古梅曲"等。因为全词共一百个字，又叫"百字令"。

浣溪沙：词牌名，沙又可作"纱"。本是唐代教坊中的一个曲子，后来逐渐形成了词牌，又名"浣纱溪"、"小庭花"、"玩丹砂"、"满院春"、"广寒枝"等。

浪淘沙：词牌名。原是唐朝教坊中曲调名称，后成为词牌，与当时七言绝句诗体基本相同。唐代诗人刘禹锡和白居易都写有《浪淘沙》，内容都是咏诵浪淘沙的，该词牌的名称也由此而来。到了五代南唐后，李煜开始将它创新，使之发展成为长短句且分上下阕的双调小令。这个词牌又名"浪淘沙令"、"过龙门"、"卖花声"、"炼丹砂"等。

水调歌头：词牌名。相传隋炀帝在开汴河时曾制《水调歌》。唐朝把它演变为宫廷乐舞的大曲。这些大曲由许多段乐曲组成，全部演奏很不容易，常取其中一段或两三段单独演唱，这就逐渐演化成为相对独立的词调。"水调"就是这种曲子。"歌头"指曲子的开头部分，相当于"序曲"。根据这个曲子开头部分的规律填写成的词，词牌就叫做"水调歌头"。现在见到唐朝的"水调歌"都是五、七言诗。宋朝流传下来的"水调歌头"词，为三、五、六、十一字的长短句，说明"水调歌头"已经是宋时谱写的新曲而不是唐时的旧曲了。

满江红：词牌名。唐代小说《冥音录》中载有《上江虹》一曲，后来更名《满江红》。宋代开始才用这曲调填词，形成词牌。又叫"念良

Mao Zedong Shici Pinjian

倾听一代伟人的诗意吟咏，感受他的豪情、壮志与深情……

游"、"伤春曲"等。

五古：五言古诗的简称。每句5个字，句数不限，偶句押韵，首句可押可不押，可以换韵，不像五律那样讲究平仄对仗。

五律：五言律诗的简称。五律是律诗的一种，每篇一般为八句，每句五个字；偶句末字押平声韵，首句末字可押可不押，一韵到底。

七律：七律是七言律诗的简称，是我国古典诗歌的一种体裁，于唐朝初期形成，律诗有较严格的格律，每首八句，二、四、六、八句要押韵，三、四两句及五、六两句要对偶。七言就是每个句子都有7个字，每个字应该是平声还是仄声都有一定的规定。

杂言诗：杂言诗是旧体诗的一种格式，全诗句数和每句字数不固定。

毛泽东谈现代诗词